THE MAKING OF A SCIENTIST

AN APPETITE FOR WONDER

道金斯传（上）

一个科学家的养成

[英] 理查德·道金斯◎著
（Richard Dawkins）
魏薇◎译

北京联合出版公司
Beijing United Publishing Co.,Ltd.

Nyeri
Gilgil
Lyamungu
Kabete
Nairobi

湛庐文化 Cheers Publishing
a mindstyle business
与 思 想 有 关

献给我的母亲和妹妹，她们与我共度时光。

献给我的父亲，我们都很想念他。

An Appetite for Wonder

An Appetite for Wonder

The Making of a Scientist

目录

第一部分 在非洲

1941 年 3 月 26 日，我出生在肯尼亚首都内罗毕。随后，在非洲马拉维湖边度过了一段无忧无虑的童年时光。1947 年，我开始就读于温巴山的金鹰学校。在那里，我第一次感受到了儿童间毫无限度的残忍，同学们纠集在一起欺负某个同学的情景，让我永生难忘。1949 年，由于母亲的身体原因，再加上父亲得到一笔意外的遗产，父母不顾祖父母和外祖父母的反对，毅然决定离开非洲。至此，8 岁的我随父母回到英国。

第二部分 求学

1954 年，我进入奥多中学读书。在中学的最后阶段，我抛弃了宗教信仰，开始成为无神论者。1959 年，我幸运考入牛津大学贝利奥尔学院，这是我们家族多位长辈读书的地方。在此对我影响一生的，就是牛津大学独有的“导师制”。1963，我留在牛津大学跟随简·丁伯根教授攻读博士，研究主题是“动物行为是与生俱来还是后天习得的”。1967 年，我与研究伙伴（同时也是丁伯根的得意门生）马莉安·斯坦普结婚。

第三部分 初踏科学之路

1967 年，我从牛津大学毕业后到美国加州大学伯克利分校任教，妻子也到伯克利攻读博士。1969 年，我接受导师丁伯根的邀请回到母校牛津大学。1970 年，我用第一台个人电脑开发了应用程序“道金斯风琴”，用以记录动物行为。动物行为研究团队的许多成员都使用过这一程序。后来，我又对小鸡饮水行为、苍蝇梳理行为和蟋蟀叫声问题进行研究。1975 年，我着手研究“层级组织”问题，并发表了一篇重要论文，这篇论文是我科学生涯的一个里程碑。

第四部分 意外走红的处女作

1976 年秋，我的第一部个人专著《自私的基因》问世。这本书一经出版就好评如潮，而由不知名作者撰写的第一部作品，竟然吸引到如此多的眼球，至今依然令我有些摸不着头脑。书籍出版几个月之后，BBC 制片人彼得·琼斯邀请约翰·梅纳德·史密斯制作了同名纪录片，这部纪录片的播出，更为《自私的基因》的热卖起到了推动作用。

An Appetite for Wonder

第一部分 在非洲

Nyeri
Gilgel
Lyamungu
Kabete
Nairobi

An Appetite for Wonder

01 我的祖辈

1941 年 3 月 26 日，我出生在肯尼亚首都内罗毕。道金斯家族的传统是在殖民地共治机构任职，我的祖父和两位叔父都曾被派往大英帝国的各处殖民地机构工作。1939 年，当母亲知道父亲将要被派往马拉维任职时，毅然决定跟父亲结婚，并随父亲一同前往非洲。

The Making of a Scientist

克林顿，遗忘的家族首名

“很高兴认识你，克林顿。”这位友好的护照检察官并不知道，有时英国人的全名中，首名是家族的通用名，然后才是父母取的常用名。一直以来，大家都称我为“理查德”，称我父亲为“约翰”。正如父母所愿，我们几乎忘记了家族共用的“克林顿”这个首名。对我而言，克林顿这个称谓，既多余，又烦琐，还不如没有好。虽然我无意间发现，我全名的首字母拼写 CRD，与查尔斯·罗伯特·达尔文（Charles Robert Darwin）不谋而合。但无奈的是，谁也没有料到美国国土安全部也会“脑洞大开”。扫描完鞋子、限制完带上飞机的牙膏量后，还不满足，竟然命令所有进入美国境内的人必须遵守首名称谓的规矩，且必须和护照中的名字完全吻合。

于是，在预订去往美国的机票时，我不得不放弃“理查德”这个用了一辈子的名字，而将自己重新命名为克林顿·理查德·道金斯（Clinton Richard Dawkins）。当然，填写那些“事关重大”的表格时同样要遵守这个规矩。表格中还提出明确要求，让你声明你进入美国的目的不是要以武力颠覆宪法。英格兰播音员吉尔伯特·哈丁（Gilbert Harding）对此的说法是“这正是我到访的唯一目的”。而现在，同样的玩笑话估计会让你倒大霉。

言归正传，克林顿·理查德·道金斯是我出生证明和护照上的名字。我父亲是克林顿·约翰·道金斯（Clinton John Dawkins）。1941 年 3 月 26 日，我出生于东非肯尼亚首都内罗毕的艾斯寇坦疗养院（Eskotene Nursing Home），而父亲并不是唯一一位名字出现在《泰晤士报》上喜得贵子的 C. 道金斯先生。另一位是卡思伯特·道金斯（Cuthbert Dawkins），他是一位英格兰传教士，和我们没有半点关系。那时，来自英格兰的主教和牧师们的贺信雪片般飞向我母亲，他们虽然与她素不相识，但都好心肠地让上帝祝福她刚刚降生的儿子，搞得她甚为困惑。这些本应送给卡思伯特儿子的祝福，是否对我有所庇佑，就不得而知了。但后来，那个孩子和他父亲一样，成为一名传教士，而我则和我父亲一样，成为一名生物学家。时至今日，母亲还打趣我，当初很有可能抱错了孩子。而我对这个玩笑则一笑置之，因为不仅我的外貌和父亲十分相似，而且从来没想过要和教堂扯上什么关系。

我的曾曾曾祖父亨利·道金斯（Henry Dawkins，1765—1852）娶了亨利·克林顿（Henry Clinton）将军的女儿奥古丝塔（Augusta）为妻。克林顿将军在 1778—1782 年任英军总司令，对美国独立战争的失败负有部分责任。自从这桩婚事之后，“克林顿”就成了道金斯家族的首名。联姻后借用克林顿的名字，多少让人感觉道金斯家族有些厚脸皮。下面这段文字，摘录的是大波特兰街的一段历史描述，克林顿将军曾在那里生活过。

> 1788 年，他的女儿与亨利·道金斯先生私奔，乘一辆租用的马车离开了这条街。道金斯先生为了躲避追击，在通往波特兰广场的街角预先安排了 6 辆马车，这 6 辆马车随时待命，准备各自向不同的方向飞奔而去……

我真希望，斯蒂芬·里柯克（Stephen Leacock）是从我家的这段轶事中找到的灵感，创作出“跳上马儿，疯狂地四向飞奔”的罗纳德勋爵这一传奇人物。我也希望，自己能遗传亨利·道金斯的智谋与激情。但我梦想成真的可能性并不大，因为在我的基因中，只有 1 / 32 来自他。我还有 1 / 64 的基因来自克林顿将军本人，但我也从未表现出任何军事才能。许多文学作品都讲述了遗传“返祖”的故事，《德伯家的苔丝》(*Tess of the D' Urbervilles*) 和《巴斯克维尔的猎犬》(*The Hound of the Baskervilles*) 只是其中的两个例子。这些故事忽略了一个事实：每一代人继承上一代的遗传基因都会减半，基因特质会随着世代的延续而呈指数级消退，除非人们通过表亲联姻来结合。而随着表亲关系的疏远，表亲联姻会变得越来越频繁，从这个角度来看，我们所有人或多或少都是彼此的远亲。

坐在原地不动，你就能想明白一个颇有意味的事实：如果你乘坐时光机回到远古时代，你在那里遇见的任何人，只要他拥有活着的子孙后代，那他一定是每一个在世的人的祖先。换句话说，如果你的时光机航行得足够久远，那么你遇到的每一个人，他要么是当代每一个世人的祖先，要么就谁的祖先也不是。利用数学家喜爱的归谬法，你就会发现，这个道理同样适用于我们生活在泥盆纪的鱼类祖先（我的鱼祖先一定和你的鱼祖先相同，因为如果不是这样，那么就会得出一个荒谬的结论：你的鱼祖先的后代和我的鱼祖先的后代在 3 亿年的漫长历史发展过程中始终授受不亲地彼此回避，但在时隔 3 亿年的今天，却依然具有彼此交配的能力）。唯一的问题是，你要回到多么久远的古代，才能让这个说法站住脚。显然不用回到鱼类时代，但究竟要多远？撇开具体计算过程不谈，我可以告诉你，如果女王陛下是征服者威廉的后代，那么你很可能也是（忽略不计私生子的可能性，我和每一位拥有家谱记录的人都可以考虑在内）。

亨利和奥古丝塔的儿子——克林顿·乔治·奥古丝塔斯·道金斯(Clinton George Augustus Dawkins) 是道金斯家族中为数不多的几位真正使用克林顿这个名字的人。如果当年他遗传了父亲的激情，那么也险些在 1849 年一场奥地利针对威尼斯的炮击中丢掉了这个遗产。那时，他在威尼斯担任英格兰领事。我自己收藏了一颗祖上传下来的炮弹，这颗炮弹的基座上镶嵌着一块铜片，上面刻着一段文字。我不知道这段话出自谁之口，也不知道是否属实，但先按下真伪不论，与读者分享一下我的翻译（原文是当时的外交语言法语）：

> 一天晚上，他已就寝。一颗炮弹突然击穿被子，落到他两腿之间。幸运的是，他只受了些皮外伤。一开始，我以为这不过是坊间戏言，后来才得知，原来确是实情。他的瑞士同事在美国领事的葬礼中与他相遇，问及此事，他笑着承认了，还告诉这位瑞士同事，这就是他腿有些瘸的原因。

祖先的命根子在正式派上用场之前，幸运地死里逃生，我也要将自己的存在归功于炮弹下的侥幸。倘若距离莎士比亚笔下的萝卜杈桠再近上一点点……而事实上，你我，包括某位素不相识的路人甲的存在，都依赖于比这桩轶事更为惊险的运气。我们要将自身的存在，归功于自从宇宙起源以来万事万物所发生的精准时机。炮弹事件，不过是更为普遍的现象的一个戏剧化案例而已。正如我曾说过的一样，如果高大的苏铁树左边的第二只恐龙，当时没有因为打喷嚏而错过那只小小的像地鼠一样的所有哺乳动物的祖先，那么今天我们谁都不会存在。我们完全可以抱着大难不死的侥幸心理，将自己视为一个精妙的极小概率事件。

贝利奥尔的岁月

克林顿·乔治·奥古丝塔斯·道金斯（即炮弹先生）的儿子，克林顿·爱德华·道金斯（Clinton Edward Dawkins）是道金斯家族在牛津大学贝利奥尔学院（Balliol College）求学的诸多子弟之一。他正好赶上贝利奥尔诗歌时代，以诗句的形式留下了永恒的印记。《贝利奥尔假面》（*The Masque of Balliol*）这部诗集，第一次出版于 1881 年，印刷在一张大幅尺寸的纸上。当年的春季学期，7 位大学生创作了关于学校人物的讽刺诗句，印刷出来四处传颂。其中最著名的一首是写给贝利奥尔院长本杰明·乔伊特（Benjamin Jowett）的。诗的作者是 H.C. 比钦（H.C.Beeching），即后来诺威奇大教堂（Norwich Cathedral）的大主教。

第一个前来，我叫乔伊特。
与知识竞赛，我战无不克。
我就是学院的院长，
掌握知识即我所长。

另一首不那么诙谐却让我十分感兴趣的诗，是描写克林顿·爱德华·道金斯的。

实证主义话不休，
只有道金斯最牛。
上帝无用人为大，
给他戴个高帽吧。

维多利亚时代，拥有思想自由的人寥寥无几，我真希望能有机会亲眼见到曾叔祖父爱德华本人，亲眼见证那“最牛”的风采。(小时候，我见过他的两位年事已高的妹妹。其中一位有两个女仆，女仆的姓氏很奇怪，一个叫约翰逊，一个叫哈里斯)

据说，爱德华后来为我的祖父、他的侄子——克林顿·乔治·伊夫林·道金斯（Clinton George Evelyn Dawkins）支付了贝利奥尔学院的学费，而祖父在那里除了划船，基本没做什么其他的事情。祖父的一张老照片，留下了他准备下河划船的身影。照片捕捉到了当时的服饰特色，还有牛津爱德华时代的盛夏美景。这张照片像极了马克斯·比尔博姆（Max Beerbohm）

笔下《牛津爱情故事》(*Zuleika Dobson*)中的一幕。头戴礼帽的客人们站在学院的船坞上，这些船坞得到了所有学院赛艇俱乐部的精心维护，就连现今在世的校友都还记得。可叹的是，如今，这些船坞已经被取而代之，换成了岸边砖砌的船屋。(现在依然有一两架船坞漂在水面上，或是搁浅在某处，隐身于牛津周围静谧水域的植物与水鸟之间。)祖父与他两个儿子——我父亲与叔父亨利·科利尔·道金斯(Henry Colyear Dawkins)长相非常相似。家族成员相貌的相似性会随着世代的延续而快速消退，但我依然对这一现象很感兴趣。

祖父将人生的大部分青年时光都献给了贝利奥尔，毕业之后很久都没有离开。我想，他很可能就是为了继续划船。记得小时候去拜访年迈的祖父，他总会谈起大学时代，一遍又一遍地问我们，是不是还在使用爱德华时代的俚语(我也要一遍又一遍地告诉他，已经没人再用那些俚语了):院长叫"Mugger";废纸篓叫"waggerpagger";殉道者纪念塔叫"Maggers' Memogger"。这殉道者纪念塔位于贝利奥尔学院外面，是为了纪念1555年因与基督教异支有牵连而在牛津被活活烧死的3位圣公会主教而建的。

关于祖父最后的记忆，是我送他去参加人生最后一次贝利奥尔校友宴会(校友的聚会晚宴，每年招待一届校友)。宴会当晚，他周围全是拄着拐杖、戴着助听器和夹鼻眼镜的老同学，其中一位认出了他，还不忘挖苦一番:"嘿，道金斯，你现在还划船吗?"我看着他闲散地混杂在这样一群老顽童之中，其中有些人一定参加过布尔战争，因此完全有资格成为西莱尔·贝洛克(Hilaire Belloc)那首著名诗歌《献给依然身处非洲的贝利奥尔人》(*To the Balliol Men Still in Africa*)的歌颂对象:

> 多年以前，当我还在贝利奥尔时，
> 也曾是贝利奥尔人中的一员，

我们一起在冬日的河水中畅游，
一起在灼人的骄阳下决斗。
我们心中的贝利奥尔啊——贝利奥尔，
纵然深爱，却浑然不知，
已将我们锻造成为另一类人，
一场征兵改变了命运。
贝利奥尔为我们装上盔甲，
带着孩子的目光和游侠的心，
笑傲世界，渴望危险。
贝利奥尔造就了我，贝利奥尔哺育了我，
我所拥有的，她再次赋予。
贝利奥尔精神代表爱与指引，
上帝与你同在，贝利奥尔人！

2011 年，父亲的葬礼上，我哽咽着读完了这首诗。后来在 2012 年于墨尔本召开的全球无神论者大会上，我献给另一位贝利奥尔人——克里斯朵夫·希钦斯（Christopher Hitchens）的悼词中，再次诵读了这首诗。之所以哽咽，是因为就算在欢乐的场景中，只要读到我心爱的诗歌，我总会无药可救地热泪盈眶，而贝洛克的这首诗，正是最令人无力招架的。

才华横溢的叔父

离开贝利奥尔之后，祖父和家族中的许多人一样，到殖民地公职机构任职。祖父在缅甸辖区担任森林管理官，花了大量的时间身处偏远的深山老林中，监管着那些经过严格训练的会伐木的大象。1921 年，当他正在内陆的一片柚木林中工作时，得到了小儿子科利尔降生的好消息。小儿子以朱丽安娜·科利尔夫人（Juliana Colyear）命名。科利尔夫人是亨利的母亲，而亨利则是与奥古丝塔私奔的那位富有胆魄的先人。我总会联想，送信人亲手将信递到祖父手中时，在热带雨林中举步维艰的样子。得到这个消息后，祖父激动万分，等不及其他的交通工具就位，自己便骑上自行车，赶了 50 公里的山路，飞奔回妻子床边。他抱起儿子，骄傲地宣布这位家族新成员长着“道金斯家的鼻子”。进化心理学家发现，婴儿降生之后，人们总会迫不及待地试图发掘孩子与父系亲属的相像之处，而非母系的，这是因为父子关系的确认比母子关系更难。

科利尔是三兄弟中最小的一位，我父亲约翰是大哥。三兄弟都出生在缅甸，靠当地人挑着扁担、挂着睡篮，一路穿越崇山峻岭、丛林险境。三兄弟后来都追随祖父的脚步，加入殖民地公职机构，但三人却被派往了非洲的三个不同的地方：我父亲约翰在马拉维（当时的尼亚萨兰），二叔比尔在塞拉利昂，三叔科利尔在乌干达。比尔以他的两位祖父命名，正式的名字是亚瑟·弗朗西斯·道金斯（Arthur Francis Dawkins），但因小时候很像路易斯·卡罗尔（Lewis Carroll）笔下的小壁虎比尔，所以大家一直都叫他比尔。年轻的时候，我父亲约翰和叔父科利尔的外貌十分相像，以至于有一次父亲在街上被人叫住问道:“你究竟是你还是你弟弟？”这确有其事，也许比我所在的牛津学院中，唯一一位有资格冠以“学说”头衔的 W.A. 斯普纳（W.A.Spooner）的著名轶事更加真实。一次，斯普纳在校园中与一位年轻人打招呼，问道：“让我想想，我总是记不起来，究竟是你还是你兄弟在战争中牺牲了？”随着三兄弟年纪渐长，比尔和科利尔在外貌上越来越相像（也与他们的父亲很像），而在我看来，与我父亲的相似之处就不那么多了。人的一生中，与家人在外貌上的相似，会随着时间的推移而变化，这也是我对外貌相似很感兴趣的原因之一。我们总是很容易忘记，基因会用一生的时间来释放其影响力，而不仅仅是在胚胎发育时期。

未能生育女儿，是我祖父母的一件憾事。他们本来想着将最小的孩子命名为朱丽安娜，最后却只能以科利尔这个姓氏为小儿子起名。三兄弟都才华横溢。科利尔在学术上充满聪明才智，比尔则是运动健将。我上学后，很骄傲地看到学校的光荣榜上有比尔叔叔的名字，他是学校百码短跑的纪录保持者①。短跑方面的优势，在第二次世界大战早期的一场英式橄榄球比赛中，助了他一臂之力，令他精彩地完成了一击触地得分。我没有分享到比尔叔叔的运动天赋，但我认为，自己从父亲那里学到了如何科学思考，从科利尔叔叔那里学到了如何阐明自己的思想。科利尔离开乌干达后，到牛津大学开始了他的教学生涯，被众人誉为统计学的天才教师。在生物学家看来，统计学这门学科，是众所周知地高深晦涩。令人扼腕的是，科利尔过早地离开了我们。我将自己的一本著作《伊甸园之河》（*River out of Eden*）献给了他，并为他写下了这样一段话：

> 谨以此书纪念亨利·科利尔·道金斯（1921—1992），牛津圣约翰学院院士：一位深谙如何理清万事线索之术的大师。

三兄弟离开人世的年龄，与他们的长幼顺序正好颠倒。每每思忆，总令我伤感不已。比尔叔叔是我的教父，他于 2009 年去世，享年 93 岁。我在比尔叔叔的葬礼上致了悼词。我想表达的想法是，虽然英格兰殖民地公职机构存在诸多缺点和问题，但其中最优秀的人物还是非常善良正直的。比尔叔叔和他的两兄弟，以及我后面将要讲到的迪克·凯特维尔（Dick Kettlewell）一样，都是其中最优秀的人物。

斯迈西斯家族

三兄弟都追随他们父亲的脚步，选择了殖民地公职机构。同时，他们也从我祖母那里获得了类似的传承。三兄弟的外祖父亚瑟·斯迈西斯（Arthur Smythies）是印度辖区的首席森林管理官，他的儿子伊夫林·斯迈西斯

① 百码为英制单位，约为 91.4 米。——译者注

（Evelyn Smythies）后来当上了尼泊尔的首席森林管理官。我的祖父与伊夫林建立了深厚的友谊，他们曾共同在牛津就读林学专业。正是这份友谊，为祖父和伊夫林的妹妹伊妮德·斯迈西斯（Enid Smythies）牵上了红线。就这样，伊妮德成了我的祖母。伊夫林是名著《印度的森林财富》（*India's Forest Wealth*）的作者，同时还创作了几部关于集邮的图书。令人有些惋惜的是，他的妻子奥利弗·斯迈西斯（Olive Smythies）喜欢猎杀老虎，还出版了一本名叫《老虎夫人》（*Tiger Lady*）的书。书中有一张他们夫妇二人的照片。妻子头戴遮阳帽，站在老虎身上，丈夫自豪地拍着她的肩膀，下面一段文字写道："干得漂亮，小女人。"倘若我生活在那个年代，奥利弗不会是我喜欢的类型。

奥利弗与伊夫林的大儿子，也就是我父亲沉默寡言的表兄弟伯特伦·"比利"·斯迈西斯（Bertram "Billy" Smythies）也在林业部门工作。他一开始就职于缅甸，后来去了砂拉越。他创作了两部权威著作：《缅甸的鸟类》（*Birds in Burma*）和《婆罗洲的鸟类》（*Birds in Borneo*）。第二本书，后来成了旅行作家雷德蒙·欧汉伦（Redmond O'Hanlon）与诗人詹姆斯·芬顿（James Fenton）周游砂拉越，并创作富有幽默感的游记《一头栽进婆罗洲》（*Into the Heart of Borneo*）时圣经般的参考教材。

伯特伦的弟弟约翰·斯迈西斯（John Smythies）没有沿袭家族传统，而是成了一位著名的神经学家，他是精神分裂症和迷幻剂方面的权威。他生活在美国加州，在那里，他给了奥尔德斯·赫胥黎（Aldous Huxley）以启发，后来赫胥黎服用了一种叫墨斯卡灵的迷幻药，以净化自身的"知觉之门"。最近我向约翰咨询，是否可以接受朋友的邀请，引导我进行一场LSD之旅[①]。他不建议我这样做。我父亲的另一位表兄弟尤里克·斯迈西斯（Yorick Smythies）是忠实服务于哲学家路德维希·维特根斯坦（Ludwig Wittgenstein）的一名文书。彼得·康拉迪（Peter Conradi）在小说家爱丽

① LSD即麦角酸二乙基酰胺，一种麻醉药。——译者注

丝·默多克（Iris Murdoch）的传记中，指出尤里克就是默多克作品《在网下》（*Under the Net*）中“圣愚”雨果·贝尔方德（Hugo Belfounder）的原型。我不得不说，实在很难找到两者的相似之处。

> 尤里克希望成为一名公交车售票员，但（默多克）写道，他是史上唯一一位没能通过公交理论考试的人……在一次驾驶课上，尤里克将汽车在人行道和马路间扭来扭去地向前开，教官毫无办法，只得自己下了车。

尤里克没能获得售票员资格，而在哲学这条事业的发展道路上，也没能得到维特根斯坦的支持。后来，尤里克在牛津林业系做了一名图书管理员，也许，这是他与家族传统之间唯一的一点联系。他嗜好古怪，喜欢吸鼻烟，信仰罗马天主教，最后在悲惨潦倒中结束了自己的一生。

亚瑟·斯迈西斯是斯迈西斯表兄弟的祖父，也是家族中第一位供职于英格兰皇家的人。他的父辈祖先中，追溯到曾曾曾曾祖父威廉·斯迈西斯（Willian Smythies）教士，有六代人接连担任英格兰国教的神职人员。我想，如果我生活在那个年代，也很有可能会成为一名神职人员。我一直对有关于存在的深刻问题很感兴趣，这些问题正是宗教启示人们去思考，却未能找到答案的问题。但我十分幸运，在我生存的年代，这些问题可以用科学来回答，而无须诉诸超自然力量。事实上，我对生物学的兴趣，很大程度上是因为对起源和生命本质的好奇，而非像许多我辅导过的年轻生物学家那样，是因为对博物学的热爱。甚至还有人认为，我放弃了野外工作和博物学的家族传统。在之前出版的一本动物行为学家自传文集中，收录了我一段简短的回忆录，里面写道：

> 我本来可以成为一名儿童博物学家的。我拥有各种优势：不仅童年生活在热带非洲那完美的环境中，而且也有着投身于博物

学的基因。道金斯家族的几代人，都穿着卡其短裤，皮肤晒得黝黑，行走于大英帝国位于世界各地的原始丛林之中。和我父亲及其两位兄弟一样，我生来便融入了大自然的怀抱，就差头顶着遮阳帽呱呱坠地了。

后来，科利尔叔叔第一次看到我身着短裤的样子时，情不自禁地说道（他有着穿短裤的习惯，每次都扎两条皮带）：“上帝啊，你长着一副真正的道金斯膝盖。”在回忆录中，我继续写道，科利尔叔叔能对一位年轻人说出的最刻薄的话就是：

“他这辈子从来没入住过青年旅社”。我也要无奈地承认，这句责难至今对我依然适用。年少时代的我，的确有摒弃家族传统之嫌。

父母给了我充分的鼓励。无论是在康沃尔郡的悬崖峭壁，还是在阿尔卑斯的绿茵草地，他们都能叫出足畔每一朵野花的名字。父亲为了逗孩子们笑，还会大声说出那些植物的拉丁文全称（孩子们就算不懂得那些词汇的意思，也很喜欢听到长串的语音）。回到英格兰之后不久，我那高大英俊的祖父就从缅甸林业部门退休，在家颐养天年。他会指着窗外的蓝冠山雀，问我知不知道鸟儿的种类和名称。这样的对话总会令我苦恼不已。我当然不知道，于是便痛苦地痴痴问道：“是苍头燕雀吗？”然后，祖父就会露出一副吃惊而愤慨的表情。在道金斯家族中，这样的无知，无异于没听说过莎士比亚的名言名句一样罪大恶极。“怎么可能？”我永远忘不了祖父的这句话，也忘不了父亲不愿接受现实的辩解。

为了公平起见，我还是要为少年时代的自己辩护一下。那时，我刚刚回到英格兰，东非可没有什么蓝冠山雀或是苍头燕雀。但无论如何，我后来还是爱上了观察野生动物，却从来不像我父亲或祖父那样，热爱野外探险。而是：

> 我偷偷成了一名读书爱好者。从寄宿学校放假回家，我总会悄悄拿本书溜进卧室，满心内疚地逃避着新鲜空气和美好的大自然。后来，在学校开始正式学习生物之后，也是凭借着对读书的热爱才让我坚持了下去。大人们所谓的哲学问题总会引起我的兴趣。例如：生命的意义是什么？我们为什么在这里？一切是如何开始的？

康沃尔郡的医生世家

我母亲的家族来自康沃尔郡。我的外祖母康妮·沃恩（Connie Wearne）的父亲、祖父和曾祖父，都是赫尔斯顿的医生，也都是土生土长的康沃尔人（小时候，我总想象他们是《金银岛》中的利弗希医生）。他们被英格兰人称为“外国人”。母亲因未能出生得更早一些，学会现在已经绝迹的康沃尔语而感到惋惜。但母亲告诉我，当她还是个小女孩时，马利恩的老渔夫还能听懂那些“前来捕蟹”的布列塔尼渔夫说的话。在布立吞语系中，威尔士语（现存）、布列塔尼语（消亡中）和康沃尔语（绝迹）三种语言之间，布列塔尼语和康沃尔语在语言家族中是姐妹关系。许多康沃尔语中的词汇在康沃尔当地的英语方言中留存了下来，比如青蛙叫“quilkin”。我外祖母能讲出一口十分流利的康沃尔方言。我们这些孙辈，总是不厌其烦地缠着她读诵一首美好的诗词，这首诗讲的是一位吞下卵石的男孩的故事。我当年还录下了一段外祖母的诗朗诵，可惜找不到那盘磁带了。很久之后，我在谷歌的帮助下，追回了那些遗忘的词句。直到现在，我依然能在脑海中听到外祖母温暖而慈祥的声音。

鱼饵店旁边有个大山包，
小男孩到山上玩，吞下了一块卵石，
卵石正巧卡在喉咙中，
怎么拿出来，真是个难题，
卵石噎在喉，男孩又是喘、又是呕，翻着白眼，
目光呆滞；
嗓子发出咯咯声，跺着脚，快急疯了。

老玛丽是第一个来帮忙的，
就像吉米的猫一样，她总是打头阵；
她拨开男孩的额发，还没等他拒绝，
便将手指深入喉咙，
却被男孩紧紧咬住，不肯松口，
一直到她像鼬鼠一样尖叫，一里之外都能听到。

没人能帮助男孩，大家都捏把汗，
一人说道：孩子，翻个筋斗，一定能让石头掉
出来；
有人去拿薄荷药水，
汤米叔叔开始传播男孩吞下卵石的故事；
有人晃他的头，伤心地说：他们一直都知道
男孩会以悲惨告终，因为他最是顽皮，
总是逃学，投掷玩耍，还将锡罐绑在小猫小狗
的尾巴上，
偷鸟蛋、开闸门，所有这类恶作剧他都干。

就在此时，伟大的詹姆快步走来，大声喊道：
“你们这些固执的人，既无知又不愿听从建议；

站在人群中的你，去给男孩打一拳，
就在他头下方，便能将卵石击出；
男孩就站在开花的欧芹丛中，
但愿你没有在他口中发现另一块卵石！”

我对语言的进化十分痴迷。在演进过程中，本地语言是如何分离而成为像康沃尔英语和乔第英语这样的方言，之后又在不知不觉中进一步分离，成为像德语和荷兰语这样彼此相关却又互不相通的语言的？语言进化与基因进化之间的相似性非常多，给人以启发的同时又难免误导。当种群分离成为不同的物种，分化的时间点，以物种间无法进行异种交配的时刻为标志。在语言领域，我提议，当两种方言分离到这样一个类似关键点——如果以一种方言为母语的人试图讲另一种方言，人们会将这种行为视为一种赞美而非侮辱时，我们就可以认为，这两种方言达到了被分类成为两种语言的状态。如果我到彭赞斯的酒馆喝酒，试着用康沃尔的英语方言讲话，就会有人来找我的麻烦，因为人们会觉得我是在用嘲讽的态度去模仿。但如果我去德国，试着用德语与人交流，人们就会欣然接受。在漫长的历史发展过程中，德语和英语分化成了两种不同的语言。如果我的理解是正确的，那么也许在斯堪的纳维亚就能找到现实中的例子—— 一些方言正处于分化成为独立语言的边缘。

最近去斯德哥尔摩演讲时，一档电视谈话节目邀请我做嘉宾。这档节目在瑞典和挪威上映。主持人和几位嘉宾都是挪威人，他们告诉我，讲瑞典语和挪威语都可以，因为两国观众都能毫无困难地听懂这两种语言。而大多数瑞典人却听不懂丹麦语。如果用我的理论进行分析，就会得出这样的结论：访问挪威的瑞典人最好不要讲挪威语，以免被人误认为是在嘲讽。但访问丹麦的瑞典人若是会讲丹麦语，就会受到人们的欢迎①。

① 我向斯堪的纳维亚语言专家比昂·梅兰德（Björn Melander）教授咨询过这个问题，他同意我这套“侮辱或奉承”理论，但补充说，说话时所处的环境会不可避免地增加问题的复杂性。

外祖母康妮的父亲——沃尔特·沃恩（Walter Wearne）医生去世后，她的母亲就搬离了赫尔斯顿，在利沙半岛西部建了一幢房子，那里能俯瞰马利恩湾。这幢房子一直作为家族遗产传承了下来。从马利恩湾出发，在海石竹丛中沿着山崖漫步，就能到波尔杜。伽利尔摩·马可尼（Guglielmo Marconi）的无线电台就曾建在那里。1901 年，第一次横渡大西洋的电波也是从那里发送出去的。这份电波，是不断用摩尔斯码重复的字母“s”。在这样一个富有重大意义的时刻，还有什么能比发出一连串令人浮想联翩的“s”更有趣呢？

卓越的无线电工程师

外祖父阿兰·威尔弗雷德·“比尔”·拉德纳（Alan Wilfred “Bill” Ladner）也是康沃尔人，他是马可尼公司的一名无线电工程师。他进入这家公司的时间晚了一些，没能赶上 1901 年那次历史性的电波传输，但在第一次世界大战后不久的 1913 年，他被分配到位于波尔杜的同一家无线电台工作。1933 年，波尔杜的无线电台被拆除时，外祖母的姐姐埃塞尔（外祖母虽然有几位姐妹，但母亲仅称埃塞尔为“阿姨”）去拣了几块曾用作仪表板的零件石板回来。石板上钻有孔洞，能让人联想到当年的用途。这也算是昔日技术的化石了。如今，这些石板铺在了马利恩家宅的花园之中。记得小时候，每每看到石板，总会令我对外祖父的工程师职业心生敬仰。工程师在英格兰不像在许多其他国家那样拥有崇高的地位，也许，这就从某种角度解释了为什么我那曾经以制造业为傲的祖国，后来却悲哀地将强势产业让位给了令人羞愧的“金融服务业”（现在我们更是清楚地看透了这一行业的狡诈本质）。

在马可尼发出历史性电波之前，人们一直认为，无线电信号的传输距离会受到地球曲率的限制。以直线行进的电波，是如何在地平线之外被捕捉到的？原来，无线电波会在高空大气的电离层反弹回来（现代无线电信号是通过人造卫星反弹回来的）。外祖父的著作《短波无线通信》（*Short Wave Wireless Communication*），从20世纪30年代到50年代早期，一直是该学科的权威教科书，我也为此十分骄傲。后来晶体管取代了电子管，外祖父专长的学科也后继有人了。

这本外祖父撰写的教科书，总被家里人说成是高深难解。而我仅读了两页，便被书中思路的明朗清晰所打动。

> 理想的发报机发出的电子信号，是输入信号的忠实复制。而且，发报机能恒定地将信号传输到连接线路，不对其他频道造成干扰。理想的连接线路能在不使电脉冲失真或衰减的情况下进行传输，也不会在传输过程中从各类外来电子干扰因素中获取“噪音”。理想的接收机能接到频道中发报机通过连接线路发过来的电脉冲，并将其忠实地转换成为视频或音频效果……开发出理想的频道是不太可能的，因此我们必须考虑从哪些方面进行折中。

抱歉，外祖父！原谅我没有在您在世时阅读此书，与您探讨。待我年纪渐长，有能力读懂此书时，还是将其搁置一旁。而您，也在家庭的压力下，对您那久经历练的智慧与经年积累的知识只字不提。“不，我对无线理论一无所知。”每逢人们开启这个话题，您总会这样喃喃自语，然后继续轻轻哼唱着您所钟爱的轻歌剧。现在，我多么想与您聊聊克劳德·香农（Claude Shannon）和信息理论；多么想告诉您，同样的原则也在指导着蜜蜂、鸟儿以及脑神经元之间的通信；多么希望您能给我讲一讲傅里叶变换，讲一讲关于《简明微积分》（*Calculus Made Easy*）的作者西尔瓦诺斯·汤普森（Silvanus Thompson）教授的轶事（一个傻子能做到的事，另一个傻子也能做到）。太多太多的机遇，就这样从我们身边逝去，一旦逝去，便永不再来。我当初怎能如此短视，如此愚钝？而如今，我也只能对着我深爱的外祖父阿兰·威尔弗雷德·“比尔”·拉德纳的亡灵，叹一声抱歉了。

当初鼓励我在少年时代动手制作收音机的，不是外祖父拉德纳，而是叔叔科利尔。叔叔给了我一本 F.J. 卡姆（F.J.Camm）写的书。在书本的指导下，我一开始动手制作了一部晶体管收音机（非常不好用），之后又制作了一部带着一根又大又亮红色电子管的单电子管收音机。后来这部收音机工作起来稍微好一些，但还是需要戴耳机听，不能用扩音器。这部收音机的制作手艺简直糟糕透顶。我没有将各条线路整齐地理顺，而是自以为是地想着，只要每条线路各回各家，就无所谓在中途如何纠结牵连，于是便粗心地将这些线路胡乱钉在一块木板上。不能说我是存心要将线路搞得一团糟，但我的确觉得，将十分重要的线路拓扑布局搅混，将不那么重要的线路实体布局弄乱，是件很好玩的事。早期收音机与现代集成电路之间的对比非常强烈。多年之后，我在英国皇家科学研究院为一群和我当年制作单电子管收音机时同样年龄的孩子做圣诞大讲堂时，从一家现代计算机公司借来了一张巨大的集成电路布局放大图，为孩子们展示。我希望小观众们能为此而感到惊奇和着迷。实验胚胎学家证实，成长中的神经细胞，常常会以我制造单电子管收音机的风格去寻找正确的末端器官，而不像集成电路那样，遵循有秩序的计划。

回头继续讲讲第一次世界大战之前的康沃尔。我外祖母的母亲很喜欢邀请在悬崖无线电台工作的那些年轻而孤独的工程师们来马利恩的家中喝茶，外祖父母康妮和拉德纳就是这样认识的。没想到他们订婚之后，“一战”打响了。拉德纳这位无线电工程师，在战时是急需的人才，于是，这位聪明的年轻军官便被皇家海军派到了当时锡兰岛（现为斯里兰卡）的南端，在大英帝国航线上关键的战略补给站负责建设无线电站。

康妮于 1915 年追随拉德纳去了锡兰，住在当地教区牧师的宅子里，并在那里与拉德纳完婚。我的母亲珍妮·玛丽·微微安·拉德纳（Jean

Mary Vyvyan Ladner）于 1916 年出生在科伦坡。

1919 年，战争结束后，外祖父带着一家人回到了英格兰。他们没有回到祖国西边的康沃尔老家，而是去了东边的艾塞克斯郡。马可尼公司的总部就坐落于艾塞克斯的切姆斯福德。外祖父受聘于马可尼学院，在那里培训年轻工程师。后来，外祖父成为马可尼学院的院长，是广受敬仰的优秀教师。一开始，一家人生活在切姆斯福德市里，后来搬到了市郊，住进了一幢名叫沃特霍尔（Water Hall）的艾塞克斯风格宅邸中，它始建于 16 世纪，距离落后的小贝都村（Little Baddow）不远。

外祖父在小贝都亲身经历的一个小故事，总让我觉得揭示了一些人性的天然特质。那是第二次世界大战时期，外祖父骑着自行车出门。一架德国轰炸机途经此处，扔下一颗炸弹（敌对国的轰炸机飞行员有时会在没能找到城市攻击目标，而又没有足够的燃油拖着一颗炸弹返航时，就将炸弹扔在郊区人烟稀少的地方）。外祖父在巨大的爆炸声中，没有搞清炸弹的具体落点，第一个绝望的想法就是炸弹炸毁了沃特霍尔，炸死了妻子和女儿。惊慌失措的情绪，似乎激起了回归原始行为的返祖现象：外祖父跳下自行车，将车弃于水沟，然后一路飞奔回家。我能理解在危急状态下人的这种做法。

对植物学着迷的父亲

1934 年，我的祖父母也从缅甸解甲归田，来到了小贝都，住进了一幢名叫霍伯特（The Hoppet）的大宅子。珍妮和妹妹黛安娜是从一位女性朋友那里第一次听说道金斯家的男孩的。这位女性朋友宛如简·奥斯汀笔下的八卦少女，上气不接下气地议论着新搬来的年轻邻居。“霍伯特住进了三兄弟。老三年纪太小，老二条件很不错，可老大却有些疯癫。他将全部时间用来在沼泽地里投掷铁环，然后俯身盯着铁环看。”

父亲这貌似古怪的行为，其实非常有道理。科学家的一些行为和动机，让他人无法理解甚至怀疑，这不是第一次，也不会是最后一次。当时，父亲正在牛津大学植物学系读研究生，之所以投掷铁环，是为了对沼泽地草丛的统计分布进行研究。这份研究工作，需要他在沼泽地的样方中确认并统计植物种类与数量，而随机投掷“铁环”（样方）则是标准的取样方法。父亲对植物学的兴趣，是吸引母亲和他在一起的诸多特质之一。

父亲对植物学的热爱，年少时就已萌芽。一次，还在念寄宿学校的父亲和比尔叔叔，在放假期间到外祖父斯迈西斯家玩。那个年代，在殖民地工作的父母常常会将孩子送往英格兰寄宿学校，特别是男孩子们。7 岁的父亲和 6 岁的比尔叔叔被送往位于索尔兹伯里的一家名叫“茶芬园”（Chafyn Grove）的寄宿学校，后来，我也曾到这所学校就读。父亲和叔父上学之后，祖父母依然留在缅甸继续工作了十几年。没有航空旅行条件，就算到了学校假期，他们也无法与孩子们相会。于是，放假期间，两个小男孩就会住在其他地方，有时住进专门针对父母在殖民地工作的孩子们开放的寄宿家庭，有时住进他们位于德文郡道尔顿的斯迈西斯外祖父母家。在外祖父母家，小哥俩总能与斯迈西斯的表兄弟为伴。

如今，父母与孩子之间如此长期的两地分离，是不能为人所接受的。但那个年代却十分常见，在国际旅行耗时漫长、效率极低、成本高昂的现实情况下，出现这样的分离被认为是帝国事业和外交工作不可避免的必然。儿童心理学家很可能会质疑这种现象，并认为这样会给孩子幼小的心灵造成持久伤害。但事实证明，父亲和比尔叔叔都有着平和的性格和优雅的风度。其他人，则有可能不具备足够的坚忍，因而无法克服童年时代的缺失。之前讲到过，父亲的表兄尤里克性格就有些古怪，一生过得不太幸福；但之后他去了哈罗镇，由此，尤里克的心路历程便不言自明了，更不用提及从维特根斯坦那里积累的精神压力。

一次放假期间，父亲的外祖父亚瑟·斯迈西斯将一群孩子召集在一起，告诉他们，谁采到最棒的野花标本就给谁奖励。结果，父亲获胜。而儿时采集的植物标本，则成为他后来所有标本中最为珍贵的一套，这件事也指引他走上了成为专业植物学家的道路。对野花的兴趣，是父亲与母亲共同的爱好。他们还喜欢与世隔绝的荒野，不愿融入嘈杂的人群。与比尔叔叔和黛安娜阿姨（他们后来结为夫妻）不同，父母对派对聚会等活动不感兴趣。

父亲和比尔叔叔到了 13 岁，先后离开茶芬园，进入位于威尔特郡的马尔伯勒学院（Marlborough College）。这所学院是英格兰著名的私立学校，最初是为神职人员的儿子们开办的。据约翰·贝杰曼（John Betjeman）的诗歌体回忆录所言，学校纪律严明，几近苛责。但父亲和比尔叔叔似乎并没有赶上诗人的遭遇，而是非常享受校园生活。但 6 年后，当科利尔叔叔到了同样的年龄，祖父母还是决定将他送往另一家温和一些的学校——位于诺福克的格雷沙姆斯学院（Greshams College）。祖父母的这种选择，也能说明马尔伯勒学院的一些问题。在我看来，格雷沙姆斯学院也许比马尔伯勒更加适合父亲，但马尔伯勒有一位著名的生物教师——A.G. 朗兹（A.G. “Tubby” Lowndes）应该是父亲在生物学领域的启蒙老师。朗兹可谓桃李满天下，其中包括伟大的动物学家 J.Z. 杨（J.Z.Young）和彼得·梅达瓦（P.B.Medawar），英国皇家学会至少有 7 名院士曾拜读于朗兹的门下。梅达瓦和我父亲同届，他们后来又一起去了牛津大学，梅达瓦在莫德林学院读动物学，我父亲在贝利奥尔学院读植物学。我复制过一份朗兹当年的讲义，这份讲义是我父亲逐字记录下来的，估计梅达瓦也在同一间教室中听过同样的课。我认为，这段讲解与“自私的基因”这一中心思想不谋而合。但我是在《自私的基因》这本书出版后很久，才在父亲的笔记中看到这篇讲义的，因此并没有受其影响。

在牛津获得文凭后，父亲留了下来，继续攻读硕士学位。前面提到的沼泽地草丛实验，就是那个阶段发生的事情。后来，父祥选择在殖民地公职机构的农业部门工作。这条职业发展路线，需要他到剑桥大学深造热带农业学。在那里，他的房东有着让人过耳不忘的名字——雀鹰夫人（Mrs. Sparrowhawk）。与母亲订婚之后，父亲又前往位于特立尼达和多巴哥的皇家热带农业学院学习。1939 年，父亲被派往马拉维，担任初级农业官一职。

An Appetite for Wonder

02

肯尼亚的童年时光

在战火纷飞的肯尼亚，我的母亲跟随父亲频繁更换驻地。在这期间，我出生了，并留下了最早期的记忆。有一次，我觉得让一个像“小蜥蜴”的动物从我光溜溜的脚上爬过去，一定很好玩，结果被狠狠地蜇了一下。常常有人问我，在非洲度过的童年时光，是否奠定了我后来成为生物学家的基础，答案是否定的。

The Making of a Scientist

为爱不顾一切的父母

父亲被派往非洲的消息，加快了父母的成婚计划。他们于 1939 年 9 月 27 日在小贝都教堂举行了婚礼。之后，父亲便乘船前往开普敦，再从那里乘火车前往马拉维。母亲于 1940 年 5 月追随父亲的脚步，乘“仙后座”号邮轮来到非洲。母亲的这次耗时一周的旅行并不算顺利，中途为了加油停泊数次。其中一次是在罗马，由于当时墨索里尼正处于发动战争的边缘，船上的乘客都颇为紧张。如果真的开战，那么“仙后座”号上面的所有旅客，就会在战时遭到扣押。

母亲刚刚抵达目的地，父亲就告诉她，他接到命令，要去肯尼亚的英皇非洲步枪团（King’s African Rifles）服役。这对小夫妻在马拉维仅度过了一个月的甜蜜时光，就要匆匆离别（从我出生之日往前推算，母亲应该是在这段时间怀上我的）。马拉维驻军专门派遣了一支护送队，护送父亲等人由陆路前往肯尼亚进行训练。而父亲则想办法拿到了许可，不跟护送队走，独自开车前往。父亲拿到了独行的许可，却没有拿到带着妻子同行的许可。马拉维殖民地严格规定，士兵前往非洲北部投入战争时，夫人们要留守后方，或在英格兰，或在南非。据母亲所知，她是唯一一位不遵守规定的妻子。为爱不顾一切的父母，就这样非法双双进入肯尼亚。后面我会讲到他们为此而遇到的麻烦。

1940 年 7 月 6 日，父亲和母亲，还有忠实陪伴他们左右的仆人阿里（Ali），开着名为“幸运的洛基特”的破旧福特旅行车出发了。阿里在我的童年时代，占据了十分重要的位置。父母共同记录了一本游记，后面我会做部分摘录。父母刻意早于护送队出发，担心路上会抛锚，需要救助。这是个谨慎的决定，游记的第一页就写到，他们的车子需要一群男孩的帮助才能启动。第四天的行程，夫妻俩成功收获了一些野葫芦，并在游记中记录道：

> 这个小插曲令我们非常开心，特别是经过一番努力砍下了葫芦。约翰满心欢喜，在阿里还没跳上车时，就发动了车子，然后在一棵树上撞掉了车门。实在是乐极生悲！

但就算是丢掉一扇车门的事故，也未能打击他们年轻而蓬勃的精气神。三人开开心心地一路向北，身边是美丽的鸵鸟和优雅的长颈鹿，乞力马扎罗山那高大的身影就矗立在遥远的地平线。困了，就睡在车子后座上。再燃起一拢篝火，吓走狮子，烧上一锅美味的炖肉，用自创烤炉烤几张香喷喷的饼。自创烤炉是父亲的天才发明，每次提及，他总会笑吟吟地引以为傲。有时，他们会遇到护送队。

> 护送队的指挥官，是一位身材高大的绅士军官……戴着红色帽子，上面饰有金色的精致穗带。他一头扎进一家印度店铺，命令我们在外等候，然后举着一大块巧克力出来，送到我面前说：“给一位踏上漫漫旅途的小姑娘的礼物！”结果，还是约翰把巧克力吃掉了。

我想，这块巧克力，是不是和蔼的指挥官对母亲非法加入旅行睁一眼闭一眼的表示呢？

在他们接近肯尼亚边境时，又遇到了这样的事。

我们的计划是这样的。接近肯尼亚国境时，将我藏在卷起的被褥下面，然后让阿里坐在上面。但国境计划一直没有付诸行动。一路的新奇与感叹之后，我们竟不知不觉地开进了内罗毕。约翰将我安顿在诺福克酒店，然后开着车带着阿里去军队报到。阿里很快搞来一身非洲民兵的行头，自封为民兵一名[①]。后来，他在民兵驾驶员课程考试中名列前茅，吸引到众人的目光，这让约翰感到颇难为情。

虽然有了这次让人难为情的好成绩，但阿里却并不是一名真正的士兵。他跟随父亲，担任他的非官方勤务兵，父亲走到哪里，他就跟到哪里，一个训练营接着一个训练营。有一次，他们来到涅里营地，正巧赶上童子军的创始人——贝登堡勋爵（Lord Baden-Powell）的军事葬礼。父亲小时候也是童子军，于是被选为护柩者之一，与炮车一同行进。我保存了一张他在这次葬礼中的照片，不得不说，父亲身着军装，下穿卡其短裤和长袜的样子真是风度翩翩，劲头十足。照片中他头戴的那顶帽子，一直被父亲保存着，虽然越来越破旧不堪，但他总会时不时拿出来戴一下。碰巧的是，走在他旁边的高个子军官，正是“跑马地”的埃罗尔勋爵（Lord Errol）。这次葬礼后不久，埃罗尔勋爵就在一直没能破案的“白祸”谜案中惨遭谋杀。

对于母亲来说，接下来的三年时间，她一直跟随着父亲。由于父亲在乌干达和肯尼亚不断更换驻地，母亲也要不断迁徙。就像她后来专为家人写下的私人回忆录中所记载的那样：

约翰在军队接受训练时，总能发挥他的聪明才智，在不同的

① 非洲民兵，是英格兰驻肯尼亚军队为非洲本地人设立的军衔和编制。

驻地附近为我找到临时的家园。我也能做一些临时工作，替人照看孩子，在预备学校里教书，或是寄宿在别人家里。只要约翰的指挥官说他们什么时候会接到出发的命令，前往亚的斯亚贝巴，就最好立刻行动起来，否则珍妮·道金斯就会赶在他们前面第一个到达！

这段时间，许多好心人家招待过母亲，其中就包括乌干达的迈克林医生和其夫人（Dr.and Mrs.McClean）。迈克林一家收留了母亲，让她做蹒跚学步的女儿“小片片”的育儿保姆。

金贾的迈克林一家对我很好。我的工作是跟着四处乱走乱爬的小片片，看着她做这做那。迈克林家的宅子坐落在湖畔的高尔夫球场边。晚上，河马会到草地上玩耍，不时打个嗝，发出呼噜呼噜的声响，有时还会跑到花园中袭击一番。水中闲散地卧着许多鳄鱼，在瀑布下的浅水处晒太阳，我以前还曾无知地到那里去戏水。鳄鱼很有意思，总是张大了嘴，让它们的朋友兼宠物小鸟心安理得地替它们剔牙！

如今，通过对珊瑚鱼的了解，共生的清洁习惯研究已经有了丰硕成果。我在《自私的基因》中，对这种行为背后有趣的进化基础理论进行了分析，但直到我最近读到母亲的回忆录才知道，鳄鱼和小鸟之间也存在着类似的关系。我推测，其基本的进化理论应该与珊瑚鱼相同，可以很好地通过博弈论的数学语言进行阐释。

母亲住在迈克林家时，头一次患上了疟疾。在非洲的九年中，母亲多次罹患疟疾，这也是父母最终决定重返英格兰的原因之一。其中一次患病，是在战后父母生活在马拉维时。母亲清晰地记得，在高烧的恍惚中，听到利隆圭医院资深的医生说道：“如果不赶快把约翰·道金斯叫来，可能就太晚了。”后来，母亲将病情的康复归因于听到医生对她垂死的宣判，她决定凭借不屈不挠的斗志，来证明医生的判断是错的。

但是，母亲在迈克林家第一次患上疟疾时，却得到了医生的另一种诊断：

> 医生总是一副快乐活泼的样子。一天，他对我说：“你知道自己的问题出在哪里，对吧？”我答道：“疟疾？”他说：“你怀孕了，亲爱的！”这真是个意外之喜。当然，现在回头看看，我们在对未来一无所知又居无定所的日子里，真的不应该要孩子。但当时，如果我们选择谨慎安全的做法，就不会有理查德了！那么就这样吧！既来之，则安之，我开始缝制婴儿服装。我们真的十分走运。幸运女神一路都在保佑着我们。但现在我才意识到，理查德跟着我们奔波于世界各地，他的童年时代真是很艰辛，充满各种惊恐。我们列了一张清单，上面标注了他小时候提上行李箱跟着我们出发的次数。在肯尼亚和乌干达的火车上，小理查德度过了许多个夜晚。每到一个新地方，就会遇到全新的面孔。他可怜的幼年时代一定十分缺乏安全感。

我找到了母亲的那张清单，上面也列出了我从 1941 年到 1942 年的游历。她将那张清单记录在一个蓝色笔记本中。如今，那个笔记本已经破旧不堪。本子中还记录了我儿时咿呀学语时说过的幼稚话，后来还有关于妹妹莎拉的一些记录。关于我的记载中，我唯一记得的地方，就是内罗毕附近位于姆巴加地的格雷兹布鲁克农舍。之所以记得，可能是因为我们曾去过那里两次。在格雷兹布鲁克农舍，我们是沃尔特夫人、她在战争中失去丈夫的寡妇儿媳鲁比以及小孙子的座上宾。

> 肯尼亚、乌干达和坦噶尼喀充满了回忆，许多回忆是幸福而

美好的。但约翰不在身边的那段日子里，我得不到关于他的音讯，每天都在伤感、恐惧、焦虑和孤独中度过。往来信件相隔时间很长，总是一次送来好几封，日期也是很久以前的。我总是处于害怕、孤独和担忧的情绪中，所幸有许多好心的朋友陪伴。尤其是姆巴加地的沃尔特一家，他们完全接纳了理查德和我。这家人是婆婆和儿媳的关系。

当电报传来，说刚刚回过家探亲的约翰（鲁比的丈夫）在前线牺牲了，我正好也和沃尔特一家人在一起。在第一次世界大战中，当约翰还是个孩子时，沃尔特夫人就经历过丧夫之痛。如今晚年丧子，实在令人伤感不已。

于是，我们将注意力全部集中在年幼的威廉·沃尔特身上，后来，约翰的遗腹子约翰尼也出生了。很长一段时间，理查德将他们视为亲兄弟，将沃尔特夫人当成奶奶。沃尔特夫人是一位能干的杰出女性，她一直保持着忙碌而乐观的心态，将许多精力用在招待放假回乡的将士上，还曾派我开着一辆名叫“朱丽安娜”的车去内罗毕，接送一批批士兵、水手和飞行员。朱丽安娜工作起来状态不是很稳定，有两个油箱，一开始使用汽油，后来很幸运地换成了煤油。有一次，我险些未能完成30多公里的旅程。我从新斯坦利酒店接到一位身材高大肥胖的海军厨师，他喝醉了酒，在路上睡着了，沉沉地靠在我身上。由于他实在太重，我几乎无法正常把握方向盘，而且我还挪不动他，实在是非常难办。

在我看来，这些将士们非常享受在沃尔特家度过的假期生活。他们与孩子们一起玩耍，为沃尔特夫人做一些男人擅长的居家小杂活。沃尔特夫人对待他们就像照顾孩子一样，还总能做出美味的饭菜。对于我们所有这些客人来说，沃尔特家与真正的家园无异。

理查德和我还在姆巴加地一起建造了一处泥土小屋，由彼此相连的两间圆形茅屋组成，非常可爱。

母亲利用当地土著的建房技术，仅一周时间，便盖好了同一个房檐下的两间小屋。就是在这幢小屋里，留下了我最早的记忆。

那时，沃尔特夫人已经买下了一小块土地。一天，她和一位非洲当地人一起清理灌木丛时，突然响起了巨大的爆炸声。一颗战时留下的地雷，将这位可怜的非洲人一条小腿后面的肌肉全部炸没了。沃尔特夫人有着高大强壮的体格，果断将他抱进她那辆老旧的厢式车中，带回了家。我们赶忙为他清洗包扎，然后由沃尔特夫人带他去了内罗毕。他脸上一直挂着笑容，与我们聊天。真不敢相信竟有如此勇敢的人！

人们总是很容易忘记，第一次世界大战曾深入非洲撒哈拉以南地区。那个年代，坦噶尼喀（加上卢旺达和布隆迪）还是德属东非，当地时常战火纷飞，甚至在坦噶尼喀湖上，德国舰艇和英国与比利时的舰艇还曾各据一方，展开水上战役（湖西岸当时属于比属刚果）。艾丝佩斯·赫胥黎（Elspeth Huxley）在她描写基库尤生活的伟大小说作品《红色陌生人》（*Red Strangers*）中，通过基库尤人的眼睛看世界，将战争形容为白人的越轨行为，而非洲本地人则惊恐万状地被迫卷入其中。战争不仅是可怕的，而且是完全无意义的，因为获胜的一方并没有将失败一方的牛群和羊群赶回自家。

那个时代令人震惊的事情，并不都与当时或过去的战争有关。

有时，沃尔特家会请我骑着鲁比那匹名叫邦妮的马儿，去伦诺克斯·布朗斯（Lennox Browns）的邻家农场送信。第一次去，管家带我来到宽敞的会客厅稍作休息，他去叫夫人过来。房间里有些阴暗，厚厚的棉布窗帘挡住了外面明亮的阳光。我在等候时，突然发现房间里并不是只有我一人。一只巨大的母狮正伸直四肢卧在沙发上，对着我打着哈欠！我当时彻底吓呆了。当伦诺克斯夫人走进来时，她用手拍了一下狮子，将它推下沙发。我留下信件，便匆匆离开了。

最近，母亲凭记忆将这次事件以画作的形式记录了下来。

后来，理查德和威廉·沃尔特常常在另一处农场与两只宠物小狮子玩耍。小狮子的个头和体重，与成年的大拉布拉多犬不相上下，非常粗野强悍。但理查德和威廉两个孩子似乎乐在其中。那时，我们常常开着车，压过山间的矮草（没有路），到恩贡山去野餐。那里空气凉爽，孩子们兴致盎然，周围景色宜人。当时真是无知者无畏，没想到周围的山区里生活着大群的野牛。

两次针刺事件

我接下来的记忆，有两桩事都与针刺有关。第一桩，是关于肯尼亚的“剪医生”（Dr.Trim），第二桩更痛苦，发生在马拉维，与蝎子有关。“剪医生”这个名字真是再贴切不过，因为就是他给我做了割礼。显然，当时没人征求我的意见，但似乎也没人征求过我父母的意见！父亲当时在战场上，对此事一无所知。而母亲则得到护士的例行通知，说要抱我去做割礼。于是，事情就这样发生了。很可能剪医生的疗养院遵循了当年大多数英格兰医院的规矩，默认将所有小男孩的包皮都切除。在我就读过的各家寄宿学校的男同学中，切过包皮和没切包皮的人数基本是持平的，与宗教信仰、社会地位或任何我能发现的其他特征都无明显关联。如今的英格兰，情况已发生变化。美国也在朝着同样的方向发展。最近，德国法庭上发生了一桩具有里程碑意义的案子，法庭宣判，就算是因宗教原因而为婴儿实施割礼，也是侵犯了那些因年龄太小而无法表态的婴儿的权利。德国法庭的判决，到了我们这里，很可能会遭到否决，因为有些人一直在高声抗议，认为阻止家长为孩子切包皮，就是侵犯了家长信仰宗教的权利。耐人寻味的是，这里没有人提及孩子的权利。宗教，在我们的社会中享有无上的特权，这种特权超越了任何其他利益集团，当然也超越了个人。

下面讲到蝎子。作为一名众望所归的小博物学家，蝎子事件无疑沉痛地揭露了我在这方面的缺陷。我看着一只蝎子在地板上爬，以为是一只小蜥蜴。我当时怎么会那么想呢？现在回头看看，突然觉得蜥蜴和蝎子之间根本没有任何相似之处。当时，我想着，让"小蜥蜴"从我光溜溜的脚上爬过去，一定很好玩。于是便一脚挡住了蝎子的去路。接下来就是一阵钻心的疼痛。我大声惨叫，之后好像昏了过去。后来母亲告诉我，有三个非洲当地人听到我的叫声，急忙跑了进来。当他们搞清楚这场事故的元凶后，就开始轮流试着用嘴将我脚上的毒液吸出来。这种方法，大家都知道，是对付毒蛇咬伤的紧急处理措施。我不知道吸毒液的方法是否对蝎子蜇伤同样奏效，但他们能不遗余力地帮助我，令我十分感动。直到现在，我还是很畏惧蝎子这种动物。就算是摘掉蝎子的毒刺，我也不会用手去碰它。生活在古生代的广翅鲎，是一种巨大的海生蝎子，有的能长到 2 米长……

常常有人问我，在非洲度过的童年时光，是否奠定了我后来成为生物学家的基础，答案是否定的，而蝎子事件并不是唯一的证据。还有一件事也能说明问题，每每想起，总会令我汗颜。我们住在沃尔特夫人家时，有一次，一群狮子在附近捕获了一只猎物，有邻居提议，带上全家人去观看狮子进食。我们开着一辆狩猎车，来到距离猎物不到 10 米的地方，看到狮子们或是撕扯食物，或是吃饱了躺在周围晒太阳。车里的大人们都因激动和惊奇而呆住了。但母亲后来告诉我，威廉·沃尔特和我二人却稳坐车中，一边全神贯注地摆弄着玩具汽车，一边嘴里还模仿着“滴滴”的喇叭声。我们对狮子毫无兴趣，就算大人们再怎么试着唤起我们的兴趣，都无济于事。

我对动物学领域好奇心的缺失，似乎在与人打交道的能力上弥补了回来。母亲说，我小的时候对人非常友好，从不怕陌生人，而且很早就会说话了，特别喜欢运用各种词汇。虽然我做不成博物学家，但很小的时候就表现出怀疑论者的特质。1942 年圣诞节，一位名叫山姆的人穿着圣诞老人的服装，到沃尔特夫人的家来参加儿童聚会。所有孩子都以为他真的是圣诞老人，在他离开时，孩子们都欢呼雀跃地对他挥舞着小手。而他前脚刚刚走出房门，我就抬起头来，松了一口气，说出一句让其他孩子错愕不已的话：“山姆终于走了！”

毫发无伤地凯旋

父亲终于毫发无伤地从战场凯旋了。我想，他真是走运，没有在战场上遇到德国人或日本人，而是赶上了意大利人。当时，意大利人可能早就看透了他们那虚荣心极强的荒谬领袖，对获得战争的胜利已经没什么兴趣了。在阿比西尼亚和索马里兰战役中，担任陆军中尉的父亲负责驾驶装甲车。打败意大利人之后，父亲与东非装甲车团一同被派往马达加斯加接受训练，准备随后进驻缅甸。在那里，父亲与比尔叔叔相遇。比尔叔叔当时是塞拉利昂军团的一名陆军少校，与凶恶的日本人作战，后来又被派往其他驻地。但是，到了 1943 年，政府对父亲在农业领域的工作给予了更高的重视，于是他便和马拉维农业部的其他同事一起，离开了军队，回归到平民生活。

母亲收到父亲即将复员的消息时，激动万分，抱着我跑到了街上，以示庆祝。那天，母亲像往常一样，从内罗毕的留局候领信箱中取回邮件。

父亲在信中花了大量笔墨讲述了一场板球比赛。父亲深知，母亲对板球毫无兴趣，一般情况下他绝不会长篇大论地唠叨一个她不感兴趣的话题。信里一定另有深意。这对小夫妻之前曾设计并使用过一套暗号，因为战时军事人员的信件常常要经过审查官之手。这套暗号很简单：只看每一行的第一个词，忽略余下的内容。这封关于板球比赛的信里，其中三行的第一个词连在一起是"投球手……帽子……很快"。可惜这封信的原稿没有留存下来，但现在也很容易进行推测。从字面上看，"投球手"是指板球的投球手，父亲一定是顺着什么接下来写出了"帽子"这个词（也许是裁判员的巴拿马草帽,母亲记不得了）,"很快"则是对比赛的某种似是而非的评论。这到底是什么意思呢？原来，投球手的帽子代表着平民的服饰，象征着复员后的普通生活。"投球手—帽子—很快"，只意味着一件事，母亲不需要成为字谜高手也能想到。父亲就要复员了，母亲恍然大悟的那一刻，激动得无以言表，一把抱起我，快乐地跑了出去。

而真正回到马拉维，并非易事。母亲当初非法进入肯尼亚，后来也因此惹上了麻烦。殖民地政府的"恶吏"[①]拒绝给母亲颁发离开肯尼亚的签证，因为他们的记录显示，母亲根本从未来过肯尼亚。而且父母又无法沿原路开车返回，因为这一次父亲接到了严格指示，要和军队一起出发：直到父亲到达马拉维军团位于本国的总部，才能正式复员。于是，夫妻俩只得分开旅行，母亲又无法离开，因为她根本不应该身在肯尼亚。沃尔特夫人坐着轮椅出面证明母亲的存在，"剪医生"出面证明我的存在——因为他是我的接生大夫，所以有资格作证。最终，我的合法出生证明起了作用，一脸不情愿的恶吏只得磨磨蹭蹭地在母亲的离境手续上盖了章。母亲和我乘坐一架小型飞机出发了。如今，这种小型飞机是专为水上跳伞运动服务

① 恶吏是我个人对酷爱规则条款、冷漠无情的官僚的特定称呼，一直想要将这个词引入正规习语。这个词源自汤姆·夏普（Tom Sharpe）的一篇戏剧小说，其中名唤"恶吏"的人物便代表了这一类型的人。这个词的发音也非常恰当。若想在《牛津英语词典》中加入新词,这个词必须在书面用语中为人们所充分使用,但没有定义或归属。根据以往经验，令我欣慰的是，"迷因"这个词满足了各项指标，为词典所收录。请读者同样认可并使用"恶吏"这个词。

的。如果从我们这架飞机上跳下去，那可是一件刺激的事，因为脚下的池塘中，满是鳄鱼和河马，还有火烈鸟和正在洗澡的大象。在罗得西亚北部（如今的赞比亚）换乘飞机时，我们所有的行李都找不到了，但很快，行李就不再是问题了。父母欣喜地发现，战争开始之时从英格兰通过海路运过来的行李箱，终于在此时出现在了马拉维，经过了海上的大风大浪依然完好无损。母亲在回忆录中快乐地记录了箱子里面的物件：

> 我们几乎忘却了所有的结婚礼物，还有我的新衣服。这真是重返家园的一份意外之喜，理查德还能在身边帮我一起整理箱子中的每一件惊喜之物。

An Appetite for Wonder

03

马拉维湖的沙滩

1943—1946 年，我在非洲马拉维湖边度过了一段无忧无虑的童年时光，年幼的我，特别喜欢唱歌，父母记录了大量我的童言稚语。我与父母回了一次英国，探访了我的祖父母和外祖父母。在此期间，妹妹莎拉出生。

The Making of a Scientist

03 马拉维湖的沙滩

我们继续像在肯尼亚时一样，四处漫游。父亲和其他复员官兵被当成了“替补”，这样，常驻于此的农业官员们就能去南非那长满棕榈树的美丽港湾度个假了。这些官员自从战争开始，就从未离开过本职岗位。于是，父亲每过几个月，就要到马拉维不同的地方去接手不同的工作。但正如母亲所言：“这段日子过得很开心，对于约翰来说也积累了许多宝贵经验。我们遍览马拉维的美丽风光，与许多很有意思的房东打过交道。”

这段时间，令我记忆最深刻的一幢房子，位于马克瓦帕拉姆普普山山脚下的奇尔瓦湖畔。父亲在这里负责管理一所农业学院和一家监狱农场。在农场做农活的囚犯们，似乎享受着充分的自由，我还记得看到他们赤裸着坚韧的双脚踢足球。妹妹莎拉在此时出生于松巴医院。母亲回忆说：“马克瓦帕拉的囚犯们常常排起队，申请在茶余饭后用童车推着妹妹玩耍。这些囚犯中，不乏定罪的谋杀犯。”

我们刚刚抵达马克瓦帕拉时，要与即将离任的一户家庭同住在专为农业官员指定的房子里。这户家庭返回英格兰的行程延误了几周时间。他们有两个儿子，大儿子戴维特别喜欢用嘴咬其他小孩。我的胳膊上全是他的牙印。一次我们在草坪上饮茶时，父亲当场抓住了正在咬人的戴维，温和地制止了他。没想到戴维的母亲为此非常愤怒。她一把将戴维揽到胸前，严厉地批评了我那可怜的父亲。“你是不是对儿童心理学一窍不通？是个人都知道，最不应该对咬人的孩子做出的事，就是在他正在咬人的时候制止他。”

马克瓦帕拉是个炎热、潮湿，满是蚊虫蛇蚁的地方。这里地处偏远，无法享受到常规的邮局服务，于是当局便雇佣了一位本地专属的“信使”，每天的工作就是跑 20 多公里的路，往返于松巴，为我们收寄信函。信使名叫赛迪。一天，赛迪没有按往常的时间回来。后来我们才知道，

> 松巴山一场史无前例的大雨形成湍急的洪水，顺着陡峭的山涧冲刷下一大块山体和许多巨大无比的石头。在松巴镇，道路和桥梁被洪水淹没，躲避在车里和房中的人们形成孤岛，而返回马克瓦帕拉的道路也被冲毁了。

赛迪平安无事，但一位名叫英格拉姆先生的好心人，却不幸在洪水中丧生。当时，他正开着车路过一座桥，汹涌的洪水将他连人带车一起卷走。记得以前，他常常让我坐在他的大腿上，手把方向盘和他一起开车。得知他遇难的消息，我很难过。母亲记录道：“后来，当地人告诉我们，这样的水灾以前也曾经发生过，但活着的人都没有亲身经历过如此规模的灾难。罪魁祸首是一种名叫尼亚婆罗斯的巨大的蛇样怪兽。怪兽钻进山谷，兴风作浪。”

我很喜欢雨天。也许，生活在季节性干旱地区的人们对雨天的情感，还有他们在看到雨滴落下时那种如释重负的心情，让我感同身受。尼亚婆罗斯大雨时，我们并不在雨水最为湍急的中心地带，但我依然“着了魔一般，脱掉衣服，飞奔到雨中，快乐地笑着叫着，像个小疯子”。如今，每逢大雨，我依然会从心底油然而生一种温暖的满足感，但不会再跑到外面淋雨

了，可能是因为英格兰的雨水太冷的缘故。

童言稚语

在马克瓦帕拉生活的这段日子，我有了最初的连贯记忆。父母也在这段时间里记录下了一些我说过的话、做过的事。下面摘出两段：

> 妈咪快来看。我找到太阳出来时，夜晚睡觉的地方啦（沙发下面的阴暗处）。
>
> 我用尺子量了萨丽的浴盆，是七便士和九便士，她洗澡迟了。

和所有的小孩子一样，我特别喜欢假装成别的什么东西。

> 不，我想做油门。
>
> 妈咪你现在不是大海了。
>
> 我是天使，妈咪你是奈伊先生。你说天使早上好。但天使不会说话，他们只会呼噜呼噜地叫。现在，这位天使要去睡觉了。天使睡觉时，总是将头埋在脚下。

我还喜欢二阶假装，让假装的身份去假扮成别的事物：

> 妈咪，我是假装成理查德的一个小孩。
>
> 妈咪，我是假装成一架水车的猫头鹰。

在我们的房子附近，有一架水车，我对这架水车很感兴趣。三岁那年，我还曾试着指导别人如何制作水车：

> 在棍子上拴点绳子，旁边要有一条水渠，水渠里要有急流的水。现在，去找点木头来，在木头上用锡做个把手，在水来的时候用得上。然后找点砖块，让水冲刷下来，用木头做成一个圆，

在上面绑上许多突出来的东西，然后装在一根长棍子上，水车就做好了。水车会在水里打转，发出“咘咘咘”的响声。

下面这段记录应该算是零阶假装，因为母亲和我都要装成我们自己：

现在你是妈咪，我是理查德，我们要乘这辆加里车去伦敦（加里车这个英属印度词汇为我家族所使用，很可能是沿袭了我生活在殖民地的祖父母或曾祖父母的语言习惯，但也有可能是从印度推广到了整个大英帝国）。

1945 年 2 月，我差不多四岁了。父母的记录里写道，我“从没画出过任何能识别出来的东西”。对于富有艺术天赋的母亲来说，可能会为此感到有点失望。母亲在 16 岁时，就有人请她为一本书画插图。后来，母亲进了艺术学校。直到今天，我依然对有关视觉艺术的事物一窍不通，甚至连欣赏的能力都没有。而音乐和诗歌则完全是另一回事了。美好的诗歌总会让我热泪盈眶，优美的音乐也具有同样的效力，只不过不那么容易催泪罢了。比如舒伯特的弦乐五重奏那舒缓的情调，还有茱迪·科林斯（Judy Collins）和琼·贝兹（Joan Baez）婉转的歌声。父母记录下了我年幼时对语言韵律的痴迷。在马克瓦帕拉时，每到下午的玩耍时间，父母总会在一旁静静地听我无忌的童言。

风吹进来
风吹进来
雨落下来
冰凉落下来
下雨下雨
每天下雨
因为有大树

大树要雨滴

小时候，我总是自顾自地说话唱歌，虽然语言中没有意义，但充满富有韵律感的节奏。

小黑羊在海边
小黑羊在风里
快快快到海里来
来到草原的小黑羊
小黑羊来到草原
草原到海边
来到草原，来到海边
小黑羊来到草原
来到草原，来到海边

我想，这类自言自语的语言节律和无意义的词汇排列更替试验，在小孩子中十分普遍。伯特兰·罗素（Bertrand Russell）的自传中，也有一个十分相似的例子。罗素偷听自己两岁的女儿凯特自言自语，并记录下了她说的话：

北风吹过北极
雏菊倒在草上
风儿吹过兰铃
北风吹过南风

我猜想，下面这段被我篡改的关于庞德的话语，一定是从我父母的朗读中学来的。

民兵从鸵鸟上掉下来

在雨中
大声唱道该死
鸵鸟发生了什么情况
大声唱道该死

父母的记录中，说我有许多保留曲目，每次唱歌，我都要假装成一部留声机。有时还会出一些小“事故”，比如留声机的唱针（我的手指）卡住了，于是同一个词就会唱上许多遍，直到“唱针”回到“正轨”才作罢。我们有一部上发条的便携式留声机，就是《弗兰德斯与斯旺》的歌曲中唱道的那种：

我有一部小留声机
我会一圈圈上发条
唱针尖细
声音悦耳

后来有了扩音器，
声音变大了许多。
用上尖细的纤维唱针
乐声又再次柔和

我父亲没有去购买纤维唱针，而是利用剑麻叶顶端的刺，自己动手制作了一根。这很符合父亲的性格。

我的歌曲中，有些是跟着唱片学会的，有些是我自创的胡言乱语，还有些是父母教的。父亲特别喜欢教我唱一些无厘头的歌，许多歌都是从他父亲那里学来的。每逢夜晚，我们就会一遍又一遍地唱着“玛丽有只威廉羊”“嘻哈卡素撒冷，妓女在耶路撒冷”“哄唧嘭唧嗡唧放”。后来我得知，最后这一句，是斯迈西斯外曾祖父每次系鞋带时必唱的“经典曲目”，而且也只在系鞋带时唱，其他时间一律不唱。记得有一次，我在马拉维湖畔走丢了，人们找到我时，发现我与两位老奶奶坐在帆布躺椅上，正在为她们演唱《果豆里之歌》。《果豆里之歌》有着悠久的渊源，自从 1896 年，贝利奥尔学院的学生一到晚上就会唱着歌，讽刺旁边的三一学院。祖父和父亲时常会哼唱这首歌。

果豆——里。
脸长得像火腿。
鲍比·约翰逊这么说。
他应该知道。
愚蠢的三一。愚蠢的三一。
如果我是愚蠢的三一人，
我就会，我就会，
躲到人群屁股后面，
我就会，我就会，
拔掉栓子，人间蒸发。
我就会，我就会，
愚蠢的三一。愚蠢的三一。

当然，这首歌完全谈不上诗意，也几乎从未在人们酒醒的时候唱过。但也许当时的我，很想看看老奶奶们听到这首歌会有何反应。母亲告诉我，虽然老奶奶是传教士，但她们也很开心地欣赏了我的演唱。后来，1959 年，我自己到贝利奥尔学院做了学生，才发现这首歌的曲调已经变得不那么悦耳了。在父亲离开贝利奥尔之后的 22 年中，这首歌经历了毁灭性的迷因变异，也丢掉了曾有的细腻与微妙。

我假装留声机的行为，常常在上床睡觉时间上演，以此拖延：留声机的音乐慢慢放缓，音准也降了几个调，需要父母来“上弦”。为留声机上弦，的确是我们日常生活中的一部分，因为我们没有电，如果用留声机播放歌曲，就要时常上弦才能继续。父亲收集的 78 转的唱片中，大部分都是保罗·罗伯逊（Paul Robeson）的，直到今天，他仍是我仰慕的音乐家。还有伟大的男低音费多尔·夏里亚宾（Feodor Chaliapin）用德语演唱的《汤姆的韵律》（*Tom der Reimer*）。其他一些唱片，则是各式各样的管弦乐，包括弗朗克的《交响变奏曲》。我称这首曲子为“滴水”，可能是因其中的钢琴部分而发挥的联想。

没有电，房间要靠石蜡压力灯照明。灯具先要用甲基化酒精加热，之后靠石蜡蒸气施压，然后便可以嘶嘶地发出整晚的光亮。我们在马拉维的大部分时光，也没有抽水马桶，只能使用土制的马桶，有时还需要到屋子外面去解决。但生活中的其他方面，我们都享受到了奢侈的待遇。一直有厨师、园丁和其他几位仆人为我们一家服务（家里人称他们为“小伙子”）。阿里是仆人们的头目，也是我的玩伴兼朋友。每天，一家人都会在草坪上享用下午茶。茶具是精美的银器，还有银质热水壶。牛奶罐上盖着精致的棉布，棉布四周装饰着一圈垂坠下来的海螺壳。喝茶时，我们还会吃一些美味的滴面烤饼（苏格兰薄饼）。直到今天，烤饼在我心中的地位一直与著名的马德琳蛋糕不相上下。

儿时的轻信

一家人还会带上小桶小铲，去马拉维湖畔的沙滩度假。马拉维湖十分壮阔，放眼望去，看不到尽头和远方的陆地，就像大海一样。我们入住的酒店十分舒适，房间是坐落在沙滩上的茅草屋。还有一次，我们去松巴山度假，借住在那里的一幢村舍。这次旅行时发生的一件小事，显示出我在批判能力上的不足（也证明了我一岁时看穿圣诞老人是山姆的故事，有杜撰之嫌）。那时，我和当地一位友好的非洲人玩捉迷藏。我到一间小屋中寻找了一番，发现他不在里面。后来，我回到同一间小屋，却发现了他，而这间小屋肯定是我之前搜查过的。他拍着胸脯说一直就在屋子里面，只不过施了隐身术，所以我没看见。我完全信以为真，后来长大成人才想明白，可能性更大的一种假设是他在说谎。我总是禁不住去想，在教育儿童的过程中，夹杂上带有各种魔法与奇迹的童话故事，包括会隐身术的神人，是否是不利的。但每次提到我这个想法，总会被人指责，说我是妄图打搅孩子们梦幻般的童年时代。我应该没告诉过父母关于松巴山捉迷藏的事，但我总是禁不住去想，如果当时他们能给我讲一讲休谟关于奇迹的见解，我会更开心[①]。你觉得哪种奇迹更伟大？是某个无心的人为了哄一个轻信的小孩子开心而编造出的谎言奇迹？还是真的让自己隐形的奇迹？小理查德，现在你觉得，在那片辽阔平原中高高耸起的松巴山上的小屋里，到底发生了什么？

还有一件事，同样反映了我儿时的轻信：宠物离世的时候，我非常伤心。有人为了缓解我的伤感，就对我说，每当小动物离开我们，就会去属于它们自己的天堂，那里叫作“幸福逐乐园”。我完全相信了，甚至都没有想到，那个天堂乐园是否也是我的宠物曾追捕过的猎物们的极乐世界。有一次在马利恩峡谷，我遇到一只小狗，问大人这只小狗的主人是谁。恍惚中听到有人说“拉德纳夫人的小狗回来了”。我知道，在我出生之前，外祖母有一只名叫“萨福伦”的狗，现在早就离世了。当时我立刻认定，这只小狗就是从幸福逐乐园回到人世间旅行的萨福伦，甚至连继续盘问下去以确定小狗真实身份的好奇心都没有了。

大人为什么要培养并鼓励孩子的轻信行为？当小孩子相信圣诞老人的存在时，大人试着去引导孩子进行一些略带质疑性的思考，就真的大错特

① 根据休谟的理论，奇迹是指超自然力量违背自然法则而引发的例外情形。可以将上帝视为自然及其所有法则的创造者。万事万物都以常规的既定方式运行，除非上帝采取例外行为。如果上帝采取例外行为，违背重力法则，在没有任何自然原因的情况下令一片羽毛轻浮于空中，那么这就是休谟所谓的“隐形奇迹”。之所以说“隐形”，是因为你不会注意到它。——译者注

错了吗？如果圣诞老人要为全世界的孩子们发礼物，那么他要爬进多少个烟囱？他的驯鹿要跑多快，才能在圣诞节的清晨前完成所有工作？不要毫无遮拦地直接告诉孩子世上没有圣诞老人。但可以从这个话题入手，鼓励孩子养成批判性质疑的好习惯。

战争年代，我们很难收到千里之外的亲属邮寄过来的圣诞礼物和生日礼物，但我父母却用他们的心灵手巧弥补了这一不足。母亲亲手给我做了一个巨大的玩具熊，和当时的我一般大。父亲为我制作了各种天才的精巧装置，其中的一辆玩具车，在顶棚下面装有一个真正的火花塞（体积完全不成比例）。四岁的时候，这辆玩具车是我的骄傲，也是我快乐的源泉。父母的记录中写到，我会假装车子“抛锚”，然后会：

修理指针
将分电器上的水擦干
修理电池
往散热器中加水
拨弄汽化器
拉动阻气门
换一边拨弄开关
修理栓塞
用正确的方式装入备用电池
为发动机加润滑油
看看方向盘是否正常
为车子加油
让发动机冷却
把车子翻过来，看看下面的情况
缩短目的地路程，并测试爆破声（现在我怎么

也想不起来这是怎么回事）
更换弹簧
修理刹车闸
……
每一项工作都伴随着各种动作和声音，全部完成后，就是启动车子的“轰轰”声。发动机可能会启动，也经常不会启动。

短暂回到英格兰

1946年，第二次世界大战已于前一年结束了。我们也能告假回到英格兰“老家”（英格兰一直是我的“老家”，虽然我从未踏足过那片土地。我认识的一些第二代新西兰移民，也有着同样的思乡传统）。我们乘火车到达开普敦，准备出发前往利物浦，乘坐“苏格兰皇后”号回乡。南非的火车在车厢之间有着开放式的通道，装着类似船上的那种栏杆，可以倚在栏杆上看着周围的一切与自己擦身而过，再用手接点严重污染的蒸汽机释放出来的煤灰。但这些栏杆又不同于船上的栏杆，具有伸缩功能，在火车转弯时，能根据具体情况延长或缩短。这就埋下了事故隐患，而事故也确实发生了。在栏杆缩短的时候，我的胳膊卡在了里面，我那焦急万分的父母却什么也做不了，只能等着火车拐完一个长长的弯，走上了直线，我的胳膊才重获自由。到了下一个经停站马弗京，火车停了下来，等着我被送往医院缝伤口，然后再等着我回来继续赶路。真希望火车上的其他旅客没有因为时间的延误而心生怨念。现在我胳膊上还带着当年的疤痕。

我们到达利物浦后才发现，原来“苏格兰皇后”号是一艘破旧不堪的大船。战争年代，这艘船被改装成了运兵舰：没有客舱，而是地窖一般的小寝室，每间寝室中高高的架着三排铺位，男性旅客与女性旅客和儿童要分开入住。寝室中空间狭小，旅客们就连下地穿衣服都要分先后。母亲在记录中写道：

> 女寝室中有太多的小孩子，一片喧闹和乱哄哄的景象。我们给孩子们穿好衣服，带着他们到门口。门口排着一长队的父亲，等着抱走自己的孩子。约翰会带着孩子们去排队吃早餐。理查德定期要去船上的医生那里处理胳膊上的伤口。为期三周的旅途中，我又犯了一次疟疾。莎拉和我住进了船上的医院，而可怜的理查德则独自一人留在阴暗拥挤的寝室中。他们不让理查德跟着约翰或我，真是十分残忍。
>
> 我想，我们根本不知道理查德在船上度过了多么可怕的旅程，也不知道这次旅程给他留下了多么挥之不去的阴影。他一定觉得，全部的安全感瞬间消失得无影无踪。等我们到达英格兰之后，他变成了一个伤感的小男孩，失去了所有往日的活泼。记得那个阴沉的雨天，我们在利物浦码头等着上船时，理查德好奇地问："这就是英格兰吗？"然后很快接着问："我们什么时候回去？"

我们回到了祖父母位于艾塞克斯郡的家。在那里：

> 二月份的天气又湿又冷，理查德丧失了曾有的自信，开始口吃。他非常不适应身上的衣服。自从出生之后，他身上就没穿过厚重的衣服，现在，烦琐的扣子和鞋带彻底打败了他。祖父母觉得他有点发育迟缓："难道他现在还不能自己穿衣服？"我们没有关于儿童心理学的书籍，不懂得如何正确引导。就这样，理查德变成了一个沉默寡言的小人儿，有些迟钝。祖父母家有个规矩，就是在每天早餐时对大家问早安。如果理查德不照做，就不允许

进屋。他的口吃越来越严重，他不开心，我们更不开心。现在想想，我真后悔当初放任了祖父母的行为而未加制止。

在康沃尔郡的外祖父母家，情况也没好到哪里去。那里几乎所有的食物都令我反胃，每当外祖父母强迫我吃东西时，我就做好呕吐的准备。最难吃的要数味道清淡的西葫芦了，有一次我甚至直接吐在了盘子里。当离开的日期一天天迫近，我想所有人都松了口气。我们终于在南安普敦登上了驶往开普敦的“喀那芬城堡”号，准备重返马拉维。这次不是去南部的马克瓦帕拉，而是去利隆圭附近的中部地区。一开始，父亲被派往位于利隆圭附近利库尼的农业研究站工作，后来调到了利隆圭城里。如今，利隆圭已是马拉维的首都，而当年不过是个小小的省城。

捕捉蝴蝶

每逢想起利库尼和利隆圭，就能唤起我的许多美好回忆。那时，我一定已经对科学十分感兴趣了，因为我记得住在利库尼时，曾缠着我那受尽折磨的可怜的妹妹，在我们共用的卧室里，喋喋不休地给她讲火星、金星和其他行星的故事，讲这些星球与地球之间的距离，以及每颗星球上拥有生命的可能性。在那个杳无人烟的地方，星空是壮丽而美好的。我很喜欢在夜晚仰望星空。夜晚，是个神奇的时刻，充溢着温暖的安全感，让年少的我不禁想起巴林-古尔德（Baring-Gould）的赞美诗：

白天结束，
夜晚迫近，
黄昏的影子，
偷偷侵入天际。

黑暗集结，

星尘眨眼，
鸟儿野兽和鲜花，
很快就会进入梦乡。

我不知道自己是怎么学会赞美诗的，因为在非洲我们从未去过教堂（虽然在英格兰与祖父母同住时去过）。我想，一定是父母教我唱这首赞美诗的，同时教会我的，还有“明亮的蓝天之上，有一位小孩子的朋友”之类的儿歌。

我也是在利库尼时，第一次注意到黄昏时分越拉越长的影子，还为此痴迷不已。当时，我并不知道 T. S. 艾略特（T.S.Eliot）“黄昏的影子升起，与你相会”的诗句。如今，每当我听到肖邦的《夜曲》，心神总会回到利库尼，感受到“星尘眨眼”时，黄昏时刻的安全与惬意。

父亲为莎拉和我创造了许多神奇的就寝小故事。故事里面常常会提到发出“嘀嘀”声尖叫的“雷龙”。它们生活在很远很远的地方，那里叫作冈瓦纳（后来直到上了大学，我才了解到果真有冈瓦纳大陆。这片巨大的南半球大陆，后来分裂形成非洲、南美洲、澳大利亚、新西兰、南极洲、印度和马达加斯加）。我们很喜欢在黑暗中看着父亲手表上发出荧光的指针，他还会在我们的手腕上用钢笔画出一个手表，这样，我们就能在温暖舒适的夜晚，躲在蚊帐里面看时间了。

利隆圭也充满了我珍贵的儿时回忆。地方农业官员的宅邸，长满了一层又一层的叶子花，密不透风。花园中满是旱金莲，我很喜欢揪叶子下来吃。那略带胡椒气息的独特味道，现在还偶尔会出现在我的沙拉盘中。这是我非常喜爱的食物。

隔壁有一幢一模一样的房子，里面住着格林医生、格林夫人和他们的儿子戴维。戴维与我同岁，每天我们都在一起玩耍，或是在他家，或是在

图 1 是 1958 年左右拍摄的全家福，地点在欧文诺顿牛津郡，照片背景是布朗普顿于 1774 年画的我的曾曾曾曾祖父亨利的家族像。照片中系粉色领带的是我的祖父，祖父右手边是祖母。祖母右手边是我的母亲，母亲右手边是科利尔叔叔的妻子。祖父左手边是我的姨妈黛安娜，同时她也是比尔叔叔的妻子。后排最左边是我的父亲约翰，最右边是我。我右手边依次是比尔叔叔和科利尔叔叔。祖父前边是我的妹妹莎拉。

18 世纪初期，我的曾曾曾曾祖父亨利 · 道金斯在圣玛丽教堂为“他本人和他的继承人”建了一个家族博物馆（图 2）。从那时起，道金斯家族一直都是奇平诺顿的望族。

3 祖父在牛津读书时酷爱划船。图 3 表现了当时的场景。当我祖父身体前倾，奋力划船为贝利奥尔出战时，朱莱卡 · 多卜生是否在观众里面呢？

我祖父（图 4）的大学学业是在他叔父克林顿 · 爱德华 · 道金斯（图 5）的支持下完成的。克林顿 · 爱德华 · 道金斯（后来受封爵士）的自由思想观念在贝利奥尔韵律诗中展现得非常充分。

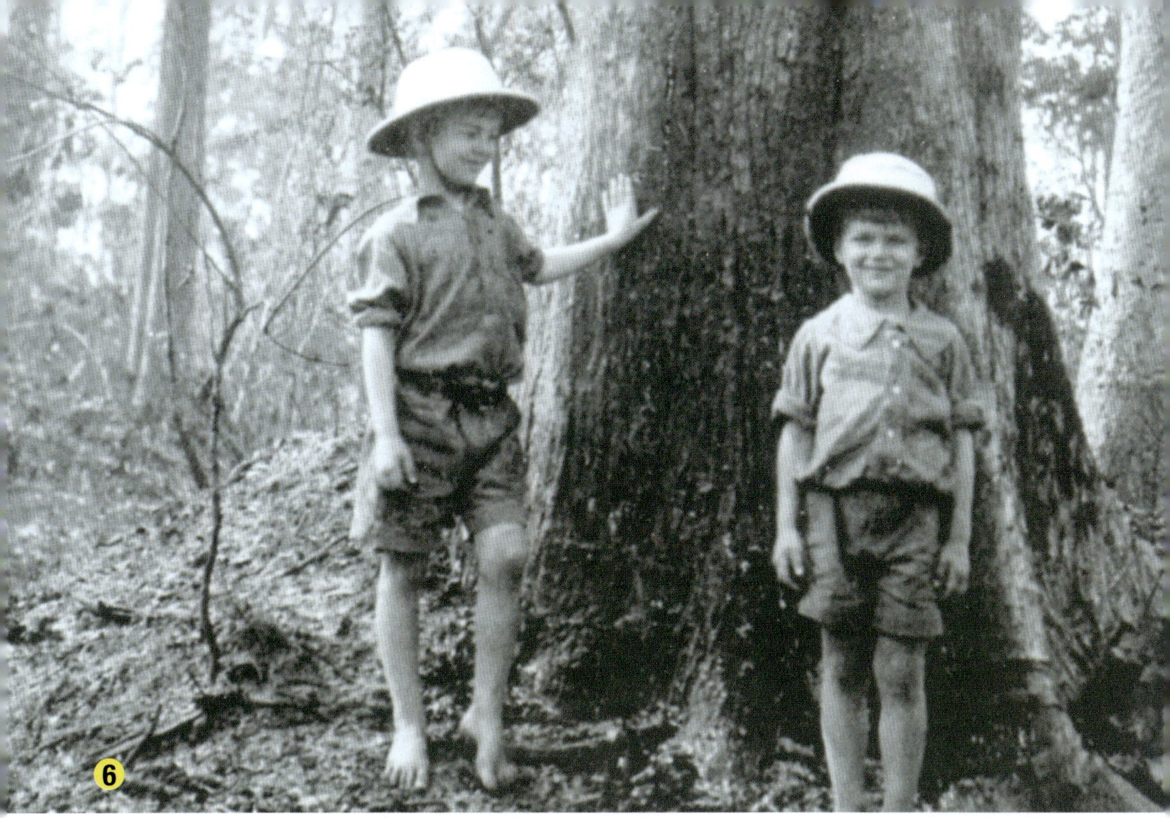

6

7

8

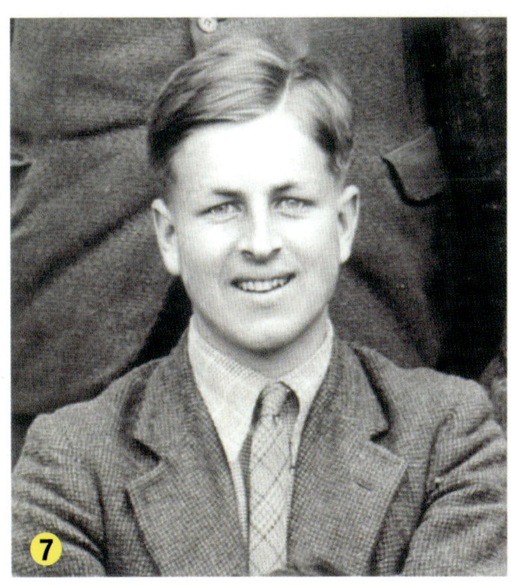

在缅甸的丛林中度过田园般的童年之后，我父亲（图 7）和他热衷于橄榄球运动的弟弟比尔（图 8）寻着他们父亲和道金斯家族其他一些人的足迹也来到牛津大学贝利奥尔学院。图 6 是童年时期的两兄弟在缅甸的照片。

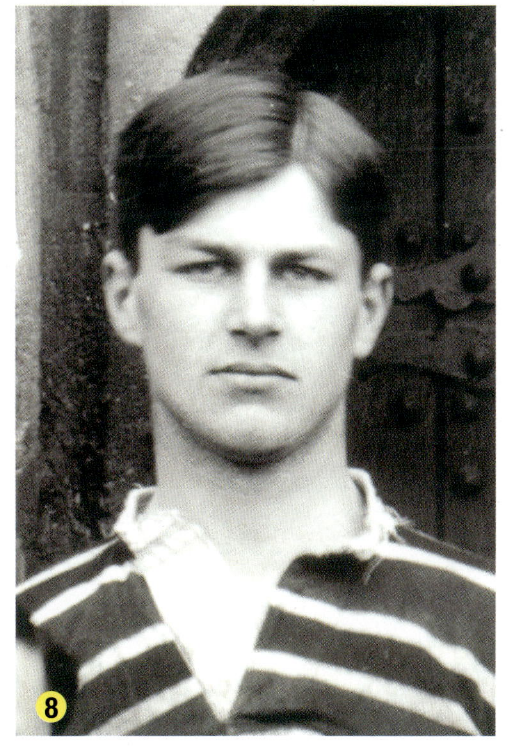

图 9 是多尔顿的斯迈西斯家族的合影。照片中我的祖母一手拿着书，一手抚摸着她的爱犬。祖母的母亲在照片中央，戴着一顶花帽。拿网球拍的人是祖母的哥哥伊夫林，他也是我祖父的同学。照片最右边戴一顶巴拿马帽子的是祖母的父亲。照片上另外两位是我不认识的客人。

图 10 是 1923 年左右拍摄的斯迈西斯家的全家福。坐在草地上的四个孩子从右至左依次是比尔、尤里克、约翰（我的父亲）和贝琳达。后排抱小孩的是我的祖母，那个小孩是我的叔叔科利尔。

11

THE BIRDS OF BORNEO

BY

BERTRAM E. SMYTHIES

OLIVER AND BOYD

EDINBURGH : TWEEDDALE COURT

LONDON : 39A WELBECK STREET, W.1

1960

12

祖母的哥哥伊夫林是名著《印度的森林财富》的作者，令人有些惋惜的是，他的妻子奥利弗·斯迈西斯喜欢猎杀老虎。图 11 中手拿猎枪的是奥利弗。

奥利弗与伊夫林的大儿子，也就是我父亲沉默寡言的表兄弟伯特伦·“比利”·斯迈西斯对大自然多了一份喜爱。图 12 是伯特伦的著作《婆罗洲的鸟类》。

13
14
15

16

17

我的外祖父阿兰·拉德纳是海军军官（图 13 中第二排左数第三位）。在第一次世界大战期间，他被派到斯里兰卡（当时称锡兰）建立无线电工作站。照片中的狗是无线电工作站的吉祥物吗?

图 14 是外祖母与她的爱犬的合影。这只狗似乎与图 13 中的是同一只。

图 15 是我母亲珍妮 3 岁时拍摄的照片，那年外祖父一家回到了英国，他们住在艾塞克斯郡。

图 16 是外祖母带着两个女儿在海滩玩耍。

图 17 是外祖父一家的照片。其中我母亲用胳膊搂着她的一个朋友。

图 18 是美丽的马利恩沙滩。

18

19

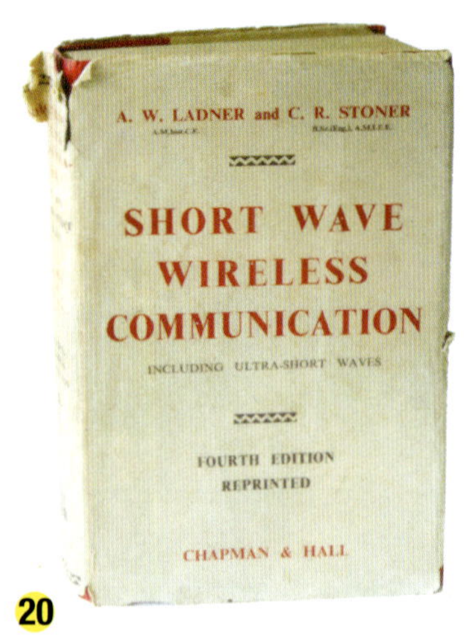

20

21

我的外祖父拉德纳是无线电工程师，在马可尼公司工作。他还是《短波无线通信》教科书（图20）的作者。图 19 中，外祖父正在向到访的阿拉伯王族客人演示设备。他第一次与我外祖母见面，是在康沃尔的波尔杜无线电工作站（图22）。一些无线电工作站用作绝缘仪器工作台的厚石板，最后变成了我们马利恩海湾家里的铺路石（图 21）。

22

我家，或是在房子周围。那里的沙土中，有蓝黑色的沙粒。这些沙粒一定含铁，因为我们用一块弹簧上带着的磁铁去吸，就能将这些沙粒吸起来。在各家的走廊上，我们会搭建自己的“房子”，里面还有小房间和过道。我们用地毯、垫子和毯子盖在倒放的椅子和桌子上，盖出“房子”。我们还为房子配备了自来水，管道是用从花园的大树上折下的中空树枝连接在一起做成的。也许那是一棵号角树，但我们称之为“大黄树”，之所以有了这个名字，可能是从一首我们很喜欢唱的歌曲中选取的。歌曲的曲调和《棕色小水壶》一样：

哈哈哈。
嘻嘻嘻。
大象的巢穴筑在大黄树上。

我们经常捕捉蝴蝶，大多数是黄色和黑色的，拖着长长的尾巴。现在我了解到，许多那时捉到的蝴蝶，都是不同种类的凤蝶属。但年幼时的戴维和我可分不清楚这些。我们将这些蝴蝶称为“圣诞老人”，戴维说这个名字再合适不过了。虽然黄色与黑色的蝴蝶外表与圣诞老人根本搭不上边。

我捕捉蝴蝶的习惯，是在父亲的鼓励下养成的。父亲还专门为我制作了一个用来存放蝴蝶标本的盒子。盒子的材料是干燥的剑麻，而不是专业人士和我祖父常用的软木材质。祖父也爱好收集蝴蝶标本，他和祖母来访时，捕捉了许多。祖父母计划了一场东非大旅行，来看望在非洲工作的儿子们。他们首先到乌干达去看望科利尔叔叔，然后南下路过坦噶尼喀，到达马拉维。母亲回忆道：

> 他们的行程是一段接一段的短途汽车旅行。在车上，要与大群的非洲人、捆住爪子的鸡鸭和堆成山的行李挤在一起。到了密比亚（位于坦噶尼喀南部）之后，就没有继续前行的交通工具了。

但他们遇到一位年轻男子，说愿意用他的轻型飞机搭载他们走上一程。于是他们出发了，没想到遇到了坏天气，只得返回。与此同时，我们又接不到他们的任何音讯。天气转好之后，他们再次尝试飞行。飞机要飞得很低，这样孩子们的祖父才能俯瞰下面的河流与道路，与一张老地图做对比，为飞行员指示方向。

祖父的血液中流淌着冒险精神。他十分喜欢地图，还十分喜欢列车时刻表。对于列车时刻表，祖父烂熟于心。在他年迈之后，列车时刻表成为他唯一阅读的材料。

在利隆圭，飞机抵达前十分钟左右，人们就能预先知道。因为当地一户家庭在花园中养了几只皇冠鹤做宠物。这种鸟类能比人类更早地听到逐渐靠近的飞机声，然后便开始尖叫。尖叫是因为恐惧还是开心，就不得而知了。一天，皇冠鹤又开始尖叫起来。当天并不是每周一次的飞机往返日，于是我们想，会不会是孩子们的祖父母来了。我们来到机场，理查德和戴维骑着三轮车，正巧赶上小飞机在城镇上空盘旋了两圈之后，伴随着巨大的颠簸着陆了。然后，果然看到奶奶和爷爷从飞机里爬了出来。

当时根本没有什么空中交通管理，只有皇冠鹤。

遭遇雷击

在利隆圭时，我们遭遇了雷击。一天晚上，一场强烈的暴风雨袭来。外面很黑，孩子们正在床上的蚊帐里吃晚餐。我坐在地上，倚着我们所谓的沙发（由老旧的铁床架制成）读书。突然，我感到一支大锤砸向我的头部，一下便倒地不起。这一击的力量十分强大，定位又十分精准。我们看到了空中那道可怕的闪电。

> 一扇窗帘着火了，我们赶快跑到孩子们的卧室，看看他们是否平安无事。幸运的是，他们完全没受到任何影响，正百无聊赖地坐在那里啃着玉米棒子！

父母究竟是先扑灭了窗帘上的火，再跑到我们的卧室去，还是先去卧室再扑火，已经不重要了。母亲的回忆录继续写道：

> 我倚着铁床的一边身体，出现一道长长的红色烧伤痕。后来还发现了许多其他有意思的现象。一块水泥地板被炸开，被掀到了车库的房顶上。厨师当时正手拿一把刀，结果被击倒在地。一条铁丝制成的晾衣绳融化掉了，起居室的玻璃窗全部粉碎，无线电天线也融化得无影无踪，等等。现在我们已经记不全了，但当时的情景十分富有戏剧性。

我对那次雷击的记忆是模糊的。但我一直在想，厨师当时是否真的用手举着一把刀，还是会在惊吓中将刀具扔出去。如果换作是我，一定会扔出去的。我的确记得窗户上因雷击而留下了一些彩色的图案。也记得雷击当时的巨大声响，不是我们平时听到的那种隆隆的雷声（平时听到的雷声几乎都是回音），而是一声凶悍无比的巨响。当时一定伴随着非常明亮的一道闪电，但我已记不得了。

> 所幸的是，我们并没有因这次事件而畏惧暴风雨，因为在非洲总能碰到这样的天气。每当暴风雨袭来，景色就会变得非常壮阔而美丽，能看到山脊上空一半是黑压压的乌云，而另一半则是晴朗通透的蓝天。还要配上几乎永无间歇的雷声，作为这场大型歌剧的伴奏。

在利隆圭时，我们买了第一辆新车。这是一辆名叫“爬行的詹妮”的吉普旅行车。这辆新车替代了旧车“贝蒂·特纳”。我还记得“詹妮”身上那股令人激动的新车气味，每逢回忆，总会勾起一种温暖的怀旧情绪。父亲对莎拉和我讲解了这辆车相比其他所有车子的优势，其中最令人难忘的，就是车子的前轮配有挡泥板。父亲解释说，挡泥板是经过特殊设计的，可以在野餐时支起来当桌子用。

5 岁那年，我被送到了米尔恩夫人的学校。这是邻居开办的只有一间屋子的小幼儿园。米尔恩夫人教不了我什么知识，因为所有其他的孩子都在学习阅读，而我母亲早就已经教会我阅读了。于是，米尔恩夫人只能给我一本大人的书，让我自己去旁边读。那本书对我而言，实在太高深了。虽然我老老实实地强迫自己的目光扫过每一个词汇，但就是不明白书里在讲什么。我记得曾经向米尔恩夫人询问“好打听”是什么意思，但米尔恩夫人一直忙着教其他孩子，我不能时刻打断她请教问题。

于是，我只好与格林医生的儿子戴维一起，由医生的夫人来教导。母亲写道，“两个孩子都很聪明机灵，我们觉得，他们学到了不少知识。之后，理查德与戴维一起去了金鹰学校读书”。

An Appetite for Wonder

04

温巴山的“金鹰”

1947—1949 年，我在温巴山中的金鹰学校读书。跟每一位离家的 7 岁孩子一样，我也想念妈妈，并把具有母性关爱的女老师想象成母亲。在金鹰，我第一次感受到了儿童间毫无限度的残忍，同学们纠集在一起欺负某个同学的情景，让我印象深刻。

The Making of a Scientist

04 温巴山的“金鹰”

金鹰学校，曾经是掩映于高高的温巴山脉那茂密的针叶林中的一所全新的寄宿学校，位于津巴布韦（当时称南罗得西亚）的莫桑比克边境附近。之所以说“曾经”，是因为学校已经因为这个不幸国家后来发生的冲突，而永久地关闭了。金鹰学校的创始人是弗兰克·“坦克”·凯利（Frank “Tank” Cary），他曾任牛津龙校（Dragon School in Oxford）的舍监。在我看来，龙校是全英格兰最大、最优秀的预备学校，充满美好的冒险精神，也拥有许多知名校友。“坦克”来到非洲寻找新的机会，他成立的金鹰学校，忠实地传承了龙校的优良品质。我们有相同的校训（面朝太阳——“Arduus ad solem”，格言出自维吉尔的叙事诗），有相同的校歌，校歌的曲调与苏利文（Sullivan）的《基督教士兵前进》（*Onward Christian Soldiers*）相同。“坦克”在马拉维招募学生的时候，曾拜访过我们位于利隆圭的家。我父母很欣赏他，认为金鹰学校很适合我。格林医生和格林夫人也为戴维做出了同样的选择。于是，我俩一同去了金鹰学校上学。

我对金鹰学校的记忆已经模糊了，似乎只在那里读过两个学期，而学校刚刚成立后的第二个学期，我就到那里上学了。我记得参加学校的开学典礼，当时被称为“开启日”。这种说法，总是让人想起赞美诗《上帝在很久以前的帮助》中提到的开启日：

> 时光如同荡漾的河流，
> 夺走所有的子孙；
> 他们像梦一般飞翔、被遗忘，
> 于开启日离去。

赞美诗

在金鹰学校，赞美诗给我留下了深刻的印象。就连《全力打响正义之战》这样的赞美诗，都能唱出无比乏味、昏昏欲睡的音调，与其说是打仗，不如说是催眠更恰当。学校要求所有家长为孩子带上一部《圣经》。而我的父母，出于某些原因，只给了我一本《儿童圣经》。这本《儿童圣经》与原版相去甚远，令我有种被忽视的感觉，和其他孩子有些“不一样”。《儿童圣经》没有分章节，在我看来，这样的简化实在不可取。我非常欣赏《圣经》中将章节细分以便查找的方法，为此，还参照同样的方法，为我的一些故事书编上了章节和段落。最近，我偶然看到一本《摩门经》(*Book of Mormon*)，这本书是19世纪一个名叫史密斯的江湖骗子编纂的。我发现，他也对钦定版《圣经》非常痴迷，将他的书也规划出段落章句，模仿出16世纪的英文风格。仅凭这最后一点，就能判定他是个骗子。我一直想不明白，为什么没人想到这一点。难道与他同时代的人，都认为《圣经》一开始就是以廷代尔和克兰默风格的英文撰写的吗？正如马克·吐温所言，如果将带有“事情就这样应验了”的句子全部删除，《摩门经》就会简化成为一本小册子。

在金鹰学校就读期间，我最喜欢的一本书，莫过于休·洛夫廷（Hugh Lofting）的《怪医杜立德》(*The Story of Doctor Dolittle*)。我是在学校图书馆找到这本书的。现在，因为书中的种族歧视思想，已经严禁登上图书馆的阅览架了。我们可以理解其中的原由。乔利金奇部落的邦珀王子沉溺于童话故事而无法自拔，非常急切地想要成为青蛙后来变成的那位王子，或是灰姑娘爱上的那位王子。因为他面孔黝黑，担心会吓到被他吻醒的睡美人，于是就去求杜立德医生，将他的脸变白。现在我们很容易理解，为什么这本出版于1920年的平淡无奇、毫无争议的故事书，会在20世纪晚期的时代思潮中犯错误。但如果我们一定要在这里进行道德宣讲，那么我认为，富有想象力的《怪医杜立德》，包括其中我最喜欢的一部《怪医杜立德之邮局》，都因突出的反物种歧视精神，而弥补了其中星星点点的种族歧视缺憾。

具有母性魅力的“科普斯”

除了校歌和校训之外，金鹰学校还沿袭了龙校称呼老师昵称或受洗名的传统。我们称呼校长为“坦克”，就算是他惩罚我们的时候也不例外。最初，我以为这个名字的意思是房顶上接水的那种水槽，但现在我意识到，它一定是指残酷无情、不可阻挡的军用车辆。也许，大家给他起了这个绰号，是因为“坦克”在龙校工作的时候，有了顽固不化的名声，无论遇到什么阻碍都坚持走直线，绝不绕道。金鹰学校的其他几位领导，包括克劳德（也是从龙校过来的）、迪克（每周三下午课间休息时，他都会为每人分发一大块巧克力，因此备受欢迎），还有教法语的匈牙利人保罗。沃森夫人为大部分低年级男生上课，被大家称为“沃蒂”，管家科普尔斯通小姐，被称为“科普斯”。

我不敢说我在金鹰学校度过的那段时光是快乐的，和每一位离家独立生活的7岁男孩一样，我也有自己的感触。其中最典型的想法，就是每天清晨当科普斯趁我们熟睡之时做寝室巡查时，我总是幻想着，她会神奇地变成我母亲。我会为此不停地祈祷。科普斯有着与母亲一样的深色卷发，在我天真幼小的心灵中，认为将她的样子变成母亲，应该用不了多大的法术。我还信心满满地认为，其他男生一定会像喜欢科普斯那样喜欢我母亲。

科普斯散发着母性的魅力，和蔼可亲。我倾向于认为，她在第一学期结束时给我写的考评，并不是完全没有流露出喜爱的情感。我记得她是这样写的："只有三种速度：慢、非常慢、停止不动。"有一次，在科普斯毫不知情的情况下，她说的话让我感受到了深深的恐惧。那时的我，不知为什么非常害怕失明，可能是因为有一次看到一个非洲人直直地瞪着只有眼白的双眼，把我吓到了。那时我总是担心，说不定有一天我就会变瞎或变聋。在经过痛苦的深思熟虑之后，我决定，虽然变瞎和变聋都十分恐怖，但最恐怖的还是莫过于变成瞎子。金鹰学校设备十分先进，拥有自己的发电机，平时点电灯。一天晚上，科普斯正与我们在寝室里说话，发电机突然停止运转，电灯随即全部熄灭。我害怕地颤抖着，问道："是不是灯灭了？""没有，"科普斯用轻松的语气开玩笑道，"一定是你瞎了。"可怜的科普斯啊，她根本不知道这样一句玩笑话对当年那个小男孩造成了多么大的伤害。

我也很怕鬼。在我的脑海中，鬼有着十分具体的形象。它们是眼窝空洞、走起路来"咔嗒咔嗒"响的骷髅骨架，它们以飞快的速度从长长走廊的另一端冲向我，手中举着铁镐。它们那令人毛骨悚然的呼吸，每次都能精准地喷到我的大脚趾。我还有被人煮熟吃掉的诡异幻想。我不知道这些可怕的想象究竟源自哪里。我没有读过这类书，父母也绝对没给我讲过类似的故事。可能是从寝室里其他男生的信口胡说中听来的。这类男生，我在下一所学校中见到了不少。

儿童间毫无限度的残忍

在金鹰学校，我第一次感受到了儿童那毫无限度的残忍。我很幸运，没怎么被人欺负，但同学中有个外号叫“佩吉阿姨”的男孩，却时常被人取笑，而取笑的原因，就是他的外号。正如《苍蝇王》中上演的一幕，他会被许多男生团团围住。这些男生围成一个圈，边跳边单调乏味地唱着“佩吉阿姨，佩吉阿姨，佩吉阿姨”。可怜的男孩总是被欺负得发了狂，盲目地冲向围成圆圈的男生们，挥舞着拳头在空中乱打。一次，我们围观了他一场持久而严重的斗殴，只见他与一个名叫罗杰的男孩在地上打起了滚。我们都十分敬畏罗杰，因为他已经12岁了。围观者都比较同情罗杰，因为他外表英俊、体育成绩优秀，而对受欺负的小男孩无动于衷。这样可耻的事情，在小学生里十分常见。最后，“坦克”校长出面制止了这场斗殴，并于第二天早上训话时提出了严正警告。

每天晚上就寝前，我们都要跪在床上，面朝床头的墙壁，轮流进行晚安祈祷：

上帝，恳求你照亮我们的黑暗；用你伟大的仁慈，保卫我们免于夜晚的危险。阿门。

我们从来没见过这句话的文字版，也不知道它究竟是什么意思。每个晚上，我们都像鹦鹉一样，从彼此处学舌，结果这句话就慢慢地被篡改得毫无意义。如果你对迷因理论感兴趣，就会觉得这是一个非常有趣的测试案例；如果你不感兴趣，不清楚我在讲什么，没关系，请跳到下一段落。如果我们明白那句祈祷词的意思，就不会随意歪曲和篡改，因为其意义拥有一种“常态化”效果，与DNA“校对”相似。正是这种常态化，使得迷因能够在足够多的“世代”中生存下来，实现与基因的类比。但由于祈祷词中的许多说法都是我们所不熟悉的，我们能做到的，就是模仿词汇语音学上的发音，结果，随着这些句子和词汇在男生间彼此模仿的“世代”中传递下去，就形成了非常高的“突变率”。我想，针对这一效果展开一场实验，一定会得出十分有趣的结论，但至今尚未将这个想法付诸实践。

学校的一位领导，或是“坦克”或是迪克，常常领着我们合唱。合唱的曲目有《开普敦赛马》，还有：

我有六便士，非常可爱的六便士，
供我一生享用的六便士，
两便士用来借贷，两便士用来支出，
还有两便士带回家给老婆。

另外一首歌曲中，老师教我们要发出“鸟儿”的儿话音。当时我不明白为什么，但现在想想，很可能是因为这是一首美国歌曲：

我们坐在这里，像荒野中的鸟儿，
荒野中的鸟儿，
荒野中的鸟儿，
我们坐在这里，像荒野中的鸟儿，
生活在德梅拉拉。

龙校著名的冒险精神，也传到了金鹰学校。记得有一天，校长为全体学生组织了一场大规模的“马塔贝列人和马绍那人”游戏（这是非洲当地版的“牛仔与印第安人”，使用的名字是罗得西亚两大部落的名称）。游戏过程中，需要参与的玩家在温巴山（在当地修纳语中，“温巴”的意思是雾霭之山）的密林和草地上漫游。天知道我们这群小孩是怎么没有跑丢的。虽然学校当时没有游泳池（我离开后修建了一处），但老师们还是领着我们去一处瀑布脚下的美丽池塘中游泳（裸泳）。这是令我们更为兴奋的游戏。既然有天然瀑布，哪个男孩子还会想在人造游泳池里玩水？

我是乘飞机前往金鹰学校的，对一个年仅 7 岁的男孩来说，独自乘飞机旅行，的确可以称得上是一次探险。我乘坐的飞机，是一架从利隆圭飞往索尔兹伯里（现在的哈拉雷）的双翼飞机，从那里，我还要继续赶路，前往乌姆塔利（现在的穆塔雷）。一位金鹰学校同学的父母生活在索尔兹伯里，本应在那里接应我，送我继续旅行，但他们没有按时出现。我用了几乎一整天的时间，在索尔兹伯里的机场里一个人打转（现在想想，应该没有那么长时间）。陌生人都对我很友善。有人给我买了午饭，还有人让我到机库里转了一圈，看看那里的飞机。奇怪的是，记忆中的那一天是很快乐的，我并没有因为独自一人或被人放了鸽子而感到害怕。最终，同学的父母还是出现了，我成功到达乌姆塔利。“坦克”在机场用他的吉普旅行车“威利斯”接上了我。我很喜欢他的车，因为这部车与我家的“詹妮”很像，让我有一种回家的感觉。我是将记忆中的故事讲述了出来。戴维·格林的记忆与我不同，我想可能是因为有两趟旅行，一趟是我和他两人同行，另一趟是我独自出行。

Gilgel
Nyeri
Lyamungu
Kabete
Nairobi

An Appetite for Wonder

05 再见，非洲！

1949 年，由于母亲在非洲多次罹患疟疾，加之父亲得到一笔意外的遗产，父母不顾祖父母和外祖父母的反对，毅然决定离开非洲，回英国务农。至此，8 岁的我随父母离开非洲，返回英国。

The Making of a Scientist

05 再见，非洲！

在船上

1949年，也就是在上次离开非洲之后的第三年，父母又休了长假，我们再次从开普敦返回英格兰。这次乘坐了一只名叫“乌姆塔利”的船，船体不大，十分舒适。现在已想不起多少关于这次旅行的事情了，只记得船上装饰了光亮的木质镶板和漂亮的灯具。现在回想起来，应该算是一种装饰艺术。船员的数量不多，没有配备专职娱乐官，于是其中一位名叫金铂先生的乘客，因其欢快活泼、热爱张罗的性格，被选为船上的娱乐负责人。有一次，在我们穿越赤道时，他组织了一场“跨线”庆祝派对，其中有一位穿着戏装的“海神”，用海草做成胡子，手中还举着三叉戟。

金铂先生还举办了一场华丽的化妆晚宴。我扮成海盗。当晚，我十分嫉妒另一位扮成牛仔的男孩，但父母告诉我，我装扮得更好。他的服饰虽然看起来很光鲜，但都是直接从商店买回来的，而我的装束则是手工制作的，因此要比那个男孩的更好。现在我明白了父母的意思，但当时并不理解。还有一个小男孩扮成了爱神丘比特，身上一丝不挂，手中拿着弓箭，在宴会上朝人乱扔。母亲扮成了一位（男性）非洲侍者，用高锰酸钾涂黑了皮肤（后来好几天都洗不干净），还从侍者那里借来了服装，戴上饰带和头巾。其他侍者很配合母亲的表演，没有一位宴会宾客看穿她的本来面貌，就连我都没认出来。而当母亲故意在该上汤时端上冰激凌，包括船长在内都没认出来。

8 岁生日那天，在“乌姆塔利”上小小的游泳池中，我学会了游泳。这个甲板上的游泳池，是用帆布在立柱之间支起来的。我对自己的新技能非常满意，想要到大海中去一展身手。船只停泊在加那利群岛的拉斯帕尔马斯，准备装载上一批西红柿时，允许船上的乘客当天下船游览。于是，我们来到沙滩。我非常自豪地在海水中游开了，而母亲则站在岸边紧张得一刻不停地盯着我。突然间，她看到一波巨浪袭来，觉得浪头会打在那个正在游泳的小小的我身上。于是，她来不及换衣服，便勇猛地跳进水中去救我。没想到，大浪将我温柔地举起，却狠狠地拍在了母亲身上，令她从头到脚都湿透了。旅客要在晚间才能回到船上，结果母亲只能穿着盐水浸湿的衣服度过一整天。我这个没良心的孩子，对这次伟大的母爱行动完全没有印象。这段轶事，还是后来母亲讲给我的。

这批货物的装载水平实在不怎么样。起航之后，船身倾斜，我们所在的客舱舷窗永远地沉入水下，让妹妹莎拉以为我们“真的沉船了”。到了比斯开湾之后，我们又遇上了一场大风。风力强得让人无法在甲板上站立。我倒是很兴奋，跑回客舱，从我的床上扯下床单，想要将床单当作一张帆，因为我想像小船一样，让风将我从甲板的一头吹向另一头。母亲很生气，对我说，大风可能会把我从船上刮到海里。莎拉有一张最心爱的小抱毯，就被风吹到海里了。心爱的抱毯丢了，本来会酿成一场巨大的“灾难”，但幸亏母亲有先见之明，将抱毯提前剪成两半，将带有同样味道的另一半存放了起来，以备不时之需。我虽然自己没有抱毯，但对抱毯这种现象非常感兴趣。似乎抱毯的作用，就是在幼儿嘬手指时用来闻气味的。我猜想，这会不会与哈利·哈洛（Harry Harlow）关于恒河猴与用布做的母亲替代品“猴妈妈”之间的研究有些关联。

都铎式庄园“布谷鸟”

终于，我们抵达了伦敦港，之后住进了祖父母宅邸对面一处叫作“布谷鸟”的都铎式庄园。这处庄园是祖父母为保护土地免于开发商侵占而买下的。和我们同住的，还有母亲的妹妹黛安娜姨妈、她的女儿佩妮以及她的第二任丈夫——我父亲的弟弟比尔叔叔。比尔叔叔此时也从赛拉利昂回乡休假。佩妮是个遗腹子，她生父是鲍勃·凯迪（Bob Keddie）。她的父亲鲍勃以及鲍勃两位英勇的兄弟，都牺牲于战火之中，对于老凯迪夫妇来说，这是如晴天霹雳般的打击。可以想见，佩妮的爷爷奶奶将全部的关注和爱都倾注给了他们唯一的后代——佩妮。老凯迪夫妇对莎拉和我也很好，我们虽是佩妮的表亲，但也被他们视同自己亲生的孙儿孙女来招待。他们送给我们的圣诞礼物，总是所有礼物中价格最昂贵的，还每年带我们去伦敦欣赏话剧或舞剧。凯迪家族十分富有，是索森德的凯迪百货商店的大老板。他们拥有一处大宅子，室外有游泳池和网球场，室内还有一架精美的布洛德伍德小型三角钢琴和当时非常罕见的电视机。我们这些孩子以前从来没见过电视机，每次看着那装在精美木质柜子中的小屏幕，上演模糊的黑白版《小驴玛芬》时，都无比痴迷。

两家人同住在庄园的那几个月，给我留下了美好的童年回忆。可爱的比尔叔叔总是逗我们笑，管我们叫“甜蜜的小裤子”（我用Google搜索这个说法，查到的结果是“长不及踝的裤子”的澳大利亚俚语），还会在我们频繁的要求下，为我们唱他那两首歌。一首是：

为什么牛儿有四条腿？我必须找出原因。
我不知道，你不知道，就连牛儿也不知道。

还有一首按水手号角的旋律唱出的曲子：

酒馆里的小老头，请拿个水壶来，

如果没有水壶，就拿个又脏又旧的盘子来。

我们住在庄园的时候，佩妮同母异父的弟弟托马斯出生了。托马斯·道金斯既是我的堂弟，又是我的表弟，与我之间有着十分不寻常的亲属关系。我们有着相同的祖父母和外祖父母，因此，除了各自的父母不同以外，我们有着完全相同的祖辈。我们共享的基因比例，与同母异父或同父异母的兄弟是一样的，但我们二人之间却没有什么相似之处。托马斯出生之后，家里聘用了一位育儿嫂，但当她看到比尔叔叔为两家人做早饭的一幕时，就毅然决然地辞职不干了。比尔叔叔当时站在石板铺就的厨房当中，身边围了一圈盘子。他像发扑克一样将鸡蛋和培根扔到每个盘子里。那个时代，还没有关于"健康和食品安全"的宣传，但那位挑剔的育儿嫂却无法容忍这样的做法，于是走出了家门，再也没有回来。

圣安妮学校

莎拉、佩妮和我每天都去切姆斯福德的圣安妮学校（St Anne's School）上学。母亲和黛安娜姨妈在我们这个年龄的时候，也上了同一所学校，而且校长是同一位马丁女士。我不大记得在那里上学时发生的事情了，唯一有印象的，就是学校晚餐时的肉酱香气，有一个叫贾尔斯的男生说他爸爸躺在铁轨上被火车轧了，还有一位名叫哈普先生的音乐老师。哈普先生教我们学唱《里士满希尔的美丽姑娘》，其中有一句是"为了拥有她，我将皇冠褪下"。年少的我将"皇冠褪下"理解成了一个动词，从上下文中判断，这个词的意思应该是"非常愿意"。对一首赞美诗，我也产生过同样的误解。"每天清晨，爱都如新，以我们的觉醒和起身为证"。我不知道"要证明的是什么"，但肯定是所有人都要拥有并为之感恩的。圣安妮学校的校训十分令人钦敬："我能够、我应该、我必须、我愿意"（不一定是这个顺序，但基本差不多）。庄园里的各位长辈，总会因为这个校训而想起吉卜林的《运粮骆驼之歌》，然后用我至今依然记得的调子吟唱着：

不能够！不应该！
不可以！不愿意！
将这句话传下去！

在圣安妮学校，一些大女孩总是欺负我。虽然没有被欺负得很惨，但我还是为此十分烦闷，幻想着如果我祈祷得足够多，就能召唤来超自然力量，让那些欺负人的女生遭报应。我脑海中总会出现一幅场景：天上一片紫黑色的乌云形成一张满面愁容的人脸，疾驰到操场上方的天空来拯救我。我要做的，就是相信这一天终会到来，而之所以没有梦想成真，是因为我祈祷得不够真诚不够频繁，就像我在金鹰学校时祈祷科普斯通小姐变身成我母亲一样。这就是孩子眼中对祈祷的天真理解。而有些成年人，一辈子都没能从这种理解中走出来，总会向上帝祈祷，帮助他们留下一个停车位，或保佑他们在网球比赛中取胜，等等。

本来计划在圣安妮只读一个学期，就回到金鹰学校。但我们在英格兰的时候，家里突然改变计划，我再也没有回到金鹰学校，没能再见科普斯和“坦克”一面。三年前，我父亲接到一份从英格兰发来的电报，说他继承了道金斯家族一位远亲在牛津郡的一处地产，其中包括欧文诺顿的宅子、公园，还有欧文诺顿村中的几处农舍。这处地产是 1726 年由詹姆斯·道金斯买下的，当时的面积比现在大出许多。后来，他将地产留给了侄子，也就是我的曾曾曾曾祖父亨利·道金斯。这位名叫亨利的先祖，就是那位带着将军女儿私奔，又布下多辆马车做障眼法的亨利的父亲。从此之后，这处地产就在道金斯家族内世代传承，其中还包括悲剧性人物，威廉·格雷戈里·道金斯上校（William Gregory Dawkins）。他参加过克里米亚战争，性格暴躁易怒。据说他曾威胁佃户，如果不按他的主张投票，就会驱逐他们。而古怪的是，他的主张竟是倡导自由主义。威廉上校脾气火爆，很喜欢与人争论，将大部分继承下来的遗产都浪费在了状告一位据说曾侮辱过他的高级军官上：这场官司持续了很久，忙活了半天竟是徒劳，除了律师从中获利之外，谁也没得到什么好处。他似乎有狂躁的妄想倾向，曾公开侮辱女王，在伦敦街头攻击他的司令官洛克比勋爵，还状告了当时担任总司令的剑桥公爵。更加不幸的是，他觉得欧文诺顿一处乔治王时代艺术风格的宅子闹鬼，于是把房子拆除，又于 1874 年修建了一座维多利亚时代风格的建筑取而代之。他的多场诉讼积累下了重重债务，迫使他不得不将欧文诺顿地产抵押出去进行借贷。后来，威廉在贫困潦倒中死于布莱顿一处公寓，临死前，靠债权人施舍给他的每周两英镑过活。所有的贷款，终于在 20 世纪初被他身后那些不幸的继承人还清，但还是将大部分土地卖了出去，仅留下小小的核心部分。而这部分地产，现在就传承到了父亲这里。

意外的遗产

1945 年，地产的所有人是威廉上校的侄孙——赫里沃德·道金斯少校（Hereward Dawkins）。他一直生活在伦敦，很少到欧文诺顿来。赫里沃德和威廉一样，都是单身汉，与道金斯家族的其他人没什么来往。于是在立遗嘱时，他翻开家谱，认为我祖父是道金斯家族中在世的长者。也许他的律师建议他跳过一代，就这样，他选定我父亲——他的远房堂亲，作为他的继承人。后来的事实证明，这是个明智的选择，虽然当时他不可能知道，我父亲是保护这片土地并对其加以充分利用的理想人选。他们从未谋面，我想，父亲在非洲收到遗产继承的电报之前，根本不知道世上还有赫里沃德这样一个亲戚。这笔遗产纯属意外。

1899 年，欧文诺顿宅邸作为结婚礼物，长期租给了戴利夫人（Mrs Daly）。而这份租约，后来也消失在了威廉上校那深不见底的债务之中。

戴利夫人和她的一家在欧文诺顿享受着奢华的生活，是当地上流社会的支柱，酷爱狩猎。我父母不希望因自己继承了赫里沃德的遗产，而去改变戴利夫人一家的生活。父亲当时的想法是在马拉维农业部勤恳工作，步步升迁，一直到退休（或如后来历史的发展一样，直到这个国家宣布独立，成为马拉维）。

但是，当我们回乡的船只于1949年在英格兰靠岸时，父母却收到了一个意料之外的消息：年事已高的戴利夫人去世了。他们旋即想到去寻找另一位租户。但后来，他们又想到了离开非洲，回到英格兰务农的可能性，并慢慢开始倾向于这个想法。原因之一是母亲在非洲时常罹患疟疾，而且我想，他们也认为莎拉和我应该在英格兰的学校接受正规教育。祖父母和外祖父母都不建议他们离开非洲，我们的家庭律师也一样。道金斯家的祖父母认为，父亲有责任坚持家族传统，在英属马拉维的政府中任职；而外祖母则总是心存担忧，怕他们像许多人那样“务农不成”。最终，父母不顾各方的反对，决定放弃非洲，搬到欧文诺顿生活，接管这片地产，将其改造成为农场（200多年以来，这片土地一直是当地上流社会人士的公用休闲风景区）。父亲辞去了殖民地公职，放弃了丰厚的养老金，卷起袖管来到农户家中，学习务农技能。父母决定不住在欧文诺顿宅邸，而是将这处大房子分隔成一间间公寓租赁出去，以租金养房子（律师的建议是将这处房产拆除，以减少财务损失）。我们自己则住在大门旁边的小屋中。但小屋需要重新装修，因此在装修期间，我们的确在欧文诺顿宅邸的一个角落里住过一段时间（也许安营扎寨是个更恰当的说法）。

我那时依然对《怪医杜立德》十分着迷，住在欧文诺顿宅邸的那段时间，最迫切的幻想就是像杜立德医生那样，学会和动物讲话。但我做得比杜立德医生还要好。我用的是心灵感应。我在心中默默祈祷，希望方圆几公里之内的所有动物都到欧文诺顿公园集合，我也要去，这样我就能为这些动物做些好事。我时常满怀这样的愿望做祈祷。可能是受了牧师的影响，因为牧师总会对我说，如果你非常想要得到某样东西，只要你的愿望足够强烈，就一定能梦想成真；你所需要的全部力量，就是你的意志力和祈祷力。我当时甚至相信，如果你的信念足够坚定，甚至能拥有移山填海的力量。一定是哪位牧师对我说过这样的话，而牧师们通常都不会在轻信的孩子面前将比喻和现实区分开来。有时我甚至会想，牧师们是不是根本没意识到比喻和现实是不同的。许多牧师也不认为比喻和现实之间的区别有多重要。

这个时期，我的童年游戏总是带有科幻小说般的想象力。我的朋友基尔·杰克逊和我常常在欧文诺顿的大宅子中玩宇宙飞船的游戏。我们的每张床都是一艘宇宙飞船，我们会在上面做夸张的表演，驾驶着飞船进行太空旅行。两个孩子就这样怀着各自的幻想，拼凑出一部完整的故事，根本不用坐下来事先商量故事情节。一个孩子突然说："小心，船长，特伦火箭正在攻击左翼！"另一个孩子就会立刻采取逃离措施，然后再讲出他幻想的下一个故事情节。

此时，父母已为我在金鹰学校正式办理了退学手续，准备在英格兰帮我找到一所学校。他们本想送我去龙校。龙校也在牛津，离我家不远，而我也可以在龙校继续金鹰学校的"冒险"体验。但龙校极其抢手，一出生就要在那里做登记，否则根本进不去。于是，父母只好将我送到索尔兹伯里（英格兰的索尔兹伯里，而非罗得西亚的索尔兹伯里）的茶芬园。父亲三兄弟都曾在那里就读。茶芬园确实是一所相当不错的学校。

对不了解英格兰学校体制的读者，我要在此稍作解释。茶芬园和金鹰学校，都是"预备学校"。那么，预备学校是要我们预备什么呢？答案是更加令人迷惑的"公学"，而公学并非公立，实属私立，只对那些有钱付学费的家长开放。在牛津离我家不远的地方，有一所威奇伍德学校（Wychwood School），多年以来，学校大门外面一直贴着令人愉悦的告示：

威奇伍德学校对女生开放（男生的预备校）。

言归正传，我从 8 岁到 13 岁，一直在茶芬园这所预备学校读书，预备等我到 13 岁之后，去公学继续深造，直到 18 岁。我想，道金斯家族子弟多年以来一直就读的这类寄宿学校，是我童年无法绕开的必经之路，父母也从来没考虑过将我送到其他类型的学校去。他们的想法是，虽然学费昂贵，但为了接受正统教育，必要的牺牲是值得的。

An Appetite for Wonder

第二部分

求学

The Making of a Scientist

Nyeri
Gilgil
Lyamungu
Kabete
Nairobi

An Appetite for Wonder

06

英格兰的新生活

回到英国后，我在寄宿学校茶芬园读书。校长“绞刑架”先生喜欢体罚学生，但有时又对我们很好。我们每周都会参加祈祷活动。我还参加了铁道俱乐部，这是最有意义的一件事。在此期间，我爱上了阅读。

The Making of a Scientist

新奇而混乱的新生活

在任何一所新学校开始新生活，对一个孩子来说都是困惑而混乱的。开学第一天，我就发现需要学习很多新词汇。“漉漉”这个词令我颇费了些脑筋。我看到墙上写着这个词，以为应该念成“怒怒”。后来才知道，原来此词与“湿”同义，其反义词是“火烧火燎”。“我出生在火烧火燎的印度，非洲是湿漉漉的。”（在那个时代，许多去寄宿学校上学的孩子，都生在大英帝国遍布于世界版图各地的某个地方）。

学校里的男生们，还将阴茎称为“小鸟”。“你是圆头的还是尖头的？知道吧，就是说你的小鸟，是蘑菇头还是鞋带头？”这样的解剖学细节，本来也不是什么秘密，因为我们每天早上都要光着身子排队泡凉水澡。只要起床铃一响，我们就要立刻从床上跳起来，脱下睡衣，抓起毛巾，跌跌撞撞地跑到卫生间。卫生间里面有三个大浴池，其中一个装满冷水。我们在校长盖洛威先生的监督下，以最快的速度跳进去再蹦出来。有时，起床铃还会在半夜响起，催促我们从睡梦中惊醒，进行火灾演习。其中一次，我睡得实在迷糊，没有想到是演习，于是在蒙胧间脱掉睡衣跑了出去，才发现自己全身赤裸，手里还拿着一条毛巾，其他所有同学都穿着睡衣和拖鞋。幸亏当时是夏天。我们除了早间的冷水澡之外，在晚间还会洗个正式的热水澡（我忘了每周洗澡的次数）。热水澡时，我们排排站立，等着女舍监为我们冲洗。我们很喜欢洗澡，尤其喜欢那个漂亮的舍监助理当班。

那个年代盛行节俭。战争刚刚结束，许多东西都要定量配给。现在回头想想，当时的饭食真是不怎么样。甜品也是政府定量配给的物资之一，而定量配给在这里却产生了矛盾的效果：因为精打细算的定量甜品会在茶歇之后发到每个人手中，我们就吃掉了本不会吃的甜食，也因此毁了我们的牙齿。一般我都会将甜品送给别的同学吃。如今想来，为什么战争年代要对甜品进行定量配给呢？完全可以一点也不给呀。难道费尽千难万险弄到的一点白糖，就不能用到更有意义的地方去吗？

我的双脚总是冰凉的，还患上了严重的冻疮。气味总是能激起某段记忆，而母亲给我的冻疮膏那股强烈的桉叶气味，总能将我带回当年的茶芬园，想起那时奇痒难耐的脚趾头。晚上睡在床上，我们总是冻得瑟瑟发抖，为了取暖，我们还会将便袍压在被子上。每张床下面，都备有一只夜壶，免得我们在半夜到走廊尽头的厕所。真希望当时就知道夜壶在英格兰北部的称谓：床下（因为要放在床下）。

我父亲那个年代的茶芬园校领导，到我上学的时候仅剩下了一位：H. M. 莱奇沃斯。他总能让人想起奇普斯先生[①]，年事已高，态度和蔼，曾经参加过第一次世界大战，还曾担任过学校的校长。我们私下叫他“烂泥”，但不敢当着他的面叫，因为茶芬园并没有龙校和金鹰学校直呼师长昵称的传统。唯一的例外是每年一度的童子军露营。露营时，他喜欢别人称他为奇皮先生。我想，这个名字一定是很久以前他还认识贝登堡的时候取的。他不喜欢“烂泥”这个绰号。一次拉丁文课上，我们学了一个新词——tabes。莱奇沃斯先生给我们做了个小测验，当轮到一个男生翻译 tabes 这个词时（在课文中，这个词意指“烂泥”），我们都忍不住窃笑。莱

① 一部关于学校教师的英格兰短篇小说中的主人公。——译者注

奇沃斯先生伤感地告诉我们，“烂泥”这个绰号源于古罗马历史学家李维的文字，但他没说为什么这个绰号会一直跟着他。

体 罚

校长马尔克姆·盖洛威（Malcolm Galloway）是个严肃而令人敬畏的人物（也许校长们的职权之一，就是要摆出令人敬畏的架势）。我们称他为“绞刑架”。人如其名，他在体罚学生时可不会心慈手软。茶芬园的体罚工具是木杖。和金鹰学校那如培根条一样柔软的戒尺不同，绞刑架先生的木杖打起人来真的很疼。据说，他有两根木杖，一根粗一根细。每次惩罚，根据学生犯错误的严重性，打三到六下不等。我从来没赶上过那根粗木杖，真是谢天谢地。但细木杖打上三下，已经让我满屁股淤痕，疼痛不已。而事后，我们都喜欢在寝室里向同学骄傲地展示又青又紫的臀部，仿佛在炫耀战争中留下的伤疤一样。淤痕要过几周时间才能彻底消失，从紫色变成青色，再变成黄色。我们总会开玩笑说，可以在挨打时偷偷在裤子里塞上个作业本，起到缓冲作用。但这样的小伎俩，肯定瞒不过绞刑架先生的慧眼，估计也没有人真的敢去尝试。

如今在英格兰，体罚学生已属违法行为。现在回头想想，估计当年体罚学生的老师，也不是都天性残忍或有虐待倾向。绞刑架先生也是如此。习惯和价值观会随着时间的发展而产生变化。其中一个例子，就是我在《上帝的错觉》（*The God Delusion*）中提到的“随时间变迁的道德思潮”。史蒂芬·平克[①]（Steven Pinker）在《人性中的善良天使》（*The Better Angels of our Nature*）中，记录了横跨历史的道德思潮迁移现象，只不过与我用到的称谓有所不同罢了。

绞刑架先生有时也会对我们很好。每晚熄灯之前，他都会到寝室巡视一番，像个亲切和蔼的大叔一样，逗我们开心，直呼我们的教名（只有

① 当代伟大思想家、世界顶尖语言学家和认知心理学家，《语言本能》《思想本质》《心智探奇》作者。——编者注。

晚上如此，白天上课时从来不会）。一天晚上，绞刑架先生看到了我寝室书架上的《吉夫斯文集》（*Jeeves Omnibus*）[①]，问我们是否听说过 P.G. 伍德豪斯（P.G.Wodehouse），我们谁都没听说过。于是他便坐在了一张床上，给我们念书中的一个故事——《伟大布道的障碍》（*The Great Sermon Handicap*），一连念了几个晚上才将故事讲完。我们很喜欢听。这篇故事后来成为《吉夫斯文集》中我最喜欢的一篇，而伍德豪斯也成了我最欣赏的作家之一。我总是反复阅读他的作品，还带着我自己的目的进行效仿。

每个周日的晚上，盖洛威夫人都会在她家的起居室里为我们读书。我们进家门的时候，要将鞋子脱在门外，然后盘腿坐在地上，闻着隐隐飘来的湿袜子的味道。每周，她都会读上一两章，一个学期就能讲完一本书。她讲的一般都是激动人心的冒险故事，比如《慕理小镇》（*Moonfleet*）、《麦登的石头》（*Maddon's Rock*）、《残酷的海》（*The Cruel Sea*）等。一个周日的晚上，盖洛威夫人外出有事，由盖洛威先生代而读书。他讲到了一点《所罗门王的宝藏》中的情节：戴着遮阳帽的勇敢英雄被叫作"士巴之乳"[②]的两座山峰挡住了去路。有意思的是，在斯图尔特·格林格主演的电影版中，山峰的称谓被改掉了。而怪异的是，电影版还在远征队中增加了一名女性。绞刑架先生读到这里的时候停了下来，向我们解释说，这两座山峰就是恩贡山。拜托，这明摆着就是信口雌黄。绞刑架先生无非就是想炫耀一下自己去过肯尼亚罢了。《所罗门王的宝藏》这个故事根本不是发生在肯尼亚的，我敢跟你打赌。

若是晚上有雷电交加的暴风雨袭来，绞刑架先生就会到低年级同学的寝室，打开电灯，安慰受惊的小朋友（这些小同学年龄都很小，可以抱着毛绒玩具熊睡觉）。每到学期中段，就有一个周日定为"外出日"，家长来到学校，带着各自的儿子们外出享受家庭的欢聚时光。每逢这一天，总会

① 吉夫斯是美国作家 P.G. 伍德豪斯小说笔下的人物。——译者注
② 士巴意为极具魅力的美女。——译者注

有一两个男生的家长或是出差、或是患病，无法来陪伴孩子。有一次，我父母也因故未能前来。盖洛威先生和夫人像对待他们亲生孩子那样接纳我们，开着他们那辆名叫“灰鹅”的20世纪30年代的老旧旅行车带我们出去玩。我们在一座大坝旁边享受了一顿丰盛的野餐。每次回想起盖洛威夫妇的和蔼与善意，总会令我感动得快要落泪。本来他们可以带着自己的孩子共度家庭时光，也许那样他们会更加开心。

但作为一名教师，绞刑架先生还是令人畏惧的。他会用他那强有力的男高音大声喊叫，那洪亮的训斥与嘲笑声极具穿透力，能传遍学校的每一间教室，每次听到，都能让我们这些男生和其他老师会心地低头暗笑。“当你遇到虚拟语气时应如何处理？……动脑子好好想想！”（但若真的好好想想，就会发现，这类语法规则并不是语言真正发挥作用的原因。）其中一位讲授拉丁文课的老师是米尔斯先生，他比绞刑架先生更加严厉——吓得我们连绰号都不敢取。每次只要他在场，就会让人不寒而栗。他还要求绝对的正确和无瑕的文笔：只要有一点错误，我们就要把整段文章重写一遍。米尔斯小姐与米尔斯先生没有亲属关系，恰好同姓而已。她身材丰满，性格甜美，富有母性，高高的马尾辫在脑后盘成一圈。米尔斯小姐教低年级学生，称呼我们所有人为“亲爱的”。道森先生戴着眼镜，性格开朗活泼，教我们数学。大家称他为欧尼·道。我们一直不知道“欧尼”这个名字从何而来，直到有一天他给我们朗诵了一首诗歌，然后告诉我们诗歌的作者名叫欧尼斯特·道森。我记不得究竟是哪首诗了，可能是那首“泪水与欢笑，都不会持久”，但无论是哪首，道森先生的朗诵都如同对牛弹琴。欧尼·道是一位十分称职的教师，用他那隐约的北方口音教会了我这辈子所知的绝大部分微积分知识。邱丁先生没有绰号，但我们管他的女儿叫“十分邱丁”，没有别的原因，只是因为与人们的口头禅“十分确定”发音相似，而开了这样一个孩子气的玩笑。学校年轻教师更换频繁，一些等待上大学的学生或刚刚走出校门的大学毕业生会来这里教书。我们最喜欢这些年轻教师，唯一的原因就是因为他们年龄小一些。其中一位是霍华德先生，全名是安东尼·霍华德（Anthony Howard），后来他成了《新政治家》（*New Statesman*）杂志的著名记者兼编辑。

我来到茶芬园的第一学期，英文课是朗小姐（Miss Long）教的。朗小姐时值中年，身材瘦削，直发，戴着无框眼镜，像大部分老师一样和蔼。除了英文之外，她还教钢琴课。事实上，我第一次正式学习音乐，就是她的钢琴课。记得我还曾跟父母吹牛，说自己现在的进步比以前快很多。既然事实最终一定会大白于天下，我吹牛的意义何在？我现在再也想不起来了。

如果我父母对南罗得西亚金鹰学校的教学水准持悲观态度的话，那么可以肯定地说，他们错了。在金鹰学校读书期间，我在同学中是中等水平。但到了茶芬园之后，成绩却遥遥领先。我还为此感到有些难为情。因为学习成绩好并不能在男生中获得威信，所以有时候我会故意装作不懂。比如，老师问我一个拉丁文或法语词汇，我就会嗯嗯啊啊地迟疑好一阵子，而不会立刻说出答案，以免在同学面前丢脸。到了第二年，这种倾向就变得非常不符合逻辑。那时的我认为，既然那些身强力壮、体育成绩优秀的男生，大部分学习成绩都不好，那么唯一让我体育成绩优秀的办法，就是上课不好好学习。现在回想起来，就凭这样愚蠢的态度，我也没有资格在课堂上取得好成绩。

体育成绩优秀究竟有何意义这个问题，也令我十分困惑。那时，学校有桑普森三兄弟，十分擅长体育。特别是桑普森老三，各项运动都十分拿手，一次板球比赛中，他“举着球棒”从开局一直打到所有队员都被淘汰，然后在外场员位置成就了不可思议的接球。我荒唐地想到，桑普森这个名字，与《圣经》中著名的肌肉男名字十分相似，应该不是巧合。我天真地推测，普森这个姓氏一定传承了运动天赋，就算不是从《圣经》英雄本人那里传承下来的，也一定拥有某位中世纪大力士祖先的血统。这位祖先通过自己的实力赢得了这样一个姓氏，就好像“史密斯”①或“米勒”②这样的姓氏一样，或者就像“阿姆斯特朗”③这个姓氏，的确就是从一位臂力强大的男子的绰号演变过来的。诚然，我这个幼稚的推论中存在许多错误。其中之一，就是假设明显的遗传特质能够追溯到几代人以前——也就是我在第一章中讲到的《德伯家的苔丝》谬误。

桑普森三兄弟的父亲是独眼，另一只眼睛被苍鹰啄瞎了（反正他们是这么说的）。桑普森先生在汉普郡拥有一处农场，每年茶芬园的童子军都会到那里去露营。露营活动由烂泥先生监管，绞刑架先生帮忙，同时帮忙的还有一位临时邀请过来的名叫登波的胖先生。对于我来说，童子军露营是一年中最值得期盼的时光。我们支起帐篷，挖出公共厕所，架起篝火，在上面烧烤美味的面团。我们学习如何用剑麻绳捆扎木棍，如何用木棍绑出实用的露营家具，包括杯架、晾衣架等。我们围着篝火唱着歌，特别喜欢唱“烂泥”（奇皮）先生教我们唱的《小戴的脑袋像个乒乓球》。这些歌不难学，一般都十分简短：

驴儿欢快地唱着歌，走在草地上。
天知道它为何歌唱，因为它是只驴儿。
哦嗷。哦嗷。
咿嗷。咿嗷。

有些歌没有曲调，与其说是合唱歌曲，不如说是大家齐声喊叫：

我们身上没有苍蝇。
我们身上没有苍蝇。

① 本意为铁匠。——译者注
② 本意为磨坊主。——译者注
③ 本意为强壮的胳膊。——译者注

也许你们这些人，
身上会有苍蝇，
但我们身上没有苍蝇！

奇皮先生很喜欢唱一首关于臭鸡蛋的歌。我个人网站收录了这首歌，带着些微怀旧的情绪，希望我的读者能在篝火点燃的时候，再次唱起这首已经被人遗忘的歌。让牛津大学文学硕士亨利·穆雷·莱奇沃斯，皇家都柏林燧发枪手，别名“烂泥”与“奇皮”的我敬爱的老师，茶芬园淡然而亲切的元老级成员，在九泉之下含笑。2005 年，我父亲在贝利奥尔学院教师礼堂举办 90 岁生日聚会时，我对这首臭鸡蛋之歌进行了大胆的改编，邀请了一位优秀的女高音安妮·麦基和她的钢琴伴奏师进行表演。父亲非常欣喜，跑着调跟着一起唱了起来。

在童子军营中，我们每取得一项成就，就会获得一枚勋章，比如斧子专家、打结能手、旗语大师和莫尔斯电码行家，等等。我很擅长莫尔斯电码，用上了父亲在战时索马里兰从装甲车中发送信号的改良技巧。每个字母，都有以那个字母开头的对应短语。单音节词代表短击，多音节词代表长击。举例来说，G 这个字母对应的短语是“Gordon Highlanders go”——长击、长击、短击。对于旗语，我没能想出类似的记忆技巧，所以表现得不怎么样。也可能是因为我的空间智力水平不高：IQ 测试时，我前面部分的成绩很好，但到了后面的空间旋转问题时，感觉就一落千丈，也顺便把我的 IQ 总分拉低。

校园歌曲表演

一学年中另一项值得期待的活动，就是每年一度的校园歌剧表演。每次的歌剧都是烂泥先生负责制作的。这项传统，从我父亲在茶芬园念书的时候就存在了。比尔叔叔后来告诉我，他曾经参加过一个歌剧角色的试唱，但因为水平不够没能通过。歌剧中的主角，都给了会唱歌的男生，我也是其中之一。在茶芬园读书的最后一年，我在《柳叶纹样的盘子》中扮演女主角。舞台背景是蓝色青花瓷盘的大幅图画。公主住在宝塔之中，在她离世之后,为了避免另一个国家的威胁,桥上三剑客密谋隐瞒她的死讯。后来，一位英俊的鞑靼王子传来口信，说他是公主的追求者，正马不停蹄地赶往此处。这个消息令桥上三剑客感到十分不安。就在此时，我扮演的小村姑登台，开始演唱我的一大段唱词。摇曳着夸张的舞台身段，我在歌中描述了我们所在的蓝色陶瓷世界：

我疼痛的头上方，是蓝色的天空。
我劳累的脚底下，是蓝色的草地。
蓝色的道路两边，长满了蓝色的树木。
留下永恒的深蓝色阴影。
全世界都穿着蓝色长袍。
咆哮的大海也带着同样的蓝色调。

最后一句歌词写得非常富有意境（用在我们这群男生身上，真是有些浪费了），唱到此处，总会引起观众会心的笑声。观众席中，基本上都是极富奉献精神和忍耐精神的家长，还有《索尔兹伯里编年史》的记者（这位记者还为我写了一段非常善意的评价，实在令我惭愧）。

皇家宝塔在艳阳下闪着金光。
那棵可笑的树上，长满了足球。
（歌曲还有好几段唱词，但在我健忘的脑海中，
只留下了这一段。）

就在鞑靼王子跳上舞台的时候，桥上三剑客抓住机会，将我绑架到宝塔之中，装扮成已经离世的公主。鞑靼王子脸上画着小胡子，手里举着从

剑鞘中拔出的宝剑。我记不得后来还有怎样的情节，但结局是美好的。王子用消防员背伤员的姿势，将我扛在肩上，带我回到了鞑靼国。

在茶芬园求学期间，留下了几段十分难为情的记忆。至今想起，都会令我不由得叹息摇头。记得那时，每天都有茶歇，还会用一些面包、黄油之类的茶点。排队进入餐厅的时候，当班老师有时会按照一份名单点名，这张名单是当天过生日的男生给他的。被点到名的同学，就从队伍中站出来，来到位于餐厅尽头一张专为生日准备的特定餐桌旁边。餐桌上摆放着过生日的男生母亲送来的生日蛋糕、果冻和其他好吃的。我懂得学校的这个规矩，也知道要给当班老师一张写着朋友名字的名单。这些都很清楚。而我却没有想到，要安排母亲事先将蛋糕和果冻送过来。我过生日那天，写出了一张名单，将名单给到当班老师手上。于是，老师大声念出我列的名字。被我选中的朋友们兴高采烈地跑到餐厅里，却发现桌上空空如也……就算过了这么多年，那种强烈的尴尬还是让我无法继续描述当时的场面。至今依然令我十分困惑的是，为什么那时的我从来没想过蛋糕是从哪里来的。也许，我以为学校的厨师会为我制作一个生日蛋糕。但就算是这样，我为什么没有想到，厨师怎么会知道我的生日是哪天？也许，我以为生日蛋糕是超自然魔法的杰作，如同换牙时牙仙会出现的传说。就像在松巴山捉迷藏的经历一样，这件小事揭露了一个事实，那就是，我的童年时代严重缺乏批判性或质疑性思维。这些事情令我十分难为情，而缺乏将事情的来龙去脉想清楚的能力，是人们十分常见的特性，这种特性让我颇感兴趣。之后，我会深入探讨这个话题。

墨水问题

在茶芬园的最初几年，我是个非常不整洁、毫无条理的小男生。我的第一份学校考评，就突出地强调了墨水这个主题。

校长考评：他表现良好，值得获得嘉奖。但他是个将墨水洒得到处都是的男生，总是将作业弄得一团糟。

数学老师考评：他学习很努力，但我并不是总能看清他上交的作业。他必须知道，墨水是用来写字的，而不是用来洗手的。

拉丁文老师考评：他取得了稳定的进步，但可惜每当用到墨水时，书面作业就会非常不整洁。

年迈的法语老师本森女士，会体贴地就墨水问题一带而过。但就算是想尽办法说好话的她，也免不了露出一点蛛丝马迹。

法语老师考评：拥有许多能力——发音良好，很有办法逃避作业。

墨水？是啊，如果给每张课桌上都放一瓶开着盖子的墨水，给孩子们一支蘸水笔，而蘸水笔本身就有着将墨水甩满整间教室的潜力，或者至少也能在作业本上留下大滴大滴的印记，那么除了看到沾满墨水的作业之外，还能期待什么呢？每当墨水滴在纸上，我就会在墨滴上画出蜘蛛形状，或是将纸张折起来，将其变成一份罗氏墨渍测验。怪不得水房的洗脸池边上摆满了用来从手指上去除墨渍的浮石。无所不能的墨水还想方设法地超越了作业本的地理界限，连印刷课本都未能幸免。嘿嘿，不是我故意将《拉丁简易读本》用墨水笔改成了《拉面简易读本》的。不用说，每位同学都会自觉篡改课本上的文字和插图。

我的墨水"杰作"远远不止于此。整本书都让我画满了涂鸦：用墨水填满字母；还在每页的右上角画一个卡通人物，这样，在快翻整本书的时候，就能产生动画效果。课本并不归我们所有，我们要在学期结束时将课本上交，以便下一届同学继续使用。我知道，等我上交沾满墨水的课本时，一定会遇到麻烦的。这种担忧让我夜不成寐，非常不开心，连吃饭都没有胃口（虽然的确不好吃），但我依然停不下手，继续创作我的墨水艺术。我知道，当年那个涂鸦男孩，和如今坐在这里写自传的我，是同一个人，但这种违背常情的儿时行为，却超出了我现在的理解能力。我当年对自己行为的反应，如今也只能是读者茶余饭后的笑谈。

说到挨欺负这件事，其实大多数欺负人的语言都是吹牛。这些没用的威胁十分空洞，其兑现时间是在无限的未来，由此就能说明问题。其实，“没错！就这么着吧，我把你记在挨打名单里了”和“你死了之后要下地狱”一样，都是模糊不清的威胁（但是，并不是所有给出后一句威胁的人都觉得这样的威胁模糊不清）。虽然如此说，学校里还是存在真实的欺负和凌辱，尤其是一群拍着马屁的小跟班围着一位欺凌大王团团转争取获得他的认可时，那样的欺负尤其刻薄。

茶芬园的“佩吉阿姨”比金鹰学校的那位更加可怜。这位男同学很聪明，学习成绩很好，有些早熟，身材高大，动作笨拙，因为变声，所以说起话来带着不成熟的嘶哑。他没有什么朋友。我不想提到他的名字，怕他万一看到这本书，又会勾起当年的痛苦回忆。他很不幸，如丑小鸭一般，与大环境不相适应，虽然未来的命运一定会变成天鹅，本应引起周围人的同情，但在学校操场这样的地方，他的命运却截然相反。学校甚至还有一个小团伙，专门以其名字命名，叫作“反——团”。此团伙存在的唯一目的，就是让那个男孩的日子不好过。而他唯一的错误，不过是比其他孩子笨拙些、高大些，身体不协调、接不住球，跑起步来晃悠悠地左右摇摆，而且天资非常非常聪明。

那个男孩只是在白天的时候比较惨，因为每个晚上他都可以逃回家。这一点和如今受欺负的小孩不同，现在的孩子，出了校门，在 Facebook 和 Twitter 上也不能安生。但后来有一个学期，出于某种原因（可能他父母出国工作了），他也成了一名寄宿生。这时，对他展开的欺负行径才真正肆虐开来。他无法忍受每天早上的冷水浴，这样的事实又进一步加剧了他的痛苦。我不知道是因为冷水还是因为裸体，但就在我们其他同学大步跨进水池然后迅速跳出的时候，他却站在一旁幽幽地呜咽着，一幅可怜的惨状，控制不住地瑟瑟发抖，紧紧抓着毛巾不放手。对他而言，浴室简直就是刑讯室。后来，绞刑架先生可怜他，放了他一马，无须每天早上洗冷水浴。而这样的特赦，自然进一步恶化了他在同学间不受欢迎的程度。

我简直无法想象，为什么人类彼此之间可以如此残忍，而且无论我们怎样做，都无法制止这样的事情。我们怎么会如此缺乏同情心？在奥尔德斯·赫胥黎的《加沙的盲人》（*Eyeless in Gaza*）中，有一幕是人们带着羞愧和困惑的情绪，回忆在学校时欺负一位寝室里的“丑小鸭”同学。也许，我和所有茶芬园的校友，如果至今依然记得当年饱受凌辱的同学，都会带着一些内疚的情绪，对集中营的守卫做出惨无人道的举动产生一点点的理解。盖世太保是否代表着一种现象，在成年之后，依然保留着儿童中常见的心理，从而演化成为某种成年人的精神变态？也许这样的分析太过简化，但如今的我，依然对这个问题十分困惑。并不是说我完全没有同理心。《怪医杜立德》教会了我与非人类动物进行情感交流，而我对这项活动的热衷程度，在大多数人看来都是有些过头的。9 岁那年，我和祖母在马利恩港附近划的船钓鱼，很不幸地钓到了一条马鲛鱼。我的懊悔之情立刻涌上心头，以至伤心落泪，想要将鱼儿还回大海的怀抱。我在不应该哭泣的时候掉了眼泪。祖母十分和蔼地安慰了我，但还没有和蔼到允许我将这条可怜的鱼儿放生的程度。

对被权威质疑的同学，我也怀有很浓厚、甚至有些过头的同理心。我会尽我所能地去为他们开脱，努力的程度可以用勇敢来形容，甚至是有勇无谋。我认为，这样的行为也可以算作是拥有同理心的表现了。然而面对我刚才讲述的那些怪异的欺负人的行为，我却一点阻止的举动都没有，甚至连手指头都没动过一动。我想，部分原因是因为我想要和那些最有权威且很受欢迎的同学站在一起。成功的小霸王，身边都有一群忠实的拥护者。如今，我们在网络论坛上也能经常见到这种行为表现在语言的残忍上，而且这些语言施虐者还有着匿名的额外保护。我不记得在茶芬园时，对那位被欺负的受害者抱有内心的同情。这怎么可能呢？如此的矛盾，令我至今依然百思不得其解，每每回忆起来，心中充满了愧疚。

和墨水问题一样，我也在努力将当年那个孩子与如今这个成人合为一体。我想，很多人都会经历类似挣扎。之所以产生这样的矛盾，是因为我们认为，当年那个孩子和如今这个成人，是同一个“人”：三岁看大，七岁看老。这是自然而然的事情，因为我们日复一日、年复一年的生活，形成了连贯的记忆，虽然当年那个孩子体内的实体分子并没有一直存活到今天。我没有记日记的习惯，正是因为有了这种连贯性，才使得我写作这本书成为可能。但一些思想深刻的哲学家，例如德里克·帕菲特（Derek Parfit）以及在其著作《理性与人类》（*Reasons and Persons*）中提到的其他几位学者，在思想实验的辅助下，发现我们声称自己在时间的流逝过程中始终是同一个人，这种说法究竟是什么意思，很难界定。诸如布鲁斯·胡德（Bruce Hood）等心理学家，也从其他角度探讨过同样的问题。本书的主题不是进行哲学探讨，因此得出这样一个结论就足够了：记忆的连续性让我感觉，我的身份仿佛在一生中同样保持连续，而同时也怀疑我与当年那个在书上涂鸦、缺乏同理心的孩子并不是同一个人。就以这样的结论聊以自慰吧。

我在体育比赛中表现也不怎么样。但学校有个壁球场，我开始对壁球产生了浓厚兴趣。我并不觉得在与对手的比赛中获得胜利会令我欢欣鼓舞，而是更喜欢自己对着墙打球，看看自己能坚持多长时间。放假期间，我会出现壁球戒断症候群——想念着球击打墙壁的回音、黑色胶垫散发的味道，一直幻想着怎么在农场里自己动手搭建一处壁球场，也许某个废弃的猪圈能派上用场。回到茶芬园后，我喜欢坐在观众席中观看壁球比赛，等着比赛结束，这样我就能走下看台，自己练上一番。一天，和我一同坐在观众席的还有一位老师。他将我拉上他的膝头，将手伸进我的短裤。他没做别的，不过是摸了一下而已。但这种行为还是令我心生厌恶。提睾肌反射的感觉不是疼痛，是一种比疼痛还要难受的毛骨悚然。我迅速从他的大腿上挣脱下来，跑去将这番经历告诉了朋友们，许多人也遭遇过同样的事情。我想，这位老师并没有给我们任何人留下持久的心灵创伤。几年之后，他选择了自杀。那天做晨祷时，绞刑架先生还没有宣布那位老师的死讯，我们就感觉到气氛有些莫名奇妙，一位女老师在一旁不停地啜泣。多年之后，在牛津大学新学院的一次活动中，一位高大的主教碰巧坐在我旁边，我认出了他。我小的时候，他曾担任圣马克教堂的助理牧师，每个周日，茶芬园的全体师生都要前往这座教堂做晨祷，而他也听说过关于那位老师的传言。他告诉我，那天悲伤不止的女老师，曾深深地爱着那位有恋童癖、后来选择自杀的男老师。我们谁也没想到竟然会这样。

祈祷活动

周日的晨祷是在圣马克教堂举行，而平时每天早上和晚上的祷告，都是在学校的小教堂进行。绞刑架先生是一名虔诚的宗教徒。他是发自内心地信仰，并非嘴上的表面功夫。这种虔诚，不同于许多教育者甚至神职人员出于工作职责的假装，更不同于政治家为了赢得选票而戴上的宗教假面。绞刑架先生常常称上帝为“王”（他说到“王”时，总是强调这个字的发音到了有些扭曲的程度，而他平时的口音却是标准的英格兰音）。我想，小时候，对上帝这个称谓一定让我有些困惑。我一定知道，国王乔治六世并不是上帝，但我幼小的头脑还是搞不清楚王室和神明之间的关系。这种困惑一直存在，后来乔治六世逝世，他的女儿加冕，绞刑架先生还为此举行了诸如涂圣油等毫无意义的仪式，希望以此来为我们灌输虔诚的信念。现在，每当我看到印着 1953 年加冕图案的水杯，或是听到汉德尔著名的赞美诗《撒督牧师》、沃尔顿的《加冕进行曲：珠宝与权杖》、埃尔加的《威风凛凛进行曲》时，都会勾起当年的回忆。

每逢周日晚间，都有布道仪式。绞刑架先生和烂泥先生轮流进行训诫，绞刑架先生穿着带白帽的剑桥文学硕士袍，烂泥先生穿着带红帽的牛津文学硕士袍。我一直记得一次十分特别的布道。具体记不清是哪位老师主持的了，就记得老师讲了一个故事：一队士兵在铁路线旁边进行训练。有一段时间，队长有些走神，没能喊出“向后转”的指令。于是士兵们继续前进，直接走上了铁轨，而此时正巧有一列火车迫近此处。这个故事肯定不是真实的，现在回想起来，觉得那次布道过程中，老师希望我们向士兵对军事权威投入的毫不犹豫的遵从产生仰慕之心，也是同样不真实的。也许是我记错了。我希望如此。伊丽莎白·洛夫特斯（Elizabeth Loftus）等心理学家证实，人们无法对错误的记忆与真实的记忆进行辨别。举例来说，心理治疗师可以蓄意将某段记忆植入人们头脑，让焦虑的患者认为，他们一定在童年阶段受到过性虐待。

有一个周日，一位名叫汤姆·斯德曼的年轻老师一肚子不情愿地被拉来做布道。我们一眼就能看出他不想做。我记得他不停地重复一句话：“天堂是用来做什么的？”我在多年之后才知道，原来这句话出自布朗宁之口。如果我当时就知道的话，便能更好地理解这位老师的意思。还有一位很受学生欢迎的年轻老师——杰克逊先生。他有着一副动听的男高音。一天，在大家的劝说下，他演唱了一首汉德尔的《号角响起》。他那时是极不情愿在我们面前唱歌的，很明显，他的艺术天赋在我们面前就是对牛弹琴。

同样对牛弹琴的，还有偶尔来学校访问的讲师和表演师。但我还是记住了他们的一些演讲和表演。比如吉斯·约普讲的考古学，赫尔女士在餐厅用竖式钢琴弹奏的舒曼的《维也纳狂欢节》，某人讲述了沙克尔顿的南极探险，另一人播放了关于20世纪二三十年代运动员的黑白影片，其中包括悉尼·伍德森（Sydney Wooderson），还有爱尔兰的民谣歌手三重唱，歌词中唱道“我用九便士买了小提琴，也是爱尔兰产的”。还有一人讲了关于炸药的知识。他从兜里掏出一根据称是炸药的小棍。漫不经心地说道，如果不小心将小棍掉在地上，整座学校就会被炸飞。说着他便将小棍扔向空中，然后又随手一接。我们全都傻乎乎地相信了他说的话。我们怎么可能不相信呢？毕竟他是大人。在我们的成长过程中一直接受这样的教育，那就是，要相信大人告诉我们的话。

让我们轻信的不仅是成年人。在寝室里，我们也会轻而易举地相信室友的哄骗。一位同学对我们说，乔治六世是他叔叔。这位不幸的国王被囚禁在白金汉宫中，在那里，乔治六世利用探照灯向他的侄子、也就是我们寝室的故事大王，通过灯光代码发送求救信号。故事大王还吓唬我们说，有一种可怕的虫子会从墙壁跳到我们头上，在太阳穴处挖一个圆洞，在洞里埋一包毒药，然后我们就会不治而亡。在一场雷电交加的暴风雨中，他对我们说，如果被闪电击中，你就会在15分钟内完全意识不到发生了什么事情。不知不觉，鲜血就会从两个耳朵里流出来。然后过不了多久，你就一命呜呼了。我们完全相信了他的话，每次闪电过后，都紧张兮兮地等15分钟，看耳朵会不会流血。我们为何会如此轻信？出于什么样的原因，让我们认为他知道的比我们多？被闪电击中后15分钟才知道，这样的说法，难道就没有一点值得怀疑的地方吗？再一次，问题直指我童年时代在批判性思维方面的缺失。难道不应该从小培养孩子们进行批判性、质疑性的思考吗？难道我们所有人，不应该学会怀疑，学会权衡事物的可信度，学会寻找证据吗？

也许我们理应做到，而事实却没有。恰恰相反，我们更愿意积极地去鼓励轻信的态度。绞刑架先生极力希望我们在毕业之前皈依英国国教，几乎所有同学都照做了。我记忆中，只有一位来自罗马天主教家庭的男生没有皈依（每个周日，他都会在一位漂亮的天主教助理舍监的陪同下，去另一间教堂，这让我们其他男生十分嫉妒），还有一个发育早熟的男生宣布自己是无神论者，着实让我们又惊又叹。他称《圣经》就是一本“糊涂话文集”，我们那个时候天天都等着他被天打五雷轰。他的反传统，而非他的逻辑，也体现在他的几何证明风格之中：“三角形ABC看起来像是等腰的，因此……”。

我和其他同学一起，皈依了英国国教。圣马克教堂的教区牧师海厄姆先生每周都会来我们学校的小教堂，为我们进行皈依宣讲。这位牧师外貌英俊，发色银白，浑身散发着长者的慈祥。他说什么，我们就很配合地相信。对于很多内容，我们其实不明白，而且觉得并不合乎常理，但那时我们以为，是因为我们年龄太小了，所以不懂。很多年之后我才想到，牧师的宣讲内容之所以让我觉得不合常理，其实原因很简单，就是因为根本没道理可讲。那一切都是人们凭空创造出来的。现在，我仍然会经常参考当年皈依时拿到的那本《圣经》。那本《圣经》才是真正的《圣经》，是钦定版《圣经》。至今我依然记得其中的很多精彩片段，特别是《传道书》和《雅歌》（不是《所罗门之歌》）。

最近母亲告诉我，当年盖洛威先生曾亲自给学生家长打电话，说他多么希望我们能皈依国教。他在电话里说，13 岁是一个易受影响的年龄，让孩子们在小时候皈依是件好事，这样，他们就能在进入公学应对其他影响之前，打好扎实的宗教基础。其实，他为我们这些幼小而天真的头脑打造出的一番规划，也算是真诚的。

我刚刚皈依的那段时间，对宗教抱有非常虔诚的态度，还曾一本正经地责备母亲不去教堂做礼拜。她非常礼貌地接受了我的责备，然后在我不知情的情况下继续不去。我每天晚上都会祈祷，不是跪在床边，而是像胎儿一样蜷缩在床上，在我自己看来，这是“我与上帝的小角落”。我总想着（却从来没敢）在夜半时分偷偷潜入小教堂，跪在圣坛前，我相信天使一定会在这个时候现身在我眼前。当然，前提是我的祷告要足够虔诚。

铁道俱乐部

最后一个学期，绞刑架先生任命我做年级长。我不知道为什么这个官衔让我如此开心，但整个学期，我整个人都是轻飘飘的。多年以后在牛津大学，我所在的系领导被女王授予爵位，我也参加了他的庆祝派对。我问一位同事，为什么教授会为这个荣誉而感到如此开心，得到了这样一个让我记忆深刻的答复：“就好像会三种杂耍的狗一样，老小孩嘛。”在茶芬园做年级长的时候，我也有过这种感觉。同样让我感到开心的，还有加入铁道俱乐部。

铁道俱乐部是我赞同父母送我来茶芬园的主要原因。俱乐部由 K.O. 切特伍德·艾肯先生（K.O.Chetwood Aiken）主持。艾肯先生不能算是一位教师，除非有哪位同学选了德语课，他才会偶尔上讲台。艾肯先生总是带着一股忧愁的情绪，有着一副长长的伤感面孔。他最喜欢做的事情，也是他唯一的消遣，就是在他的铁路室里消磨时光（最近我才在 Google 搜索他的时候了解到,原来他还是一位知名的康沃尔艺术家）。学校有一个房间，专门辟出来给他使用。他在里面建造了一套精美的大西部铁路微缩模型。这是一套 O 规格的电动模型，两边的终点站分别叫作帕丁顿和彭赞斯，中间的经停站叫作埃克塞特。每部火车头都有名字，苏珊或乔治之类的，两部可爱的小调车机车都叫作半尼其（分别是半 1 和半 2）。每个站点都有一堆铁道闸，每个闸都能开启它那部分的铁道，红色的闸打开，就是上行线，蓝色的闸打开，就是下行线。当火车驶抵帕丁顿时，要将车身与车头分开，之后从旁轨开过来一部调车机车，将火车从上行线转移至下行线，然后驾驶火车头到转车台，将车头转个身，与列车的前部相连，再一路沿下行线驶回彭赞斯，在那里重复同样的流程。我很喜欢电火花发出的臭氧气味，我也很喜欢每次操作都要配合上正确的扳闸。我想，从中获得的快感，和我后来在计算机编程中体会到的满足感是类似的，也和我在焊接单电子管收音机的各个连接点时体会到的成就感如出一辙。每个人都希望能加入铁道俱乐部，只要加入了铁道俱乐部，同学们就会深深地喜欢上艾肯先生，虽然他脸上总是一副郁郁不乐的表情。现在想想，当年他很可能已经身患重病，因为在我毕业后不久，就听说他因癌症离开了人世。我不知道艾肯先生离世后，铁路室是否还存在，但我想，如果学校真的放弃了铁道俱乐部，就太不明智了。

虽然我非常喜欢铁道俱乐部的活动，还可以利用年级长的权力，不请自来地到铁路室里游览一番，但时间不饶人，我终究还是要离开那里，到另一所学校去从头开始。我三个月大的时候，父亲就去他的母校马尔伯勒中学为我注册，结果却被告知来晚了：应该在我刚刚出生的时候就去。马尔伯勒中学的自大与高傲深深地伤害了父亲这个老男孩的心，但他还是将我的名字排在了备选名单里，这样，等时候到了，我就还能拥有进入马尔伯勒的机会。而与此同时，父亲的想法又有了新的方向。我家隔壁的绅士农夫坎贝尔少校（Major Campbell）有着一手精湛的技术绝活，让父亲十分佩服。坎贝尔少校拥有一间装备精良的车间，是一名专家级电焊师。我父亲自然而然地认为，我以后也会以务农为主业，而拥有娴熟的车间技能，就会为我的事业发展奠定良好的基础。最近在和乔治·斯凯尔斯（George Scales）交流时，我也听到了同样的说法。斯凯尔斯是我认识的最成功、最超越传统、最有进取心的农业工作者，有许多令人心生敬意的事迹。

坎贝尔上校是在他的母校——北安普敦郡的奥多学校学到这些专业技

能的。奥多拥有全英国最精良的精工车间，学校 1901 年到 1922 年间的伟大校长 F.W. 桑德森，从那时起就订立了一套制度：每个在校男生，每个学期都要在精工车间中工作一周时间，期间正常课程全部暂停。马尔伯勒或英国的任何一所学校，都没有这样的制度。因此，父母也在奥多为我报了名。我在茶芬园的最后一个学期参加了奖学金考试，虽然没拿到奖学金，但我的成绩也为我挣得了奥多的一席之地。就这样，1954 年，13 岁的我进入了奥多学校。

话说回来，我不知道坎贝尔少校在奥多还学到了其他什么技能。我想，他对付有反对意见的下属时所采取的粗鲁手段，应该是从军旅生涯中培养起来的。有一次，他抓住一个偷了点小东西的工人，偷的可能是车间里的一件工具。他开除小偷时说的话我现在还记得："在我把两枪管子弹都射向你之前，先让你跑出 50 米。"他当然不会兑现这样的威胁，但这个故事颇有意思，也反映出道德思潮随时间不断变化的特点。

Nyeri
Gilgil
Lyamungu
Kabete
Nairobi

An Appetite for Wonder

07

课堂之外的快乐

学校之外的生活丰富多彩。在茶芬园读书时，我们都盼着学期快点结束。我们最喜欢的赞美诗，是学期末最后一天唱的“再次相会之前，上帝与你同在”。一到假期，我们都开开心心地回到家去，有些同学去伦敦玩儿。我则喜欢看地图，也非常喜欢记录天气一类的信息。

07 课堂之外的快乐

学校之外的生活，同样是丰富多彩的。在茶芬园读书时，我们都盼着学期快点结束。我们最喜欢的赞美诗，是学期末最后一天唱的《再次相会之前，上帝与你同在》。对这首赞美诗的喜爱，甚至超越了那首激动人心的军事传教赞美诗：

> 哦，我的同志！看空中飘荡的信号。
> 援军到来，胜利在望。
> “守住堡垒，我马上赶到。”耶稣也发出信号。
> 向天堂挥舞出回答：“沐浴主恩，我们遵命。”

一到假期，我们都开开心心地回家去。有些同学则乘坐学校安排的火车去伦敦，有些同学是家长开车来接。我家的车，是那辆久经风霜的老旧路虎。寄宿学校的学生通常都有些势利眼，如果家长开着比捷豹便宜的车出现在学校门口，孩子们就会觉得很难为情。但我从来没有这种想法。我很为家里这辆破旧不堪、顶棚漏水的“老战马”而骄傲。父亲曾载着我们开进丛林密布的秘境，还给我们讲他那一套令孩子们为之兴奋的理论。父亲说，在翻旧了的地形测绘图上，一定有一条不起眼的小路，将两条并行的直线公路连在一起。

父亲的兴趣爱好

父亲和祖父有共同的爱好，都非常喜欢地图，也非常喜欢记录像天气一类的信息。年复一年，父亲在笔记本中一丝不苟地记满了每一天的最高和最低气温，还有降水情况。他的热情从不衰减，就算我们现场抓住家中的宠物狗在雨量测量器中尿尿，父亲也丝毫不受打击。我们不知道小狗邦奇之前偷偷在测量器中尿过多少次，也不知道父亲的雨量记录中，有多少是经邦奇之“手”做了夸大。

父亲总是会忙碌于某一项令他着迷的兴趣爱好。通常情况下，这项活动都能充分施展他实用的巧手和独创能力。这一点很令人钦敬，虽然他手头只有废旧金属和麻绳，而非坎贝尔少校那高水平的车床和焊接套装。因父亲设计制作的精美作品《消融》，英格兰皇家摄影学会将他选定为会员。《消融》是精心打造的一系列彩色幻灯片，由两台并排的投影仪交替投放，每一张幻灯片都以充满艺术效果的手法渐变成下一张，还配上了背景音乐和解说。如今，这样的作品可以轻松地用计算机完成，但在那个年代，淡入淡出需要借助反向相连的可变光圈，从而实现在一张结束的同时开启另一张的效果。父亲用硬纸板制作了可变光圈，装在两台投影仪上。两台投影仪通过以橡皮筋和红线制成的极富独创天赋的系统连接为一体，启动装置是一个木质杠杆。

记得家里人在朗读父亲草草写就的笔记时，将《消融》误读成了《流鼻涕》。从此，全家人就习惯了称父亲的艺术作品为《流鼻涕》，后来竟忘了其真正的称谓，而“流鼻涕”在这里也丧失了其原本的意义。一次，父亲为一家摄影俱乐部做公开演讲（当时父亲接受了许多类似的邀请）。这次演讲的内容，主要是他在创作《消融》之前的摄影作品。于是，父亲在开场白中对观众进行了讲解。父亲的演讲风格，交汇了磕巴和絮叨，令人忍俊不禁。开场白中，父亲说道：“嗯，事实上，事实上，嗯，这些照片，大多数，大多数都是在我‘流鼻涕’之前……”观众随即在一片困惑中报以善意的笑声。

父亲并不流利的讲话风格，早在他追求我母亲的时候就表现了出来。那时，他深情地凝望着母亲的眼睛，然后喃喃地说道：“你的眼睛好像……盥洗用具袋。”这句话让人摸不着头脑，但我觉得似乎可以讲得通。这一说法也与可变光圈有关。从上方看下去，盥洗用具带的抽拉绳将袋子抽缩出了从中心向外放射的线状图案，而这种图案，又与眼睛虹膜的特征有些相似。

还有一年，父亲的爱好转向了为女性亲属制作吊坠。每一颗吊坠，都是被海水冲刷得无比光洁的康沃尔蛇纹卵石。父亲将卵石拴在皮绳上，吊坠就做好了。后来，他又迷上了乳制品自动化巴氏消毒机的设计与制作。机器上安装了闪烁的彩色信号灯，还有一个装在上方的搅拌器传送系统。这套机器作品，还令他负责管理猪群的雇工——理查德·亚当斯（Richard Adams）产生了创作灵感，写下了一首诗歌：

蒸汽缭绕，灯光闪烁，
大手笔的设计，
尼龙绳索上的搅拌器挥起翅膀，
如同跳舞的仙女。

父亲头脑中的创意永不枯竭。每当他头戴破旧的军帽，开着那辆灰色的弗格森牌小拖拉机，扯开嗓门唱着圣歌时（《摩押是我的沐浴盆》。虽然他唱的是圣歌，但推己及人，就能明白，唱歌并不说明他信教），总会有许多时间用来思考。父亲经过计算，发现每次工作到一排庄稼完成，再往回折返所花的时间是浪费掉的。于是设计出了一套在农田中呈对角之字形浅角度运动的耕作方案，这样，以往完成一遍耕作的时间，现在差不多可以完成两遍。

在拖拉机的工作轨迹上，父亲的设计堪称巧妙，但他做事并不总是十分理智。有一次，拖拉机的离合器卡住了。父亲在车上扳不开，只好下车躺在地上，从底部寻找离合器卡住的原因，终于解决了这个难题。如果你躺在拖拉机的离合器下方，就会发现，你也同时直接躺在了左后轮的前面。离合器扳开后，拖拉机猛地动了起来，从父亲身上压了过去。幸亏父亲开的是一辆小型拖拉机，而不是如今这种体积巨大的拖拉机。这辆小拖拉机在无人驾驶的情况下，耀武扬威地在农田里乱跑。父亲的雇工诺曼就站在旁边，吓得发懵，一动都不敢动。父亲挣扎着坐起身来，告诉诺曼，赶快去追拖拉机，及时刹车。可怜的诺曼依然惊魂未定，打着哆嗦，根本没办法开车送父亲去医院。父亲只好自己开车。父亲住进了医院，腿部接受牵引治疗，所幸很快恢复，没有留下什么后遗症。住院期间，他还顺便戒掉了抽烟斗的习惯。从此再也没有抽过烟。唯一留下的一点纪念，就是几百个写着“口味馥郁的陈酿烟草”的锡罐。几十年后，他依然用这些小罐子储存各种螺丝、螺母和垫圈，还有杂七杂八的金属废料。

从事有机农业

父亲在一位名叫纽曼·特纳（Newman Turner）的福音派农业作家的影响下，在他马尔伯勒和牛津时代的挚友休·科利（Hugh Corley）的鼓动下，很早就致力于有机农业的发展。他开始有机农业种植的时间，要比有机农业大肆流行并获得皇室支持的时间早很多。父亲从来不用非有机肥料或除草剂。他在有机农业方面的导师，也不允许使用联合收割机。我们的农田本来也不够大，用不上联合收割机，于是在那个年代，我们就用一台旧割捆机来进行收割。割捆机拴在灰色的小拖拉机后面，每次工作起来，噪音巨大，响彻整片农田。割捆机将面前的小麦或大麦割下，在后面留下一捆捆整齐的庄稼束（捆扎庄稼的自动打结功能，令我为之赞叹不已）。然后，真正的劳动才正式打响，因为要将一捆捆的庄稼堆起来。我们一群人走在割捆机后面，一次捡起两捆庄稼，将三份堆成一个小堆，六捆为一堆。这项劳动十分辛苦，我们的手臂上全是擦伤和划痕，有时还会流血。但每次劳动完毕，我们都很有成就感，能心满意足地睡个好觉。母亲会带着大罐大罐的苹果烈酒，到农田中款待各位辛勤的劳动者。热火朝天的场面中，充满着温暖的兄弟情谊和欢快的收获气氛。

将庄稼束架成堆的目的，是为了让庄稼干燥。干燥之后，就会用马车将庄稼运走，再堆成大大的庄稼垛。那时我还小，力气不够大，无法用干草叉将庄稼束扬到垛顶，但我依然很努力地干着，十分羡慕父亲那有力的臂膀和粗壮的大手，羡慕他与工人们一样能干。几周之后，父亲会租来一台脱粒机，将其停放在庄稼垛旁边。我们用手将庄稼束放入脱粒机，机器的另一边就会脱出谷粒，余下的干草会自动打成包。每到此时，所有的农场工人都会过来帮忙，无论他们的本职工作是放牛养猪，还是杂务工之类的。后来，我们与时俱进，每逢收割季，就会租用邻居的联合收割机。

前面曾经讲过，我喜欢躲在卧室里偷偷读书，而不愿暴露在风雨中去沿袭道金斯家族野外徒步旅行的传统。虽然我喜欢读书，但必须承认，学校放假期间我所阅读的书本，与哲学或人生的意义等深刻问题并没有多大关系，不过是些常见的青少年读物：《比利·邦特》（*Billy Bunter*）、《淘气小威廉》（*Just William*）、《消失的战线》（*Biggles*）、《斗牛犬庄蒙德》（*Bulldog Drummond*）、珀西·斯特曼（*Percy F. Westerman*）的作品、《红色紫蘩蒌》（*The Scarlet Pimpernel*）、《金银岛》（*Treasure Island*）等。出于某种原因，家人不喜欢伊尼德·布莱顿（Enid Blyton）的作品，不希望我读到她的著作。科利尔叔叔送给我几本亚瑟·兰索姆（Arthur Ransome）的书，但我没有坚持读下去。那时的我，觉得兰索姆的作品太过女生化，现在想想真是傻。我至今依然觉得，里奇莫尔·克朗普顿（Richmal Crompton）的《威廉》（*William*）有着真诚的文学内涵，其中的讽刺手法老少皆宜。《比利·邦特》的写作手法非常公式化，让人感觉仿佛是计算机创作出来的作品一样，但就算是这本书，也带有一定的文学色彩，比如这样的句子："像老摩西一样，他四下张望了一番，没有看到旁人"，"像个矮胖的仙女来到天堂门口一样"。《斗牛犬庄蒙德》带有那个时代深刻而典型的极端爱国主义和种族主义偏执，但我天真幼小的头脑当时还理解不了。我外祖父母有一本《乱世佳人》（*Gone with the Wind*），我用了好几个暑假，贪心地反复读了好几遍，但直到后来长大，才意识到其中家长式作风的种族偏见。

欧文诺顿的家庭生活十分温馨惬意。父母相濡以沫 70 载，而父亲却在 70 周年结婚纪念日过后不久，于 2010 年 12 月与世长辞，享年 95 岁。我们家不是很富有，但也不穷。我们没有中央供暖设备，没有电视。不买电视不是因为没钱，而是特意做出了这样的选择。家里的车，是我之前提到过的又脏又旧的路虎，后来换成了一辆小货车。虽然车子谈不上豪华，但跑起路、拉起货来也不在话下。莎拉和我的学费很贵，父母必须要节衣缩食才能供我们上学。我们的童年假期，并不是在风景优美、设施豪华的酒店中度过的，而是躲在威尔士雨中的军用帐篷里面。小时候的露营旅行时，我们在带有前缅甸林业部标志的帆布架起来的浴缸中洗澡，在篝火旁边烧饭边取暖。一次，莎拉和我在帐篷中，听到坐在"浴缸"里，双腿架在外面的父亲自言自语地喃喃道："嗯，以前还从来没穿着靴子洗过澡。"

哥哥式的挚友

在我成长过程中最关键的三年里，我有一位哥哥式的人物。我们在非洲结识的挚友，迪克和玛格丽特·凯特维尔夫妇，在我们离开非洲之后继续留守马拉维。迪克年轻有为，很快当上了农业总监。他工作成绩十分突出，在马拉维走向独立的过程中，当选为临时政府的土地与矿山部部长。他们的儿子迈克尔，是我幼年时代的玩伴。迈克尔 13 岁那年，开始在英格兰的谢伯恩学校寄宿学习。就像我父亲那代人一样，一到假期时间，迈克尔就要面临去哪里过假期的问题。他每次来到我家，我都非常高兴。我们之间的年龄差距只有一岁多，做什么事情都可以结伴同行：到山谷里冰凉的溪水中游泳，在家中做化学实验，搭积木、打乒乓球、玩纸牌游戏、打羽毛球和迷你斯诺克，用各种手法折腾着制作出甜菜根酒、清洁剂或维生素药丸。和莎拉一起，我们三人展开了属于自己的务农实践，取名叫“乡下老人”。父亲给了我们一窝小猪仔，我们称它们为“小桶”。每天，我们都要给小猪喂食，全权负责照料小猪的成长。迈克尔和我是一生的挚友。后来，他成了我的妹夫，也是家里一大群小朋友的祖父。

在成长最关键的年龄，有位哥哥在身边，也存在一定的负面影响。有哥哥在，就意味着不管做什么，他都是实际操作的那个人，而你则是给他递工具外加端茶倒水的小催巴儿（迈克尔后来成为一名优秀的外科医生，因此这个比喻并非完全不恰当）。比尔叔叔一辈子都有着“手笨”的名声，而我父亲则恰恰相反，我想，原因也大致如此。比尔叔叔作为父亲的小弟，永远都是帮忙的角色，从来轮不上他亲手操持。大哥是决策者，小弟是跟班，童年时期养成的习惯，通常会延续一生。和比尔叔叔不同，我没有培养出“手笨”的名声。虽然没人公开这样评价，但从小到大，我的动手能力都不怎么灵光。迈克尔一切包办，我就是个在一旁帮帮小忙的助手，而我父亲则期盼着我到奥多学校著名的精工车间中学习手艺活，追随坎贝尔少校的步伐。然而，后面我们就会了解到，那些车间实在是令人失望。

Nyeri
Gilgil
Lyamungu
Kabete
Nairobi

An Appetite for Wonder

08 奥多中学

1954 年，我在奥多中学读书。开始那几年，我没有努力学习，因为同学们更看重一个人与生俱来的天赋，瞧不起努力学习的行为。我在这里还学到了养蜂技术和音乐演奏。在中学的最后阶段，我抛弃了宗教信仰，开始成为无神论者。

The Making of a Scientist

谢天谢地，我错过了约翰·贝杰曼时代英国公学那真正的残酷，但我的求学经历依然十分艰苦。学校里盛行“由男生而创，为男生而创”的荒唐规矩。外套上可以解开的扣子数量，需要严格按照年级和资历论资排辈，而且要严格遵守。某个年级以下的学生，要挺直胳膊夹住课本。究竟是为了什么呢？老师们一定知道学生之间流行着这些规矩，却听之任之，不予理睬。

“跟班”制度

那个时候，“跟班”制度依然十分流行，所幸现在已经不存在了。在奥多，每栋宿舍的小头目，都要选一位新入学的男生做他的私人跟班。我被宿舍的二把手挑中，这位二把手患有震颤症，因此有了“哆嗦”的雅号。他对我还算客气，但我依然要为他跑前跑后。我要给他刷鞋、擦亮学生军训制服上的铜质装饰，每天还要在他书房的石蜡压力炉中为他烤制茶歇时吃的面包。我要时刻待命，随时准备为他跑腿。

跟班也不能免于性骚扰。曾经有四次，我不得不在床上全力抵御高年级那些高大男生的夜半偷袭。我不觉得他们真的是正常意义上的同性恋或恋童癖患者，只不过是因为学校里没有女生罢了。青春期之前的少年，有时会带有一种少女般的美感，我当年就是这样。学生中常有传闻，说哪个男生“看上了”哪个外表阴柔的同学。我是许多这类传言的受害者，所幸我并未受到任何实质性的伤害，唯一的损失，就是那些无聊的同学浪费在无聊八卦上的时间。

走出茶芬园，步入奥多，感觉这里的许多事物都令人生畏。开学第一天，我们来到大礼堂做晨祷。新入学的学生此时还没有分配好座位，我们只能自己去找空位坐下。我找到一把空椅子，怯生生地问旁边的大个子男生，这里是否有人占用了。他冰冷而礼貌地答道：“我没看到有人占用。”话虽然没错，但他漠然的态度，让我备受打击。听惯了茶芬园的三声部合唱和脚踏式风琴，奥多那低沉嗓音吼出来的“每天清晨都有新的爱”，再配上雷鸣般巨响的管风琴，实在令人惊心。穿着黑色文学硕士服的驼背校长格斯·斯坦福斯与绞刑架先生不同，有着另一种令人畏惧的气质。入学第三周时，他用浓重的鼻音告诫我们，要“击垮这学期的课程内容”。我从来没有击垮过什么东西，更别提一个学期的课程内容了。

年级主任斯奈皮·普利斯特曼是一位富有文化修养的绅士。通常情况下，他都是和蔼可亲、以理待人的，除了偶尔发脾气的时候。就算他发脾气，那愤怒的表情和举止间，也能渗透出一股绅士气质。一次上课时，他抓住了一个不认真听讲的男生。他沉默片刻，然后突然开始对我们发出警告，告诉我们他内心的愤怒正在猛涨，而他说话的方式就像站在旁观者的角度，观察着自己的内心冲动一样，语气则相当平静。

> 哦天呐。我把持不住了。我要发脾气了。从座位上下来。我警告你。脾气来了。快点从座位上下来。

随着音量的渐增，他的面孔也变得越来越红。最后，他抓起手边每一件能拿得起来的东西——粉笔、墨水瓶、书本、木质黑板擦等，以迅雷不及掩耳之势投向那个罪大恶极的捣蛋鬼。第二天，他又恢复了往日的绅士风度，向那位男生做了简短而温婉的道歉。说到底，他就是一位被激怒到忍无可忍的好心绅士，可做他这一行的，有谁没经历过这样的激怒？回过头想想，做我这一行的，不也一样吗？

斯奈皮带着我们阅读莎士比亚，帮助我第一次领略到这位文学泰斗的天赋。我们读诵了《亨利四世》（两部分）和《亨利五世》，斯奈皮扮演垂死的亨利四世，斥责哈尔在时机尚未成熟时夺取皇位：“哦，我的儿子。上帝让你执意拿走皇冠，你获得了父王的爱，并以此为托辞。”他还找到了能讲威尔士语和爱尔兰语的同学，来分别朗读其中的角色。斯奈皮为我们讲述吉卜林的作品，用惟妙惟肖的苏格兰口音哼唱出小说人物“首席工程师曼德鲁”的赞美诗。在《绵长小径》中，开头一段那撩人心魂的节奏感，总能勾起我的乡愁，想起欧文诺顿的谷堆，还有初秋时节丰收时舒心的满足感。

收成的时节到了，田野中传来轻声的呼唤，
艳阳下的谷堆，晒干变成灰色，
那个声音唱着：“结束了，就要结束了，连蜜蜂都离开了三叶草，英格兰的夏天也要闭幕了。”

在丰收这个主题下，普利斯特曼先生还为我们阅读了济慈的作品。

那一学年，我们的数学老师弗劳特先生，他总会犯头晕的毛病。我隐约记得有一次，在他走进教室之前，我们拨动房顶的所有灯具，制造出整个房间的光影晃动效果。当老师进到教室的一刹，我们所有同学都和着灯具的晃动节拍，一起左右摇晃。我不记得后来发生了什么。也许深深的懊悔之情阻挡住了这部分记忆。或者，这段故事不过是根据同学间传说而留下的错误记忆。不管怎样，现在回想起来，觉得这件事是儿童心理中那令人悲哀的残忍特质的另一个写照，而这种残忍，是在我儿时求学生涯中不断重现的主题。

我们也不是每次都能得逞。记得有一次，物理老师巴夫蒂生病了，由高年级的科学老师邦吉代课。他了解到我们已经讲到了波义耳氏定律，于是接着从这里开讲，还为我们每个人编了号，而不是称呼我们的名字，因为他没时间将我们一一对号入座。邦吉老师个子矮小，佝偻着腰，年事已高，是我迄今为止见过的近视程度最严重的人。我们当时以为，在这样一位老师面前，肯定特别容易蒙混过关。在上课过程中，他似乎完全无视我们傲慢无理的态度。我们错了。虽然他高度近视，但什么都逃不过他的眼睛。下课时，邦吉老师平静地宣布，今天下午全班同学都不准下课，留在教室接受责罚。于是，下午的时候，我们全都灰溜溜地待在教室里，被告知要在笔记本上找一页空白页，写下如下笔记："物理课附加课程。课程目的：教会全班同学良好的礼貌和波义耳氏定律。"我很肯定，这段记忆没有出错，至少我从此再也没有忘记过波义耳氏定律。

我们只能称呼一位老师的绰号，而这位老师很容易喜欢上漂亮的男生。据我们所知，他从来没做过什么出格的事情，最多不过是搂搂男同学的肩膀，说一些略带暗示的话。但如果放在今天，这样的行为估计早就会将他推入警察的法网和舆论的深渊。

宿舍文化与同辈压力

奥多和大部分寄宿学校一样，以宿舍为单位。学校共有11栋宿舍，所有学生都在宿舍中饮食起居。在各项竞赛或竞争活动中，每位男生都要忠诚于自己的宿舍。我住在朗迪莫宿舍。我不了解其他宿舍里面是什么样子的，因为学校有规定，不允许我们在宿舍间走动。但我想应该都差不多。

有意思的是，我们总认为，每栋宿舍都有自己独特的“性格”，也会不自觉地将这种性格生搬硬套到宿舍中的男生身上。关于这些宿舍性格的记忆已经十分模糊，无法在此描述。那所谓的性格，无非是人的一种主观感觉而已。我不禁猜想，这种对群体性格的认定，是否代表着人类的一种“宗族”冲动，而这种冲动是诸如种族歧视和宗派偏见等恶毒心理的根源。当然，学校中的身份偏见，比真实世界中四处皆是的偏见要天真简单得多。我在这里所谓的身份偏见，是指对个人的身份识别以其所在的群体为标准，而非对个人本身的认识。实验心理学家证实，就算将个人随机分配到不同的小组，为每人配发不同颜色的T恤衫作为标志，也能引发同样的身份偏见。

讲到偏见的问题，让我想起了奥多一件令人称道的事。我上学时，同学中有一位非洲裔学生。我记得，那时他并未受到任何种族歧视，很可能是因为他作为唯一的黑人，并未被同学们归入学校中的任何一类种族群体。但他还是被归属到了所在的宿舍群体。和他住在莱克斯顿宿舍的同学一样，我们并不怎么关注他的肤色，而是视他为“莱克斯顿的一员”，认为他与其他莱克斯顿的同学有着类似的“性格”。现在回头看看，同学们的性格中，并没有什么特质能真正合理地与所在宿舍联系起来。我的观察，并不仅限于奥多的求学生涯，而是涵盖了人类心理学的总体特征——人们存在着一种将个体视为带有某群体性标志的倾向。

我之所以选择朗迪莫作为宿舍，是因为听信了一个传言。这个缺乏事实根据的传言，说朗迪莫宿舍没有入学庆祝仪式的传统。后来事实证明，我们每个新生还是要站在桌子上唱首歌。轮到我时，我唱了父亲教给我的一首歌：

> 哦，阳光灿烂，金色闪耀，
> 从未如此灿烂，如此灿烂。

哦，当我们将小婴儿留在沙滩上时，
阳光闪耀得如此灿烂。

是的，我们将小婴儿留在了沙滩上。
以前我们从未做过这样的事，这样的事。
如果你见到他母亲，请婉转地告诉她，
我们将小婴儿留在了沙滩上。

当众唱歌对我来说，有如酷刑，但现实并没我想象中那样可怕。

在奥多，我并没有见到过当众欺负某位同学的行为。但这里有一种形式化的规矩，每个新入学的男生，都要忍受被集体欺负一周时间。至少在朗迪莫宿舍有这样的规矩，我猜想，其他宿舍可能也免不了类似的规矩。在这一周里，这位新同学是大家的“服务生”。如果轮到你做服务生，你就要负责所有杂活，如果哪里出了一点小差池，你就要受到责备。你要负责生火，确保火苗不会熄灭。等到周六，你这位全能服务生要到每间书房去询问学长们是否需要订阅周日的报纸，还要负责收钱。到了周日，你要很早起床，走到镇子的另一头去买报纸，背回来，然后分发到所有的书房。而你最受大家关注的职责，就是在一天中许多个重要时刻摇响铃声：起床铃、用餐铃、就寝铃，等等。这就意味着，你必须有一部十分精确的手表。我做服务员时，后来的几天业务非常娴熟，但第一天简直是一场灾难。出于某些原因，我没明白“五分钟警示铃”要在早餐锣声响起前五分钟“整”的时候摇响。许多高年级男生，都习惯了在锣声响起前五分钟从床上爬起来。用五分钟时间完成梳洗更衣，还是蛮紧张的，因此留够时间非常重要。我第一天做服务生时，摇响了五分钟警示铃，然后一路小跑着去敲锣，半分钟之后，锣声响起。整栋宿舍顿时惊慌失措，当然，我也没能逃过随之而来的奚落和修理。

新入学的男生们能完成“服务生”和“跟班”的工作已经实属不易，哪里还有心思和时间去“击垮这学期的课程内容”。我想，现在的英格兰学校里，可能早就废除了跟班制度。但我一直想不通，为什么这种行为一开始会得到校方的容忍，而且还持续了相当长的时间。19 世纪时，人们有一种奇怪的认识，认为跟班制度存在某种教育价值。也许，跟班制度之所以持续了那么久，是因为“我当年也是这么过来的，你为什么做不到”的心态。这种同样的心态，如今也在折磨着英格兰的许多年轻医生。

在这样的环境下，我口吃的毛病又犯了。在以“D”和“T”等字母开头的硬辅音词汇的发音上，我总是遇到麻烦。而雪上加霜的是，我的姓就是“D”字母开头，还经常需要在许多场合吐字清晰地自报家门。课堂测试时，我们要勾选出正确答案，数清勾选的数量，然后从一到十大声报数，以便老师做记录。每次轮到我报十的时候，我总是喊出“九”，因为九比“sh-sh-sh- 十”要容易得多。学生军训时，我们要接受一位将军的检阅，要一个接一个地从队伍中出列，在将军面前立正，喊出我们的名字，向将军敬礼，然后向后转入列。“首长好！学生道金斯！”我特别害怕轮到我说这句话，为此还曾失眠。我独自一人练习的时候还好，但真的当着所有人的面接受检阅时，我一定会乱了阵脚。“学生 d-d-d- 道……”。而真到了那一天时也还算顺利，我不过是在“道”字前迟疑停顿了一下而已。

学生军训并不是强制性的。如果加入童子军就可以免于军训。还有一个办法，就是将时间用在和博吉·卡特莱特一起耕田上。之前的一部书中，我曾将卡特莱特先生描述为“眉毛浓密的卓越人物，双手从来不离铁锹”。虽然学校雇用他教我们德语，但他在上课时，总是用他那不急不忙的乡村口音为我们传授朴实而富有乡土气息的农业生态智慧。他的黑板上，永远都写着“生态学”三个大字。如果有人在他不注意时将这三个字擦掉，他就会一言不发地重新补上。在黑板上写德语句子时，如果长度到达“生态学”的位置，他就会拐个弯继续写，绕开他那永恒不变的主题。一次，他发现一个男生正在读 P. G. 伍德豪斯（P. G. Wodehouse）的作品，非常愤怒，一把将书扯成了两半。卡特莱特先生听信了《每日镜报》精心编造的谣言，说伍德豪斯在战时曾里通外国，与“呵呵勋爵”和美国人熟知的“东京玫瑰”同属一类货色。但卡特莱特先生讲述的故事，比《每日镜报》的诽谤还要断章取义。“一次，伍德豪斯有机会将一名德国上校从楼梯上踹下去，但他没有这样做。”说出这样的话，就让人觉得卡特莱特因愤怒而失去理智，但他真的不是一个充满愤怒情绪的人，除非在极为特殊的情况下，比如碰到伍德豪斯这个话题。除此之外，卡特莱特有着纯朴善良的个性，有着超越时代的生态意识，讲话悠扬缓慢，为人踏实而真诚。

我没有魄力退出军训，在另外两条路中做选择。可能我受到身边同学太多的影响，在奥多求学期间，同学之间的影响对我发挥了很大作用。后来，我加入乐团，由此逃过军训中最痛苦的阶段。在乐团中，我一开始吹单簧管，后来演奏萨克斯。乐团由一位军士做指挥：“好的，我们从《进行曲》的第一段开始。”当然，加入乐团，并不意味着我们可以逃过每周擦军靴、腰带和铜质饰品的杂活。每年，我们还要经历一次军事露营，住在不知什么军团的营房中，接受拉练，用没装子弹的老式来复枪进行模拟战役。我们还要真枪实弹地打靶，我所在的排，有个男生不小心开枪击中了副官的腿部，子弹射进肉里。副官在我们眼前应声倒下，他很快点了一支香烟，但依然躺在地上起不来，着实让人捏了一把汗。

一次去莱斯特营地拉练的时候，赶上一位长着浓密姜黄色小胡子的军士长。他会大喊道：“枪——上、肩！”或“持——枪、前、进！”第一个字总是以拖长的男低音喊出来，后面几个字又是字字断音，而且是女高音般的尖叫。我们强忍着不敢笑出来，结果憋出了可怕的鼻息声，仿佛巨蟒剧团上演彼拉多士兵的一幕。

我们要通过一个所谓的 A 级考核，需要死记硬背一些军事知识。这样的考试，很显然是为了抑制所有与开动脑筋或发挥主动性沾边的想法，因为在军队的层级体制中，灵活的大脑是没有任何价值的。“军营中有几种树？”正确答案是三种：枞木、白杨和灌木丛。诗人亨利·里德（Henry Reed）曾就这一话题发表感想，但训练我们的军士长并不欣赏他的讽刺。

学生之间的同辈压力也非常大。我和我的许多同伴都深受其害。我们做事的主要动力大都来自同辈压力。我们想要被周围的同学所接受，尤其是希望得到具有影响力的领导型人物的接纳。直到我在奥多的最后一年，同辈中存在的普遍氛围都是反知识的，需要假装成不爱学习的样子。同学们会尊重某人与生俱来的天赋，瞧不起努力学习的行为。在运动场上也是一样。无论在什么场合，运动能力强的同学，都比学习成绩好的同学更受大家尊敬。但如果你能在没经过训练的情况下，就打得一手好球，则更会被同学们崇拜得五体投地。为什么先天的天赋会比后天的努力更受尊重？难道不应该是反过来吗？关于这个话题，也许进化心理学家能给出一些有趣的解释。

可惜，由于同辈压力的存在，我错过了太多的好机会。学校里有各种新奇的俱乐部和协会，当年如果有机会加入，一定会受益匪浅。学校里有一个装着望远镜的天文台，这部望远镜可能是某位老校友的赠礼，但我从来都没靠近过天文馆一步。为什么没有呢？如果放在今天，我一定会迷上观测天象，既不需要自己动手装配望远镜，又能得到知识渊博的天文学家的指导和讲解。有时，我总会禁不住去想，学校生涯用在十几岁的少年身上，真是辜负了。也许，优秀而敬业的教师，应该得到更多的机会，去教育那些年龄够大、有能力欣赏知识与智慧之美的学生，而不用对着一群心不在焉的小屁孩儿鸡同鸭讲。

精工车间

对我个人来说，在奥多的求学生涯中，错过的最大机遇，都与精工车间有关。而奥多的精工车间，则是父亲最初决定送我去那里的主要原因。错不能全都怪我。桑德森独创的车间劳作周，当时依然得到校方的全面贯彻，车间里也装配了先进的设备。我们学会了如何操作车床、铣床和其他在校外并不常见的高级工具设备。但我们没有学到的，正是父亲擅长的能力：即兴创作、设计，利用手边现成的材料制作出实用的物件，而父亲手头用得上的材料，无外乎麻绳和又脏又旧的小铁块之类的东西。

我们在奥多精工车间中制作的第一件作品是“量规”。指导老师并没有告诉我们量规是什么。我们只是机械地模仿指导老师的做法。先用木头做一个金属物件的模型，然后拿着木质模型到锻造厂，用带粘性的沙子敲击在模型四周，这样就做成了模具。我们戴着护目镜，将闪烁着金属液体光泽的铝液从坩埚倒入模具中。待金属冷却后，将其从沙质模具中取出，拿到金属加工厂去打磨、钻孔和抛光。最后，我们就带着自己完工的量规作品回了家，但依然不知道量规究竟是做什么用的。在整个制造过程中，也没有发挥自身的任何主动性或创造性。我们与大规模生产厂里的工人没什么区别。

我猜想，导致这一问题的部分原因，可能在于指导老师并不是真正的教师，而是从大工厂中招聘来的工头。他们并不教导我们如何掌握技巧，而是告诉我们如何制作具体的物件。我在班伯里学习汽车驾驶的时候，也遇到了同样的问题。在那里，教练教我怎样在某个特定的街角练习倒车转向，而这个街角，就是考官最喜欢测试倒车转向技巧的地点：“等到街灯柱与后窗保持水平，然后使劲掰方向盘。”

奥多精工车间中唯一一位保持着桑德森传统的人，是负责管理五金车间角落里一架小锻造炉的老铁匠。我偷偷地离开大车间熙熙攘攘的人群，拜这位戴着眼镜、和蔼可亲的老铁匠为师。他教会了我锻铁的传统工艺，还有乙炔焊接法。母亲至今依然保留着我当年做的拨火棍，就放在火炉旁那卷曲的座架上。但就算是跟着老铁匠，我还是基本上按部就班地听指挥，很少能有机会发挥创意。

水平欠佳的工人，会抱怨手头的工具不好用，还会指责师傅水平不高。别的问题还可以开托，但我自身存在的一个不可推卸的责任，就是从来不在指定的劳作周之外的时间踏进车间半步。我没有抓住机会，在晚间到精工车间去试着制作我自己设计的东西。就像我没有去天文台观测星星一样。我和周围的同学一样，将闲暇时光浪费在游手好闲、在煤油炉烤箱中烤面包、听猫王的歌上。除了这些之外，我还喜欢随意拨弄各种乐器，但并没有真的弹奏出像样的音乐。将父母用大笔金钱换来的宝贵机会浪费掉，实在是有些可悲。这令我不禁再次想到，学校这种机构，对十几岁的少年来说，是不是太过优越了？

学习养蜂与音乐演奏

虽然存在上述劣迹，但我还是加入了年轻的动物学教师约恩·托马斯（Ioan Thomas）主办的养蜂俱乐部。直到今天，蜂蜡的气味依然能唤起我当年的美好回忆。虽然我经常被蜜蜂蜇伤，但这段经历还是让我感到非常快乐。有一次（我是带着一点骄傲的心情进行讲述的），我没有将蜜蜂从手上赶走，而是小心翼翼地观察这个小生物在我手上一圈圈地跳着华尔兹，然后再从我的皮肤中拔出蜂刺。蜜蜂的刺和黄蜂不一样，是带倒钩的。蜜蜂蜇到哺乳动物时，倒钩会让蜂刺留在皮肤里。如果这时将蜜蜂强行赶走，蜂刺就会扎在皮肤中，还会带出蜜蜂的内脏。从进化的角度来看，个体工蜂的行为是无私的，它们像敢死队员一样，牺牲自己的生命来保护整个蜂巢（严格来讲，是为了保护它体内的基因，这种基因的复制版存在于蜂王和雄峰体内）。待蜇人的蜜蜂死去时，它的蜂刺依然留在被蛰之人的皮肤里，毒腺依然会继续释放毒液，因此，就更加有效地降低了此人袭击蜂巢的可能性。从进化论的角度来看，这种行为非常合理，我会在后面“自私的基因”一章中重述这一主题。工蜂没有生育能力，无法通过后代来传承自身的基因拷贝，于是，它只能通过蜂巢中的蜂王和其他具有繁殖能力的成员来将基因传承下去。我静静等待手上这只工蜂将蜂刺从皮肤中拔出来时，就是针对它的攻击采取了利他行为，但我之所以会这样做，主要是因为好奇：我想要亲眼见证托马斯先生给我们讲述过的整个蜜蜂蜇人过程。

我在其他著作中也提到过约恩·托马斯。我 14 岁那年第一次上他的课，就得到了很多启发。现在已经想不起当年的许多细节，但上课的时候有一种特别的气氛，这种气氛也是我后来在《解析彩虹》（*Unweaving the Rainbow*）中想要呈现给读者的。现在，我称之为“诗意现实的科学”氛围。托马斯先生年纪轻轻就来到了奥多，主要是因为他对桑德森先生的敬仰。但他太过年轻，没能见到老校长本人。他与桑德森的接班人肯尼斯·费希尔见过面，还给我们讲了一个费希尔的故事，故事体现出，桑德森的某些精神依然存在于奥多之中。我在 2002 年奥多开学典礼的讲话中，重温了这个故事。

> 肯尼斯·费希尔正在主持召开员工会议的时候，响起了一阵怯懦的敲门声，一个小个子男生走了进来：“老师，河里有一群黑燕鸥。”“会议可以之后再开。”费希尔立刻斩钉截铁地对一屋子老师说道。他从主座上猛地站了起来，拿起门口的双筒望远镜，在这位鸟类学者的陪同下，骑着自行车离开了。我们不禁回想到，桑德森的在天之灵看到这一幕，那张和蔼红润的脸庞一定会露出欣慰的笑容，为他们指引前进的方向。这才是真正的教育，让你们的成绩排名、堆满文字的教学大纲和永无止境的测验与考试见

鬼去吧……

记得桑德森去世35年之后，我们上了一堂关于水螅的课。水螅生活在静止的淡水中。托马斯先生向一位同学提问："什么动物以水螅为食？"这位同学猜了个答案。托马斯先生不置可否，转向另一位同学，问出了同样的问题。他绕着教室问遍全班，向每一位同学提问，越问越激动。"什么动物以水螅为食？什么动物以水螅为食？"我们一个接一个地猜测着答案。等到他问到最后一位同学时，我们早就迫不及待地想要了解真正的答案了。"老师，老师，到底什么动物以水螅为食呢？"托马斯先生无言，直到整间教室安静到鸦雀无声。之后，他缓慢地、笃定地，一字一顿地说出了下面的话。

"我不知道……"（音量渐强）"我不知道……"（大幅度音量渐强）"我觉得库尔森先生也不知道。"（最强音）"库尔森先生！库尔森先生！"

他呼地一下打开隔壁教室的大门，打断那位年长教师的课程，将他拉到我们班里。"库尔森先生，你知道什么动物以水螅为食吗？"我不知道他们两人之间是否交换了一些眼神，总之，库尔森先生非常配合地扮出一副"不知道"的表情。此时，我们又能感觉到桑德森先生的灵魂躲在角落里微笑了。这堂课，令我们终生铭记。最重要的不在于事实上的答案，而在于你在发掘并思考问题。从真正的意义上讲，教育，与如今充斥着各种评估的考试文化大相径庭。

上面讲到，我有两次都幻想到了早已离世的老校长的在天之灵，这会让人误以为我一定存在某种超自然主义倾向。但我确实没有。这样的想象，无非是一种诗意的描述。只要读者不从字面意义上去理解，这样的说法就站得住脚。当神学家在没有意识到自己的话语可能产生的影响时，随便使用这样的隐喻性语言，就会产生问题。因为他们不了解隐喻和现实之间存在的区别。他们会说出这样的话："耶稣是否真的为五千人提供饮食，并不重要。重要的是这个故事背后的思想对我们意味着什么。"而事实上，有些说法的确很重要，因为这世上毕竟有成百上千万虔诚的信徒，相信《圣经》中的记载是确有其事的。我希望，也相信本书的读者不会认为，我真的觉得桑德森的在天之灵藏在角落里，为托马斯先生的课程提供指引。

水螅那堂课，还有一段颇有些令人难为情的情节，但我还是要讲出来，才能充分体现整个故事的完整性。托马斯先生问我们，有谁之前曾经亲眼见过水螅。我是全班唯一一个举起手来的学生。我父亲有一个老旧的铜质显微镜，几年前曾经有一天，我们用显微镜观察了高倍放大的池塘生物：大多数都是如剑水蚤、水蚤、腺介虫等甲壳纲动物，也看到了水螅。我觉得，移动缓慢，跟植物看起来差不多的水螅，比起长了好多腿、四处乱踢的甲壳纲动物显得单调许多。在那难忘的显微镜观察日，水螅并非是最令我激动的记忆，而且我还有些瞧不上托马斯先生在课堂上给予水螅的关注。于是，当他询问我之前看到水螅的具体细节时，我回答说："所有这些动物，我都见过。"当然，对托马斯先生来说，剑水蚤、水蚤和腺介虫，与水螅并非同一类生物，但对我而言却是因为我和父亲一起，在同一天看到了所有这些生物，于是便将它们混为一谈。也许，托马斯先生觉得我可能根本没见过水螅，对我进行了详细的盘问。但我却错误地理解了老师的用意，我认为老师的盘问，是对父亲的无视和诽谤，因为正是父亲带着我观察"所有这些动物"的，而且告诉了我它们的拉丁文名称。我顽固地坚持立场，没有清楚明确地如实告诉老师我的确见过水螅，而是坚持不愿将水螅与"所有这些动物"分开来谈。现在回忆起来，依然让我觉得十分难为情。或许这段轶事能说明一些问题，也许吧，但我不知道具体说明了什么。

也许是因为我对所有与父母相关的事物，都保持着强烈的捍卫心态和忠诚，无论是小型拖拉机，还是泽西奶牛。

托马斯先生带着我了解了养蜂技术，我父亲那位性格古怪的老校友休·科利后来送给我一个蜂房，使得我在假期还能继续坚持这项爱好。我自己养的这群蜜蜂，性格非常温和，从来不会蜇人，而且我也习惯了在侍弄蜜蜂的时候不带保护面纱和手套。可惜，后来邻居在农田中喷洒了杀虫剂，我的蜜蜂被毒死了。休·科利先生是一位热情的有机农业主，也是早期的生态保护卫士，他闻知此事后非常愤怒，便又送给我一个蜂房。但这群新来的蜜蜂和上一群大相径庭，无疑存在着基因差异，因为它们会去攻击任何移动的东西。那段时间，我已经习惯了被蜜蜂蜇，所以并没有太大的不良反应。但我不知道，儿时被蜜蜂蜇咬的经历，是否是我后来对蜜蜂尤其敏感的原因。成年之后，我仅被蜜蜂蜇过两次，一次是 40 多岁的时候，一次是 50 多岁的时候。两次的反应都非常奇怪，是我小时候养蜂时从未发生过的。当时的反应，是一只眼睛周围出现严重肿胀，连睁开眼睛看东西都做不到。蜜蜂蜇我的部位，一次在手上，一次在脚上，可为什么眼睛肿了？而且，为什么只有一只眼睛肿了？

除了与托马斯先生学习养蜂之外，我在奥多参与的另一项稍微有点益处的课外活动就是音乐演奏了。我在音乐学院花了许多时间，但就算是这样，我也要承认自己错失了许多宝贵机会。从我很小的时候开始，任何一种乐器都会像磁铁般吸引我，每次路过销售小提琴、小号或双簧管等乐器的商店，我就久久不愿离开，大人必须强行将我拉走才行。就算到了今天，如果在花园派对或婚礼上有弦乐四重奏或爵士乐队的演出，我也会将自己的社交义务抛到九霄云外，靠近音乐家坐下，观察他们手指的灵动，在休息时与他们攀谈，讨论乐器演奏的心得。我和我第一任妻子玛丽安不一样，歌唱时没有那么完美的音准，也不像我现任妻子拉拉那样，有着美好的和声感，可以和着任何旋律，不费吹灰之力就哼唱出悠扬的和声曲调。但我确实天生就有很好的旋律感，就是说，我可以像歌唱或吹口哨那样，轻松地在乐器上演奏出一段旋律。我还有个有些见不得人的毛病，这是我在音乐学院的一大消遣。我经常偷偷用并不属于我的乐器，自己琢磨如何弹奏出一段曲子。一次，我用一位高年级男生的长号偷偷吹奏《当圣者进军》，被人当场抓住，还为此陷入了麻烦，因为这支长号价格昂贵，而且后来发现坏掉了。我真的觉得不是我弄坏的，却因此被大家责怪（长号的主人并没有说什么，他人很好）。

对一个懒人来说，唯一一点旋律天赋，也并非什么好事。靠耳朵记住旋律，然后在乐器上演奏出来，对我来说太过简单，因而忽略了读谱或即兴创作等其他重要的音乐技能。这种忽略，简直比懒惰还要恶劣。有一阵，我甚至会狂妄自大地鄙视那些“需要”按照乐谱进行演奏的音乐家。在我看来，即兴创作这项技能，是十分出彩的。但我在这方面并不擅长。我接受邀请，加入了学校的爵士乐队，但很快发现，虽然我可以毫无瑕疵地弹奏出听过的旋律，却完全没有在此基础之上进行即兴发挥的能力。在音阶练习上，我的态度十分散漫。关于这个问题，我也有个站不住脚的借口，那就是，从来没有人为我讲解过练习音阶的用处。现在回想起来，作为一名已经成年的科学家，我可以将练习音阶的理由拼凑完整。之所以要练习音阶，是为了培养出对每一个琴键完全的熟悉感，这样，只要看到乐谱每一行开头的音调符号，手指就能毫不费力地自动找到属于这个调子的琴键。

我在音乐学院花掉的时间，与其说是演奏音乐，不如说是胡吹乱奏更恰当。我的确学会了读出单簧管和萨克斯的曲谱。但钢琴谱有时需要同时弹奏超过一个音符，我在学习钢琴谱时，就变得非常迟钝，像个学习阅读的小孩一样，费尽千辛万苦，一个字一个字地拼写、读诵，而不能一气呵成地读出整个句子。我的钢琴教师戴维森先生，人非常和善，他发现我天生具有较强的旋律感，于是教给了我一些基本规则，这样，我就可以在弹琴时配上左手的和弦。虽然我学得很快，但只能在 C 大调和 A 大调中应用上这些规则（因为这两个调的黑键少），而且我左手的和弦伴奏非常单调，只能接受菜鸟级听众的点歌和掌声。

我歌唱时的嗓音，虽然声音不大，但朴实而纯净。我在三重唱中担任最高声部，很早就入选了奥多学校教堂的唱诗班。唱诗班规模很小，挑选成员时也很严格。在音乐老师米勒先生的教导下，我非常享受唱诗班的活动，享受平日的排练，每次排练，都是我一周学习生活中最快乐的时光。这个唱诗班很不错，属于标准的英国大教堂风格。而且一定要提到的是，我们在歌唱中，从不会矫揉造作地加上半卷不卷的卷舌音，因为在我颇有成见的耳朵听来，那样的半卷舌音会破坏合唱歌曲的美感。另外补充一句，我虽然在这里吹毛求疵，但约翰·迈克马克式复古男高音那假惺惺的意大利式大舌音，更令我厌烦。

每个周日，我们都要演唱圣歌，通常演唱斯坦福、勃拉姆斯、莫扎特、帕里或约翰·爱尔兰的作品，有时也选用诸如塔利斯、伯德或博伊斯等更早期作曲家的作品。我们没有指挥，而是依靠两位男低音。他们站在高坛最后一排的两边，面面相对，以哑剧式的头部运动来发挥指挥的作用。其中一位男低音 C.E.S. 帕特里克，有着迷人的美妙嗓音，正因为没有经过正式训练，所以如天籁般自然动人。我从来没跟他说过话（我们不跟其他宿舍的高年级男生打交道），但在我眼里，他就是男声合唱团的明星，是英雄般值得崇拜的人物。男声合唱团的指导老师是才华横溢的唐纳德·佩恩，合唱团经常在校音乐会上演出。可惜，我从来没有接到男声合唱团的邀请。后来我变声之后，嗓音质量和音准都无法与当时相提并论了。

桑德森先生在奥多还留下了另一个传统：全校学生都要参与进来的年度清唱剧。在音乐的选择上，学校规定，每个同学在五年的学习生涯中，都要演唱亨德尔的《弥赛亚》和巴赫的《b 小调弥撒曲》。除此之外，还有其他各类音乐作品。第一学期时，我们演出了巴赫的《梦的醒来》康塔塔，以及海顿的《帝王弥撒》，我非常喜欢这些音乐，特别是巴赫的作品。这些作品将悠扬缓慢的人声与管弦乐团富有跳跃感的复格旋律配合得精妙绝伦。清唱剧对我产生了神奇的作用，给了我以前从未有过的体验。在正式演出之前的一段时间，每天早上，晨祷后五分钟，米勒先生那高瘦的身影就会疾步走来，组织全校进行排练，一次只练习几页。学校还从伦敦请来专业的独唱家：有穿着长裙、美丽迷人的女高音和女低音，还有身着笔挺燕尾服的男高音和男低音。米勒先生对这些专业歌唱家充满敬意。天知道歌唱家们听到我们这些非专业合唱队员的怒吼与咆哮，心里会有怎样的想法。但在我那不谙世事的非专业眼光看来，没有一位独唱家的嗓音，能与男声合唱团的 C.E.S. 帕特里克相媲美。

很难用文字形象地描述出我所经历的那个年代的英国公学的氛围。林赛·安德森（Lindsay Anderson）的电影作品《如果》(*If*)，是这种氛围的精彩写照。当然，我不是指电影结尾时的大屠杀，而且其中体罚学生的情节也被夸大了。也许，在更早期、更残忍的年代，学校里会有拿着手杖、身着刺绣马甲的年级长。但在我上学的那个年代，已经不是那样了。我在奥多上学期间，从不知道有谁受过杖击的责罚，只是最近才从一位挨过打的校友那里听说了确有其事。

《如果》也完美地呈现了没有女生的男校中，漂亮男生身边涌现的那些情窦初开的澎湃欲望。电影中带着浆洗得硬挺的大帽子的女舍监用手电筒检查男学生腹股沟的情节，只不过稍加夸张而已。我们当年的检查是校医做的，他并没有像影片中那位女舍监那样，用挑逗的眼光去窥视。我们这位性格温和的校医，也不像影片中的女舍监在英式橄榄球场上一边喊着“冲啊！冲啊！冲啊！”一边靠近边线。但林赛·安德森完美地捕捉到了我们生活、工作、烤面包、听爵士乐和猫王，还有游手好闲的集中地带——书房中那脏乱的热闹情景。电影也表现出了十几岁少年之间小狗打架般的兴奋笑声，我们并没有肢体上的冲突，而是用古怪、私密的语言和奇特的绰号相互挑衅，随着一个学期接一个学期的时光流逝，这些语言和绰号也不断发生着变化。

关于绰号演变（以及普遍的迷因突变）的奇特性，在此举个例子。我的一位朋友被大家称为“上校”，虽然他的个性与军人毫无相关之处。“知道上校在哪儿吗？”而这个外号的进化史是这样的。几年前，学校曾有一个男生（现在已毕业），据说偷偷喜欢上了我的这位朋友。那个男生的外号叫作“皮皮”（从“皮”字而来，谁也不知道这个称呼的个中原因，也许与包皮有关，但在我入学之前，这个外号就已经存在了）。于是，我的朋友从他以前的爱慕者那里继承了“皮皮”这个外号。皮皮与“比比”同韵。此时，接近于伦敦腔押韵俚语的效应开始发挥作用。BBC 广播中有一台傻瓜秀名叫《比比上校》。就这样，我的朋友开始被大家称为“皮皮上校”，后来简称为“上校”。我们很喜欢这台傻瓜秀节目，总是互相比着谁能更加形象地模仿节目中各位人物的声音（查尔斯王子也做过同样的事，他也在那个年龄段上了一所类似的学校）。这些人物包括布卢博特尔、艾克尔斯、丹尼斯·布拉德诺克、亨利·克兰、吉姆·默里亚蒂伯爵。我们就给彼此取了诸如“上校”或“伯爵”这样从傻瓜秀中学到的外号。

当年一些脏兮兮的行为，如今肯定过不了卫生督查员的审核。每次打完橄榄球，我们都会洗个“澡”。我想，以前宿舍里的确存在过像样的洗澡设施，学校的其他宿舍说不定也有像样的澡堂。但在朗迪莫宿舍，留下的唯一一点与洗澡有关的设备，就是一个瓷质的长方形池子，我们会在里面放上热水。池子的大小，仅够两个男生面对面、下巴贴着膝盖坐进去。我们排着队，进入“澡池”。等到所有 15 位橄榄球运动员都洗完，池子里的“水”已经不能称之为水了，不如说是稀释了的烂泥更为恰当。奇怪的是，我并不介意排在队尾。因为最后进入澡池，可以在温水中多泡一会，而不用急匆匆地出来，给后面的同学让路。我也不记得自己会介意在其他14人洗过澡搓过泥的脏水中泡澡，更不觉得和另一位全身赤裸的男性共用一个促狭浴池有什么难为情之处。而如今，同样的事情会激起我极大的反感。我想，这也从另一个角度说明了现在的我们与曾经的我们并不相同。

奥多并未能达到我父母的期望值。大肆宣传的精工车间，此时已每况愈下，至少我所参与的精工劳作都不是很成功。橄榄球队盛行阿谀奉承的风气；求知的行为与愿望，在学校的大环境中并不受推崇；桑德森先生当年树立起来的高素质，到了那时基本荡然无存。但我在奥多的最后一年，同学间终于开始出现重视思想的倾向。一位满腹经纶的年轻历史教师为高年级学生开办了一个名为“研讨会”的俱乐部，专门进行学术讨论。我现在已记不清俱乐部会议时的情景了：可能我们还曾像刻苦钻研的本科生那样，聚在一起“阅读论文”。会议之外，我们也用心地对彼此的知识水平进行评估。那时同学间的整体气氛，就是一本正经地摆架子，和约翰·贝杰曼所描绘的情形大同小异：

> 客观来看，我们的公共活动室就像一个小小的雅典国……只有路易斯不这样认为：他人还不错，但你觉得，他是否能称得上是一等一的优秀？

抛弃宗教信仰

我和宿舍的两位朋友，在奥多求学的最后一年，都成了强硬的反宗教人物。那年我们17岁。我们拒绝在小教堂中下跪，坐在那里抱着胳膊，双唇紧闭，像大海中骄傲的火山岛一样大胆地反抗，鹤立鸡群。校方对此问题处理非常得体，从未有抱怨之言，甚至在我选择不去教堂之后，依然容忍。这就是英国国教徒的典型作风。在这里，我要回过头去，将宗教信仰丧失的原委慢慢道来。

来到奥多时，我还是一位坚定的国教徒。第一学年，我还参加过几次圣餐仪式。那时，每次参加仪式，都要起个大早，穿过洒满阳光的教堂庭院，一路上听着乌鸦和画眉的歌唱，很是享受。每次仪式结束，我都会心满意足地踏上归路，还饥肠辘辘地盼着赶快吃上早餐。诗人阿尔弗莱德·诺伊斯（Alfred Noyes）曾写道："就算我曾经有过对宗教基本真实性的怀疑，这种怀疑也会被脑海中的记忆所驱散。这个记忆，就是父亲从清晨圣餐仪式返回家中时，面庞上散发出来的光芒。"对成年人来说，这样的推理根本站不住脚，却是对 14 岁的我再形象不过的描述。

幸亏没过多久，我就回归到先前的怀疑态度上。记得 9 岁那年，母亲告诉我，基督教并非唯一存在的宗教，而且宗教之间还存在彼此矛盾。从那以后，对宗教的怀疑就开始在我的脑海中扎根。这些所有的宗教，既然存在彼此矛盾，就不可能全部是正确的。那么，为什么一定要信仰这个碰巧存在于我诞生和成长环境中的宗教呢？在奥多时，经过短暂的圣餐仪式阶段，我便放弃了任何基督教特定的信仰和活动，甚至鄙视一切特定的宗教信仰。令我尤其愤怒的是所谓的"总忏悔"的虚伪特质。总忏悔，就是要所有人一起低声齐念，我们是"痛苦的罪人"。"痛苦的罪人"这几个字，要写在纸上，每周重复，年复一年，直到人生的终结（自从 1662 年以来，就被几代人接连重复）。这样的事实，很明显就是表明，我们没有做出改变的意愿，而是心甘情愿地做一辈子的痛苦的罪人。而从亚当传承下来的（圣保罗并不知道亚当这个人物本身并不存在）对"原罪"和使徒圣保罗那"人人生来带有原罪"的执迷，正是基督教最肮脏下流的一面。

但我当时依然坚信，存在着某个未经人类具体化处理过的创世主。我对创世主的信仰十分虔诚，因为在生物世界那令人震撼的美感和精雕细琢面前，我感慨万千。和许多人一样，我只能给自己找到一种解释，那就是，这些表面的精雕细琢，背后一定有一位设计者。我羞愧地承认，当时那个阶段，我并没有想到这一论证中存在的基本谬误。而任何有能力设计出宇宙的创世主，自己也是需要被设计的。如果你愿意凭空想象出一位设计者，那么为什么不用同样的逻辑自我放纵一把，认为这位设计者也应该设计出中间人的角色？当然，无论针对哪种情况，达尔文都为生物设计理论提供了无比强大的另一种解释，也就是我们现在所知的真理。达尔文的解释有着巨大的优势，从原始的简单结构一点点缓慢地向上发展，直到如今遍及每一个生物体内那令人瞠目的复杂性。

但在当时，“世间万物太过精妙，一定存在一位设计者”的说法，还是令我动摇。和许多同学一样，我是猫王的忠实粉丝，在所有名人中，猫王对我的信仰发挥了最大的强化作用。只要猫王推出新专辑，我就会立刻买回来：《伤心旅店》《猎犬》《蓝月亮》《记忆复苏》《不要对我太残忍》《我不在乎》等等。那些音乐，总是能唤起记忆中青春痘药膏那隐隐的硫黄味道，现在想想，这样的联系也不失恰当。记得一次在家时，我以为只有我一人，于是便放开嗓子大声唱起了《蓝色羊皮鞋》，没想到全被父亲听了去，令我十分难为情。“你可以将我击倒／踩在我脸上／诋毁我的名声／四处传扬。”为了在唱这首歌时模仿猫王，就要像当代的饶舌歌手那样，发出略带邪恶气质的沙哑嗓音。我费尽周折，才让父亲相信我是在唱歌，而不是犯了抽风病，也没患上儿童秽语多动综合征。

言归正传。我崇拜猫王，坚定地相信世上存在一位不分宗教派别的创世主。一次，在家乡奇平诺顿的街上闲逛时，我无意间看到路边商店的橱窗里展示着一张叫作《峡谷中的寂静》（*Peace in the Valley*）的唱片，其中的主打歌名为《我相信》（*I Believe*）。恍然间，我“醍醐灌顶”。原来猫王是一名宗教信徒！在狂热的激动中，我一头扎进商店，买下了这张专辑。

每次听到婴儿啼哭，
触摸树叶，仰望天空，
我就能了解个中缘由，因为我相信……

简直是唱出了我的心声！这一定是上天给我的旨意。现在，我已经不知道当时的我为何对猫王的宗教信仰感到惊讶。猫王出身于美国南部一个未受过教育的工薪阶层家庭。他怎么能没有宗教信仰呢？但不管怎样，当时的我对此备感震惊，甚至还有些觉得，猫王这张意料之外的唱片，是对我个人发出的呼唤，呼唤我全身心地投入宗教，并赋予我使命，去告诉其他人创世主的存在。而如果我成为像父亲那样的生物学家，就可以当之无愧地承担起这份责任。那个时候，我感觉那就是我的天职，而这份天赋使命感不是源自别人，正是来自那神一般的猫王。

我并不以这段宗教狂热期为荣。也很庆幸，没过多久，我的狂热就烟消云散了。我越来越深刻地意识到，达尔文进化论，是对生命设计之美的另一种站得住脚的解释，可以替代我心中的创世主理论。第一位向我介绍达尔文进化论的人，是我父亲。但一开始，虽然我能理解进化论的本义，但并不认为这一理论宏大到足以包罗世间的万事万物。在学校图书馆读过萧伯纳（George Bernard Shaw）为《千岁人》（*Back to Methuselah*）所著的引语后，我更是对进化论产生了偏见。萧伯纳以他那巧言雄辩的混乱思维，倾向于拉马克的进化论（更偏重于目的驱动），对达尔文主义（更偏重于机械论）不抱好感，而我则被他的能言善辩所打动，轻信了那些混乱思维。这段时期，我对自然选择促成进化的能力持怀疑态度。最终我的那两位朋友，虽然并非生物学家，但其中一位说服了我拒绝在小教堂中跪拜，另一位带着我一同领会了达尔文那精妙思想的伟大力量，我也就此放弃了心中最后一丝对有神论的轻信，那时，我 16 岁。不久之后，我就成了坚定而强硬的无神论者。

前面曾讲到过，校方对我拒绝在小教堂跪拜一事，以正派的英国国教作风，对我置若罔闻。但这么说并非完全属实，至少教师中有两人是例外。第一位是我当时的英文老师弗洛西·佩恩，在我的印象中，他总是身体笔直地骑着一辆老式自行车，车上还支着一把雨伞。佩恩在课堂上当众向我质疑，让我解释一下，为什么要领导一场拒绝在小教堂跪拜的谋反。可惜，我没能很好地自我阐释。不仅没有抓住这次大好时机，带领同学们与我走向同一条道路，而且我还可悲地犯了口吃病，嘟囔着说英文课不适合讨论这个话题，然后就懦弱地退缩了。

第二位，是我最近才了解到的。我的男舍监彼得·林（Peter Ling）给我的动物学老师约恩·托马斯打过电话，讲到了他对我的顾虑。最近托马斯先生给我写的信中讲到，他曾警告过彼得·林先生："要求像你这样的学生每周日去两次小教堂，只能有害无益。后来，这通电话就这样挂掉了，彼得·林先生不置可否。"

彼得·林先生还与我父母约谈了一次，边喝茶边谈心，详细地讲述了我在小教堂里的反叛行为。当时，我完全不知情，母亲也只是告诉我有这么一桩事。林先生请求我父母劝劝我改变态度。我父亲说道（根据我母亲的回忆，大概是这样说的）："用那样的方式控制孩子，不是我们应做的事。这事属于你的职责范围，因此我不得不回绝你的请求。"

正如我之前所言，林先生本人是个正派的好人。最近，当年和我同住一栋宿舍的同学兼好友，向我讲述了下面这个温暖的故事。一天，他偷偷溜进宿舍，与一位女佣约会。突然，他们听到楼梯处传来一阵沉重的脚步声，惊慌不已。匆忙间，我的这位朋友将女孩架上窗台，拉上窗帘，盖住了她的身型。林先生走进房间，一定注意到了三扇窗户中只有一扇拉着窗帘。更惨的是，我的朋友惊恐地注意到，女孩的脚很明显地从窗帘下面露了出来。朋友坚信，林先生一定明白发生了什么事，但假装浑然不知，也许他的这种态度是基于“男生本色”的想法，于是问道：“这个时候你在宿舍做什么？”“就是上来换双袜子，先生。”“哦，那快点下去吧。”林先生的宽宏果然没错。后来，这位男生成了他那拨奥多毕业生中最成功的一位，担任一家著名大型跨国公司的首席执行官，也为奥多慷慨捐赠了许多财物，其中还包括以彼得·林命名的奖学金。

学校校长这个身份，总让人感觉疏远而令人敬畏。驼背的格斯·斯坦恩弗斯只教过我一个学期的神学课，我们都很怕他。我们要阅读《天路历程》（*Pilgrim's Progress*）这本书，然后还要为这本令人不快的书籍自行创作出一幅画作。在奥多任职到一半，斯坦恩弗斯就离开了这所学校，到他的母校威灵顿担任校长。奥多的校长一职由迪克·奈特接任。奈特先生身材高大，善于运动，因为球技精湛（他曾代表威尔特郡参加板球比赛）和年度清唱剧中的嘹亮歌喉而赢得同学们的一致尊重。他开着一辆粗犷的劳斯莱斯轿车，从车座和方向盘的位置上看，我猜想，这是一辆 20 世纪 20 年代的经典老款车，与后来外观时髦的车型迥然不同。我和另一位同学去牛津参加入学考试和学院面试时，碰巧他也去牛津出差。奈特先生得知我们在牛津的消息后，与夫人慷慨地请我们搭乘他们这辆古旧的劳斯莱斯回校，路上，他小心翼翼地谈到了我对基督教的反叛态度。奈特先生是一位正派、慈爱、富有智慧的基督教徒，对英国国教那宽容忍耐的特质身体力行。与这样一位智者攀谈，对我颇有启发。他似乎对我的行为动机由衷地感兴趣，并未夹杂一丝的谴责。多年以后，在他的讣告中，我得知，奈特先生年轻时曾是一位杰出的古典学者，也是一位优秀的运动员，退休之后，他还在函授大学获得了数学专业学位。桑德森先生一定会对他赞赏有加的。

关于我从奥多毕业之后的发展，除了牛津的贝利奥尔学院之外，父亲和祖父从未想过其他地方。当时，贝利奥尔依然在牛津所有学院中居于首位，报名考试的学生最多，从那里毕业的校友也不乏著名人士：作家、学者、政治家，世界许多国家的总理、总统。为了我的前程，父母专程去与约恩·托马斯见了面。托马斯先生目光现实，态度坦诚："嗯，他可能勉强能进牛津，但贝利奥尔这个目标太高了。"

也许，托马斯先生曾怀疑过我的资质是否配得上贝利奥尔的大名，但这位优秀而伟大的教师，还是鼓励我大胆尝试一下。我定期在傍晚到他家接受课外辅导（当然是免费的，他就是这样一位不求回报的老师），在他的谆谆教导下，我竟然真的考进了贝利奥尔。更重要的是，我真的进了牛津。而牛津，正是那个塑造了我人生方向的地方。

An Appetite for Wonder

09

牛津，梦幻塔尖之城

1959 年，我进入牛津大学贝利奥尔学院读书，这是牛津最古老的学院之一，也是我们家族多位长辈读书的地方。在此对我影响一生的，就是牛津大学独有的“导师制”。本科阶段，我结识了很多朋友，也确定了一生的研究方向。

The Making of a Scientist

“联邦制”的牛津

“道金斯先生？请在这里签到。我还记得您的三位哥哥呢，其中一位在球队是非常优秀的边锋。您也打英式橄榄球吗，道金斯先生？”

“我不打橄榄球，嗯，我也没有哥哥。您说的一定是我父亲和我的两位叔父。”

“那就是了，他们当年都非常优秀。请在这里签到。您在 11 号楼梯的 3 号房间，与琼斯先生同住一间宿舍。下一位？”

入学签到时的对话，大概就是上面这个样子。当时也没有逐字逐句地记下来。贝利奥尔学院这位戴着圆顶礼帽的门房，似乎永远看不到时光的流逝。一批又一批年轻人来了又去了，但学院一直在这里，不曾改变。我上学的时候，正好赶上了贝利奥尔学院的 700 周年庆典。提到门房这个忠实而古老的职业，我不得不说一说我现在所在的学院——牛津大学新学院的首席门房。他最近给我讲了一则轶事：一位没经验的新门房居然没搞清楚门房记事本的用途。他第一天值夜时，竟记录了下面这些内容（大致内容，细节可能不一定正确）。

晚 8 点：下雨。

晚 9 点：还在下雨。

晚 10 点：雨下得更大了。

晚 11 点：雨还在猛烈地下。我巡查时，能听到雨点重重地砸在头顶的礼帽上的声音。

需要在此解释一下。牛津大学，是一所联邦制大学，由 30 所学院联合组成。贝利奥尔学院就是其中一所，也是牛津大学三所自称最古老的学院之一。除了后来新建的学院之外，每所学院都围绕着方形院落建成。如今的酒店或居民楼中，一般都有水平走向的走廊，在走廊一侧或两侧是各个房间的大门。牛津这些美丽而古老的建筑却并非如此，而是通过许多楼梯，从院落通往房间。每座楼梯都能通往三四层楼上的一些房间。由此，每间房间都有一个楼梯编号和属于该楼梯的房间编号。若想去邻居那里串门，可能还需要走下楼梯，来到院子里，然后再爬上另一座楼梯。我上学的那个时候，每座楼梯有一个卫生间，这样，我们就用不着为了方便一下，而穿着便袍顶着冷风跑到外面去了。如今，这些房间早就装配了室内的独立卫生间，在我父亲看来，这样的进步“太矫情了”。我想，之所以要在房间中配备卫生间，主要是为了服务于获利颇丰的会议活动。每个学期，牛津和剑桥的各个学院都会定期组织各类会议。

牛津和剑桥的学院是财务独立、管理自主的机构，其中一些学院，譬如牛津的圣约翰学院和剑桥的三一学院，都“腰缠万贯”。这里要提一句，三一学院不仅有钱，而且也取得了令人瞩目的丰厚学术成就。这所剑桥学院中的学者所获得的诺贝尔奖数量，比世界绝大多数国家的诺贝尔奖数量都要多，美国、英国（显而易见）、德国和法国除外。牛津大学也拥有与之相媲美的荣誉，却没有一所牛津的学院拥有能与三一学院相提并论的成就，就连贝利奥尔学院都无法与之比肩，而贝利奥尔是牛津大学获得诺贝尔奖数量最多的学院。说到这里，我才意识到，我父亲是既在牛津贝利奥尔学院读过书，又在剑桥三一学院求过学的为数不多的人之一。

在牛津和剑桥，大学和学院之间的关系，就像美国联邦政府和州政府之间的关系一样，颇为紧张。理科学术研究的兴起，提高了“联邦政府”（大学）的权威和重要性，因为理科这项工程太过宏大，任何一所学院都无法凭借一己之力去驾驭（虽然其中一两所学院曾在19世纪时尝试过独自挑起理科的担子）。理科的各个科系，隶属于大学之下，而对我来说，正是动物学系，而非所在的学院，主宰了我在牛津的生涯。

“成年人”的渴望

入学时遇到的那位门房称我为“道金斯先生”，记得那时，还没有什么人这样称呼过我，更没几个人将我视为一位成年人，因此，这样的称呼和态度还令我有些不太习惯。我们那个年代的大学生有个特点，都愿意费尽心思让自己看起来比实际年龄更加成熟。后来的年轻人则出现了与我们那个年代截然相反的倾向，喜欢连帽衫和棒球帽，衣着邋遢，在肩上挎个松松垮垮的帆布背包，有人还喜欢穿着更加松垮、“摇摇欲坠”的肥大牛仔裤。回想我们那时候，同学们更喜欢带有皮制垫肘的花呢西装、修身的马甲、灯芯绒长裤、软毡帽，还喜欢留起小胡子，系上领带，有时还会系领结。有些人甚至会叼上烟斗，为这样一副老成打扮“锦上添花”（虽然有我父亲做榜样，但我没有叼烟斗的习惯）。我的许多同学都比我大两岁，因此这样矫揉造作的打扮也不算太过分。与我一般大的同龄人，是战后第一批没有从军的。而1959年直接从中学校门跨进大学校门的我们，要与那些在军队中磨炼过的“老男人”们一起学习和生活，这样的现实，就更激起了我们被视作“成年人”的渴望。我们将猫王抛在脑后，听起了巴赫或现代爵士四重奏。我们一本正经地吟诵着济慈、奥登和马维尔的诗句。

蒋彝在描绘更早期牛津生活的作品《牛津画记》(*The Silent Traveller in Oxford*)中，用他那优雅的中国笔墨，形象地展示了当时的牛津。其中一幅画作中，两位新生正在学院的楼梯上两级两级地跳着走。他还在画作外加上了极富洞察力而令人寻味的一句话："一看便知是新生，因为我听到其中一位对另一位说，'你喜欢雪莱的诗吗？'"

军旅生涯会将男孩变成男人。这一主题，让我想起了瓦德汉学院富有传奇色彩的院长莫里斯·鲍勒(Maurice Bowra)的一则轶事(关于鲍勒的故事太多，根本讲不过来，而这个故事是其中非常有意思的一则)。战后不久，一位年轻人前来面试学院的一个职位。

> "先生，我一直在军队参战，必须承认，我已经把拉丁文忘光了，肯定通不过入职的拉丁文考试。"
>
> "好孩子，不用担心。参战就抵过拉丁文了，参战就抵过拉丁文了。"

1959年，从军队中退役的那帮年龄比我大的同学，并不像鲍勒面试的这位"好孩子"那样"久经沙场"，但也浑身散发着久经世故的沧桑和成熟，而我却不具备这样的气质。就像刚才讲到的一样，我觉得我们那一代人，之所以喜欢叼着烟斗，系着领结，留着精心修剪的小胡子，很可能就是追随了这帮退伍"老兵"的步伐。如今的大学生之所以向往与我们那代人完全相反的外形，会不会是因为内心存在回归幼龄的倾向？现在，大学开学第一天，校园的公告牌上总能见到这样的告示："新生们！觉得孤独吗？迷失吗？想念妈妈吗？来喝杯咖啡聊聊天吧。我们爱你。"如此充满宠溺语气的邀请，在我初入大学校园时简直无法想象。我那个时候的公告牌上，全是斟言酌句的告示和通知，不禁令我感觉自己进入了一个成年人的世界。就算是寻物启事，也要写成这样："请问那位'借用'我雨伞的'绅士'，可否将雨伞归还至……"

图 23 是我的祖母和她的爱犬苏珊在花园里，那也是我父母第一次相见的地方。

图 24 是我父母在战争前夕结婚时拍的照片。

图 25 是我母亲的妹妹——黛安娜姨妈。她后来成为我比尔叔叔的妻子。

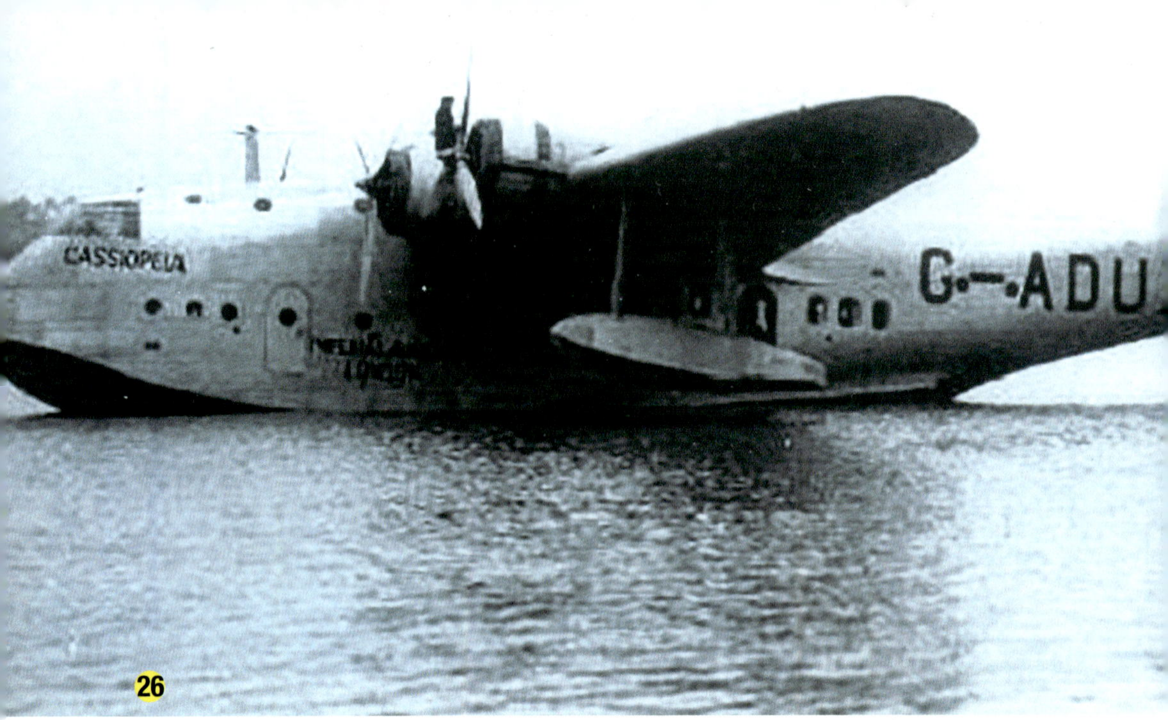

我母亲的非洲之行乘坐“仙后座”邮轮（图 26）。到达之后，发现我父亲已被征调，于是母亲跟随父亲一起到了肯尼亚（不合法）。父母安营扎寨的宿营地有很多，图 27 是他们在某个宿营地吃早饭的情景。

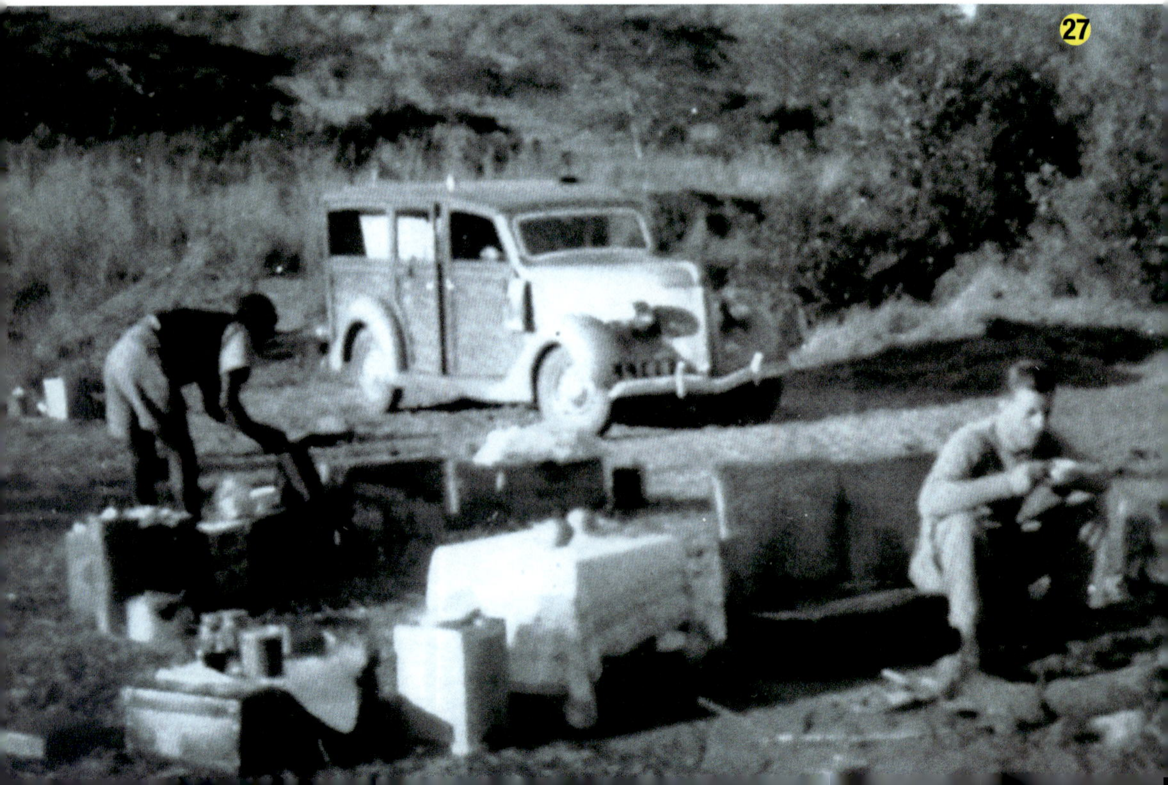

28 29

图 28 是战争中父亲的照片。图 29 是在一座临时搭建的小桥旁，母亲在河边洗脸的情景。图 30 是童子军创始人贝登堡勋爵的军事葬礼。父亲小时候也是童子军，于是被选为护柩者之一，与炮车一同行进。碰巧的是，走在他旁边的高个子军官，正是“跑马地”的埃罗尔勋爵。这次葬礼后不久，埃罗尔勋爵就在一直没能破案的“白祸”谜案中惨遭谋杀。

30

31 为了对家庭生活做些标记，我母亲有绘制大幅画作的习惯，内容包括风景和一些发生的事情。图 31 是一幅名为《我们曾经的交通方式》画作的一小部分，是她 1989 年为了纪念金婚而绘制的。画面上除了常见的非洲景色之外，还有我父亲在索马里用过的装甲车，我母亲和我一起大踏步行进，马拉维湖边的沙滩，我的宠物变色龙，我们的宠物婴猴，我们的房子，我用玩具卡车推着妹妹莎拉的情景。

NCHENA
CHENA
LILONGWE
CHITALA
TIWI
NCHISI
NCHEU

32

33

我在很小的时候就特别敬仰我父亲（图 32），陪他爬乞力马扎罗山的一些低矮山坡（图 33）。在非洲，我奋力推我的婴儿车（图 34）。后来，我们搬到马拉维，在那里，我好像特别讨厌我母亲在花园里上缝纫课（图 36）。1946 年，我短暂离开非洲，回英国探望我的祖父母和外祖父母。在此期间，我的叔父比尔和我的姨妈黛安娜在马利恩结婚。图 35 是我们一家在海湾野餐时拍摄的照片。

34

35

36

37  38

39

40

返回马拉维后，我们住在利隆圭，我父母买了第一辆汽车（图37）。图38是我们当时的全家福。7岁时，我被送到金鹰学校就读，这是一所寄宿学校。图39是当时的合影，第二排左数第三个男孩就是我。那时，我收集了很多漂亮的燕尾蝴蝶（图40）。

专业选择

我申请了生物化学专业。面试我的导师是和蔼可亲的桑迪·奥斯通（Sandy Ogston），他后来当上了三一学院的院长。当时奥斯通博士将我婉拒，并为我提供了一个读动物学的机会。也许他做出这个决定，是因为他本人就是生物化学专家，如果收我为徒，就不得不手把手地教我。我充满感激地接受了奥斯通博士的建议，后来发现，动物学竟是最适合我的完美选择。生物化学不可能像动物学那样，点燃我的热情，激起我的兴趣。奥斯通博士果然是位不一般的智者，单是看到他蓄着灰色胡须的外形，就令人心生崇敬。

贝利奥尔学院没有动物学系的导师，于是，我便被分到学院之外，遇到了动物学系那位性格开朗的彼得·布鲁奈特（Peter Brunet）博士。他负责对我的辅导进行总体安排。跟随布鲁奈特博士接受辅导，一开始便经历了一件事，令我的态度从学院角度逐渐转向了大学角度。我问了布鲁奈特博士一个胚胎学方面的问题。"我不知道，"他一边抽着烟斗，一边沉思道，"很有意思的问题。我去问问费奇伯格，回头向你汇报。"费奇伯格博士是动物学系的资深胚胎学家，因此这样一个答复完全合理。而当时，我对布鲁奈特博士的态度印象非常深刻，还就此事给父母写了封信。我的导师不清楚问题的答案，要专门去向专家请教，然后"汇报"给我！真是让我感觉自己是正式加入了"大人"们的行列。

迈克尔·费奇伯格（Michael Fischberg）是瑞士人，带着一口浓重的瑞士德语口音。他讲课时，总是提到一个叫作"湿条"的东西，听课的学生们都在笔记中乖乖地记下了"湿条"二字，后来老师在黑板上把这个术语写下来时，我们才知道，原来他说的是"舌条"：胚胎发展到某一特定阶段的特点。费奇伯格博士在牛津时，对我们的英国国球板球产生了浓厚的兴趣，还成立了一支系队，自己担任教练。他的投球动作非常与众不同。和棒球投手不一样的是，板球投手要保持手臂笔直。不允许采用投掷的动作，胳膊不能打弯。由于有了这样的限制，唯一能以一定的速度将球推射出去的办法，就是投手跑起来，然后在跑动的过程中将球抛出去。全世界速度最快的投手，比如澳大利亚那位令人敬畏的杰夫·汤姆森（Jeff Thomson），曾取得过球速每小时 100 英里的成绩（可与弯曲手臂投球的棒球投手球速相比）。这些投手会在投球之前快速奔跑，之后手臂笔直、举手过肩，配合奔跑的节奏，优雅地将球抛出。而费奇伯格博士则并非如此。他面向击球手，一动不动地站在原地，水平举起手臂，仔细瞄准球门，然后胳膊甩出一道弧线，在最高点让球脱手。

我的板球打得很烂，而动物学系实在找不到其他人选，别无他法时，也会拉我去打上一场。虽然打得不怎么样，但我却非常喜欢观赏板球比赛，尤其喜欢琢磨队长在击球手周围安排外场员的策略，就像象棋大师一步步稳扎稳打，直抵对手老巢。我曾经见过的，在牛津大学公园板球打得最好的一位是帕陶迪的行政长官（外号“老虎”），他也是牛津大学的队长，我在贝利奥尔学院的同届同学。他担任击球手时，能不费吹灰之力，机智地躲过外场员的攻击，技术叹为观止。而尤其令我印象深刻的，则是他担任外场员时。一次，一位击球手打出了一击看似很容易得手的球，没想到发现随球跑过来的外场员竟是老虎，于是发狂似地对同伴尖叫，让他们赶快回到击球线。不幸的是，老虎后来在一次车祸中瞎了一只眼，不得不改变击球姿势，以充分利用他的独眼。尽管如此，他依然十分优秀，继续担任印度队的队长。

影响我一生的导师制

我曾说过，牛津是那个塑造我的地方，而其中对我影响最大的，则是牛津和剑桥独有的导师制。牛津的动物学课程设置，也包括讲座式授课和实验课，但这些和其他大学并无差别。有些课讲得好，有些课讲得糟，而我对课程讲授的好坏却抱着无所谓的态度，因为当时的我根本想不通听讲座式课程有何意义。上课听讲并不能吸收多少信息，因此我（以及所有的大学生）去上课听讲并没有多大作用，而上课，无非就是奴隶般地记笔记，根本没有时间用来思考。记得我唯一一次放弃记笔记的习惯，还是因为忘了带笔。坐在我旁边的是位女同学，我实在太害羞，不好意思管她借笔（从小到大，我都在男校中度过，害羞到了无以复加的地步。当时我对所有女生都抱有男孩子独有的敬畏心，可以想见，我连根笔都不敢借，那么比借笔更有意思的事情，就更不会发生在我身上了）。于是，那堂课，我没有记笔记，只是听讲——然后思考。那次课讲得并非无与伦比的精彩，但我从中吸收到了比其他任何一节课（有些课其实讲得更好）都要丰富的知识和体验，因为我没有笔，所以从记笔记中解放了出来，有精力去听讲和思考。然而，我没有从中吸取经验教训，在后来的课堂上，还是继续像以往那样马不停蹄地记笔记。

从理论上讲，记笔记是为了在课程结束之后回顾相关知识，但我从未回头看过一眼我记下的内容，而且我觉得大多数同学也不会看。课程的目的，不应该是传授信息。我们有书本、图书馆，现在还有互联网，这些媒介都提供了足够充裕的信息。课程的目的，应该是启迪、激发学生的思考。一位优秀的讲师，思想和思路会如行云流水般通过语言展示出来，某个想法，会像著名历史学家 A.J.P. 泰勒（A.J.P. Taylor）的风格那样，活灵活现地绽放在你眼前。优秀的讲师，会将思维过程叙述出来，不断地回顾、沉思，为了清楚明确的表达而不断重复、完善、犹豫，然后确凿地肯定，语速和思维速度不断变化，因为思考而停顿，这样的讲师，可谓就某一主题进行思考，并为某一思想注入激情的典范。如果讲师讲起课来好像在读书，那么讲台之下的学生还不如自己去读，而且很可能从讲师手中的那本书里就能读到。

我给出不做笔记的建议，多少有些夸张的成分。如果讲师提出了某个独到的想法，这个想法能激发你的思考，那么完全可以记下一段备忘，提醒自己之后再思考一下这个问题，或去查找某些相关信息。但像我当年那样，不遗余力地试图记下讲师说出的每一句话，这种做法对听课的学生来说毫无意义，也会令讲课的教师丧气。现在，每逢给学生讲课，展现在我眼前的就是一片头顶，学生们都埋头在自己的笔记本中忙着记笔记。我更喜欢给业余听众做演讲，喜欢参加学校的文学节、纪念讲座、嘉宾讲座等活动，因为在这些活动中，学生之所以来听课，是因为他们想听，而不是因为这堂课在课程设置之中，不得不听。在这样的公众演讲中，讲师看到的，不是埋头奋笔疾书的头顶，而是带着微笑的专注面孔，还有他们脸上领会的欣然或不理解的迟疑。在美国讲课时，如果听到某位教授“要求”学生来听我的讲座，并为我的讲座分配“学分”，我就会非常不高兴。我对“学分”的概念并不怎么看好，而得知学生听我的讲座是为了拿学分时，我会更加反感。

简·丁伯根（Jan Tinbergen）是软体动物课的讲师，就这样，我开始与他打交道。他称，自己对软体动物这个门类并无多大兴趣，只是觉得牡蛎比较美味。但他还是沿袭了动物学系的传统，接受了为每位讲师随机分配的课程。我至今仍记得软体动物课时，丁伯根那迅捷的板书，深沉的嗓音（对于这样一位身材短小精悍的人来说，如此深沉的嗓音多少都令人有些吃惊），隐约略带荷兰口音的英语，和温和友善的笑容（当时我觉得，他的笑容中透出了父爱般的慈祥，虽然那时的他比现在的我要年轻许多）。第二年，丁伯根又为我们上了一门课。这次讲的是动物行为学，而那父爱般慈祥的笑容，这次更带有了热情洋溢的光彩，因为这门课正是他的研究课题。记得他的研究团队在坎伯兰郡拉文格拉斯的鸥类栖息地进行研究的全盛时期，我有幸观赏了他那部关于黑头鸥蛋壳移除的幻灯片，着魔般地不能自拔。我尤其欣赏他对图表的构思和布局，他将帐篷支柱放在沙地上作为坐标轴线，在相应的位置上摆好蛋壳作为数据点。多么富有丁伯根风格的做法！多么脱离 PPT 的原创精神！

每次讲座课后，都有一堂实验课。我在实践性工作上并没有什么天资，那个时候的我，还是个青涩的毛头小子，异性让我分心的程度，在实验室中比在教室中更甚。说实话，真正令我受教育的，只有导师制，我要永远感激牛津这样一份独一无二的馈赠。之所以说独一无二，是因为至少从理科课程的辅导课角度来看，甚至连剑桥都无法与牛津相媲美。剑桥本科生前两年的课程——自然科学综合课程第一部分，涉及的知识非常广泛，但也正因为如此，而无法像牛津那样，令学生成为一套学科（虽然涉及的学科数量很少）的综合权威（这么说只是有一点点夸张而已）。我曾在一篇文章中对此进行了阐释，该文章发表于多处报纸杂志，还在著作《牛津导师制："多谢你教会我如何思考。"》（*The Oxford Tutorial: 'Thanks, you taught me how to think'*）中加以详解。以下一些内容来自这篇文章。

前面讲过，牛津的课程并不是"课堂主导"型的，不像许多大学生以为的那样，认为课堂上讲到的内容就应该是考试时直接考查的。与此相反，我上学的时候，就连动物学这一学科本身，都可以任考官据理评判。唯一不成文的传统限制，就是任意一年的考试内容，不能太过偏离前一年涉及的内容。同样，导师制也不是"课堂主导"的（恐怕如今情况已有所变化）而是以动物学为主导的。

倒数第二个学期，彼得·布鲁奈特帮我争得了由简·丁伯根亲自辅导的殊荣。丁伯根博士一人撑起了所有动物行为学课程的大梁，完全可以进行"课堂主导"型的辅导。但他却没有这样做。每周的辅导作业，是阅读一篇博士论文，然后写一篇文章。文章中要包括对论文的理解、论文主题的历史回顾、后续研究建议，以及对论文中提出的各项问题进行理论和哲学探讨。导师和学生从来没有考虑过，这样一份作业，是否会对在考试中拿高分有直接帮助。

还有一个学期，我的导师发现我对生物学的偏爱比他本人更具哲学性，于是安排我接受了亚瑟·凯因（Arthur Cain）的辅导。凯因当时是动物学系炙手可热的新星，后来他去曼彻斯特大学担任动物学教授，之后又去了利物浦发展。凯因的辅导并没有被课程设置中的任何一门课牵着鼻子走，而是让我去读历史著作和哲学著作。能不能将动物学和我读到的这些书联系在一起，就看我自己的本事了。我做到了，为此感到非常开心。并不是说我那些关于生物学哲学含义的幼稚论文有什么值得一读之处，现在回想起来，那些文章确实不够成熟，但我可以说，我从来没有忘记过撰写那些文章时心中的愉悦，还有在图书馆查阅资料时，感觉自己当上了一名真正学者的喜悦之情。

我在撰写那些关于动物学主题的主流文章时，也获得了同样的快感。我不记得是否上过关于海星液压系统的课程。可能上过，但上过与否的事实，并不影响我的导师布置了一篇关于这个主题的作业。海星液压系统，是动物学中诸多高度专门化的主题之一，现在能回想起来，也是因为当初写过一篇关于这个主题的文章。海星没有红色的血液，而是吸收海水进入自身管道，通过错综复杂的管道系统不断循环。这些管道在海星身体的中心部位形成一个圆环，然后顺着各个分支管道，延伸到五个触角。吸入管道的海水，存在于一种独特的液压系统中，这一系统操控着遍布五个触角的无数微小管足。每个管足末端都有一个小小的吸盘，这些管足共同合作，不断伸缩，推动海星向某个方向前进。管足的动作并不统一，却是半自动的，如果在紧要情况下，环口神经环向管足发出指令，不同触角上的管足就会向相反方向推进，将海星一分为二。

至今，我对海星液压系统的知识依然记忆犹新，但重要的并不是这些知识本身。真正重要的是导师鼓励我们去探索这些知识的方法。我们并没有埋头苦读教科书，而是走进图书馆，去查阅古今各类文献，我们沿线索不断查找大量的研究著作，用一周的时间，几乎能将自己武装成为关于这一主题的综合权威（现在的学生可以利用互联网完成这项任务）。我们从每周一次的辅导课上获得的鼓励，意味着我们并不只是去“阅读”关于海星液压系统或其他任何主题的文章。记得在那一周的时间里，我连吃饭、睡觉、做梦，都是海星液压系统。闭上眼睛，眼前依然是管足的动作，瞌睡的脑子里，依然是海水通过液压系统不断循环的过程。将文章写出来，对我而言就是一种宣泄，而辅导课，就是对这一周努力的总结。下一周，又有新的主题，图书馆里，还有新的知识等待我发掘。在这里，我们接受的是真正的教育。我认为，正是因为有了这种一周接一周的培训，我才拥有了如今为众人所品评的写作能力。

布置海星论文的导师是戴维·尼克尔斯（David Nichols）。后来，他到艾克赛特大学担任动物学教授。在将我塑造成为一名年轻的动物学家的过程中，另一位值得一提的导师是约翰·库瑞（John Currey），他后来当上了约克大学的动物学教授。他教会了我许多知识，其中也包括他最喜欢提及的动物体系中的“蹩脚设计”（如今也是我最常提及的例子）：喉返神经。我在《地球上最伟大的表演》（*The Greatest Show on Earth*）中曾写到，喉返神经并不是从大脑直接到达终端器官——喉头，而是绕道进入胸腔（对长颈鹿来说，就是绕了一个大弯），在胸腔围着一条大动脉转一个圈，然后再回到颈部的喉头。这的确是名副其实的蹩脚设计，而一旦将设计抛之脑后，从进化史的角度思考问题，就完全解释得通。在我们的鱼类祖先体内，该神经曾走出最短路径，这条路径就位于那条动脉的后部。而当年，那条动脉负责为腮部供应血液。鱼类没有颈部。当我们的祖先从水中来到陆地后，颈部开始延长，而那条动脉则相对于头部移到了后面的位置，在漫长的进化过程中，一点一点地离喉头越来越远。一开始，这条神经只是绕了一个小弯，但之后随着进化的发展，这道弯变得越来越长，到了现代的长颈鹿体内，就绕出了长达几米的大圈子。几年前在一部电视纪录片里，我有幸参与了一只刚死去几天的长颈鹿的喉返神经的解剖工作。

我的遗传学导师是罗伯特·克利德（Robert Creed）。克利德当年曾师从于性格古怪、反感女性的唯美主义者 E.B. 福特（E. B. Ford），而福特则备受 R. A. 费舍尔（R. A. Fisher）的影响。在福特的教导下，我们都对费歇尔报以崇敬之心。在这些辅导课和福特博士的课堂上，我学到，当考虑到基因对个体的作用时，基因之间并不是相互无关的。某一基因对个体的作用，会受到基因组中其他“背景”基因的影响。基因之间会相互改变对方的影响力。

后来我自己当上导师时，专门针对此问题构思了一个类比，以便向学生进行阐释。床单的形状代表个体，通过房顶一串挂钩上拴着的几千根绳子，挂成与地面保持基本平行的状态。每根绳子代表一个基因。绳子与房顶之间张力的变化，代表基因的突变。而这一类比的关键点在这里：每根挂着床单的绳子，与其他绳子之间不是相互独立的，而是互相连接缠绕，仿佛复杂的翻绳游戏。这就意味着，当任意一个“基因”出现突变时（与房顶挂钩间的张力发生改变），所有其他与这根绳子相交织的绳子，其张力也同时发生改变，在翻绳游戏的所有绳子中，产生一系列的顺带效应。而床单（个体）的形状，也由此受到所有基因相互作用的影响，而不是靠每一个基因凭借“独自”的作用，单独改变那一小部分床单的形状。事实上，没有哪个基因“占据”着床单的任何一部分。个体与宰牛图解不同，不是说身体的某一部分能对应上具体的基因。而是一个基因在与其他基因的互动下，产生对整个个体的影响。在对这一类比进行阐释时，还能顺带提到非基因的环境影响，就用从墙上的挂钩拉出来的翻绳游戏来表示。

如今，对动物之间相似性和不同之处进行数学衡量从而进行分类的数字体系，依然饱受学界诟病，而我正是从之前提到的亚瑟·凯因处了解到这套体系的。同时，我还从凯因博士处学到了自然选择拥有将事物趋于极端完美的力量，虽然也能包容像刚刚提到过的迂回的喉返神经这样重要而有趣的例外情形。上述两个影响，让我多少有了些对动物学界主流正统思想的不同意见。凯因还教会我不要总是将“单纯”这个词挂在嘴边，自从他提到这件事之后，每次开口，我总会有意识地避免提及这个词。“人类不单纯是一堆化学元素……”当然不是，而当你说出这句话时，不过是说了一句毫无意义的话，而“单纯”这个词实在有些多余。“人类不单纯是动物……”这样一句话说出口时，除了陈词滥调之外还有什么？“单纯”这个词在这句话里起到了什么重要作用？动物有何单纯不单纯可言？还是一句没有意义的话。如果你想说点什么有意义的事，那就直接说好了，没必要兜圈子。

凯因还给我讲了一个关于伽利略的故事，至今，这段故事依然令我记忆犹新。这个故事对文艺复兴科学发展的新现象进行了总结。伽利略向一位渊博学者展示从望远镜中观察到的天文现象。这位学者看后说道：“先生，您的望远镜中展示出的图像真的很有说服力，如果不是因为亚里士多德曾表达过相反的意见，我一定会相信您的。”如今，如果有人只是因为某位权威持相反意见而拒绝接受真实的观测或实验证据，那么这样的态度一定会令我们十分惊讶。但这正是这个故事的关键所在。如今的学术界早已没有当年的风气了。

对我们动物学系的学生来说，辅导课几乎从来不在学院里上，而是安排在动物学系里。这一点和历史、英文或法律专业的学生不一样。动物学系位于大学博物馆的附属建筑中，在建筑的楼梯上，总能见到学者们上上下下的身影。之前提到过，正是这混杂着房间与走廊的环境，才是我存在的中心。这样的体验，与非理科专业的牛津学生完全不同。老派的学院导师认为，在学院的环境之外接受辅导，并不是最理想的选择。而我的亲身体验却恰恰相反。每个学期接受不同导师的辅导，总能给我耳目一新的感觉。在我看来，个中原因非常显而易见，不必多述。

我在贝利奥尔结交了一些朋友，大多数都是非理科专业的学生。尼古拉斯·泰亚克（Nicholas Tyacke，后来，我与他成为室友。他之后当上了伦敦大学的历史学教授）和艾伦·莱安（Alan Ryan，他后来成为著名的政治哲学家，当上了新学院的院长）与我使用同一座楼梯。我有几位朋友参加了学院的表演联谊会，他们带我欣赏了一些业余演出。最打动我的一次演出，是贝利奥尔学院戏剧社团表演的罗伯特·阿德里（Robert Ardrey）的《英雄之影》（*Shadow of Heroes*）。这一剧作是关于1956年匈牙利革命的故事。贝利奥尔表演者剧团带给大家的则是更加轻松的作品。这支剧团四处演出，每年都能上演一部阿里斯多芬尼斯（Aristophanes）话剧的改编版。我想，在20世纪20年代，贝利奥尔表演者剧团刚刚成立时，一定是按阿里斯多芬尼斯的原著用希腊文进行演出的。但随着时间的推移，传统发生了改变，到了我上学的时候，剧团已经开始改编阿里斯多芬尼斯的话剧，并在其中融入对时事政治的讽刺。我那个时候，剧团的领衔人物是彼得·斯诺（Peter Snow），后来他也成了电视上的著名人物。另一位领衔者是约翰·阿尔伯里（John Albery）。阿尔伯里诙谐机智、才华横溢，是著名的戏剧王朝的成员。后来，他任教于牛津大学。阿尔伯里表演的蒙哥马利将军非常精彩（“上帝是这么说的，我与他意见一致……”），彼得·斯诺表演的戴高乐将军也同样令人拍手称赞。杰拉米·古尔德（Jeremy Gould）扮演哈罗德·迈克米伦（Harold Macmillan）时毫不费力，歌唱起来更是充满灵气。当时正值大英帝国的暮年，表演者剧团还曾呈上一首美妙的告别曲，这首曲子可能是约翰·阿尔伯里创作的，我只记得5句歌词：

日落与晚星，
从亚丁湾到桑吉巴，

帝国的边界正在分离，
最终的致敬之声响彻天际，
人们不禁去思考……

同样是因为戏剧的原因，我加入了维多利亚社团。在社团中，我度过了贝利奥尔生涯中许多难忘的快乐时光。我们每学期聚在一起一两次，边饮波特酒，边伴着钢琴唱一些音乐厅歌曲。负责主持的同学会邀请参加活动的同学们一个接一个地独唱他们各自钟爱的歌曲，然后我们所有人都会加入进来，跟着合唱。这些歌曲中，大多数都是欢快喜悦的，偶尔也穿插一些伤感的曲子，每逢此时，大家就会纷纷拿出纸巾，擦拭惆怅的泪水。结束之时，总会来上一首爱国主义歌曲。如果给我一次机会，重温贝利奥尔年代的一天，我愿意选择与维多利亚社团共度一个夜晚。

很久之后，我真的有机会重温到了当初的快乐。我的第二任妻子伊芙，也是我可爱女儿朱丽叶的母亲，带我来到了牛津郊外一个名叫伍顿的村庄，那里有一个凯林沃斯城堡酒馆，每周五晚都有歌唱活动。我们成了那里的常客。那里唱的是英式民谣，并非音乐厅曲目，饮的是啤酒，也不是波特酒，但在那里，我重新体验到了维多利亚社团的那种氛围：微醺的我们，沉浸在美妙音乐和周围同伴共同渲染出的欢乐气氛中。每逢周五晚间的歌唱活动，独唱者和演奏者（吉他、手风琴、玩具哨笛）总在四五个人或团体之间轮流，每个人的表演都有各自独到的妙处，所有人都有一套特别的保留曲目，而像我和伊芙这样的常客，自然对这些保留曲目再熟悉不过。我们还将有些曲子唱出了别具一格的味道，就像在维多利亚社团时一样，集体合唱总是整齐划一、节奏明快，和一般小酒馆中借酒当歌的随意氛围完全不同。伊芙还私下给这里的其他几位常客取了绰号：“两大杯”（一位身材高大、留着大胡子的年轻人，他那嘹亮而浑厚的男低音，就像他举起啤酒杯的臂膀一样富有力量感）；“老爹”（一位祖父般慈祥的老人，音色是和蔼的男高音，有时会在别人的独唱结束后，自告奋勇地来一段《雄知更鸟》）；“约翰·梅纳德·史密斯”（此人戴着眼镜，性格欢快，长得很像那位伟大的科学家）；“绿巨人”（少数几位唱歌走调的），等等。

夏日插曲

记得上大学那会儿，我和贝利奥尔学院的朋友们常去看电影，一般都是去沃尔顿街的斯卡拉电影院。我们最喜欢英格玛·伯格曼（Ingmar Bergman）、让·科克托（Jean Cocteau）或安杰依·瓦依达（Andrzej Wajda）等欧洲大陆导演的作品。英格玛·伯格曼在《野草莓》（*Wild Strawberries*）和《第七封印》（*The Seventh Seal*）中塑造的晦暗的黑白形象令我感触颇深，《夏日插曲》（*Summer Interlude*）中，情节转向悲剧之前的浪漫爱情画面也令我心动。这类电影，以及父亲带我了解的诗歌——鲁珀特·布鲁克（Rupert Brooke）、A.E. 豪斯曼（A.E.Housman）以及最主要的 W.B. 叶芝（W.B.Yeats）的早期作品，都让当年那个少不经事的我产生了脱离现实的浪漫幻想。和许多天真幼稚的 19 岁少年一样，我坠入了爱河——并非爱上了某位少女，而是单纯地爱上了爱情这种感觉。那时，我的生活中的确有一位少女，她碰巧正是瑞典人，与我那伯格曼引发的浪漫幻想不谋而合，但我心中的爱，不过是爱情本身的感觉，我爱上的是想象中自己扮演的那个悲剧的罗密欧的角色。后来她回了瑞典，我为她的离去而荒唐地惆怅了好一阵子，而她，一定早就忘却了与我的那段“夏日插曲”。

我的“第一次”是在那很久之后才发生的，一直保持处男身份到了很“老”的 22 岁。那时，我在伦敦，遇上了一位可爱的大提琴演奏家，在她家里，她为了给我演奏一段曲子而轻解罗裙（拉大提琴时，穿着紧身裙的确不方便），然后又一件件地脱掉了身上的所有衣裳。人们总是喜欢将自己的第一次描述得十分不堪，但我不会。那次经历十分美好，我现在能回想起来的感觉，就是自己为实践了人类亘古以来的体验而产生的触动：“是啊，没错，原来这就是那种一直存在的感觉。这就是从时间之始一直延续到现在的感觉。”对生物学家来说，对神经系统如何进化成为现在这个样子，使得性交成为人一生中所经历的最棒的体验之一，并不是什么难事。而就算从这个角度进行解释，也无法降低这种体验的曼妙程度，正如牛顿对光谱的解析从未削弱过彩虹的美好一样。而且，无论你一生中见证过多少次彩虹，只要彩虹挂上天际，你依然会心神舒畅。彩虹的美好，每次都是新鲜的，而人们的心，也随着这种美好和新鲜而荡漾。这个话题就到这里吧，每个人都有藏于心头的隐私。这本自传，不是那种类型的自传。

诗歌打动了年轻的我

对我来说，威廉·华兹华斯（William Wordsworth）并非我最欣赏的诗人。我想在这里引用几段我喜爱的诗作，因为这些作品曾经打动过那个年轻的我。这些语句，在我的成长过程中发挥了重要作用，至今依然令我记忆犹新。

跑过吹着风的山间，我们气喘吁吁，
阳光下的欢笑，绿草间的热吻。
你说，“繁华落尽”，这风、这阳光、这泥土，
依然在这里，鸟儿依然歌唱，
而我们，却老了，老了……
我说，“我们死去时，我们的一切都结束了，
生命会存在与其他的相爱之人、相吻之唇。”
“我心头的爱啊，我们正身在极乐，享受天堂！”
我们说，“世间最美好的，正是我们。
生命是我们的呼号，我们的信仰！”
“我们要毫不迟疑地走下去，

头戴玫瑰花环，无惧前方的黑暗！”……骄傲的我们，
大笑着，竟然说出了这么勇敢真实的话。
而你，竟满眼泪光，凄然转身。

——鲁珀特·布鲁克

不用告诉我，无须多言，
在这个温柔的九月散发的余波中，
在那金黄的玉米田里，
那位美人弹奏的是何旋律，
因为我与她相知已久，
我谙熟她的所有心情。

——A.E. 豪斯曼

我梦见自己站在山谷中，叹息连连，
因为幸福的情侣双双经过身边；
我还梦见离我而去的爱人从林中悄然出现，
云朵般苍白的眼睑遮住了梦幻般的双眼：
我在梦中叹道，姑娘啊，让情郎枕在膝前，
散开瀑布般的发辫，
请记住她的脸，这美丽此生不会再见，
直到山谷夷为平地的那一天。

——W.B. 叶芝

他们心连着心，并肩走来，
他轻声说，“看那里，看那花田远处的大海；
待玫瑰凋零，浪花依然盛开，
轻浮的爱总会逝去，但我们呢？是否不必理睬？”

风依旧吹着，海浪依旧翻着白，
花田中最后的花瓣也无可忍耐，
而那曾轻语爱意的嘴唇，曾闪烁泪光的眼睛，
爱却早已了无踪影。

——A.C. 斯温伯恩

父亲有个活页夹，里面收集了许多他心仪的诗歌，全是他亲笔摘录的。我自身对诗歌的审美，受到了父亲这份诗选的很大影响。如今，母亲依然保存着父亲的诗选。后来我才知道，原来这些诗歌的摘选，是从父母二十几岁时就开始的。那时，父亲还在剑桥读研究生，他在给母亲的情书中总会夹带上诗歌，一封信配上一首诗，这些都是母亲多年以来的珍藏。

话题还是回到我自己的大学时光。关于毕业之后如何发展的想法，我有自己的考虑。我从来没真的想过要与父亲一同务农，而且越来越希望能留在牛津，继续深造。其实，关于深造之后作何打算，我并没有十分明确的想法，也没想明白自己要做哪种类型的研究。彼得·布鲁奈特给了我加入一个生物化学研究课题的机会，我满怀感激地应承了下来，开始查阅相关的研究文献，尽管自身的热情并不高涨。但之后，我有幸跟随简·丁伯根上了动物行为学的辅导课。从那之后，我的人生轨迹便发生了变化。说到这里，我想到了一件事，其中带有些许的哲学意味。丁伯根似乎对我印象不错，他在呈交到我学院的期末评语中写到，我是他辅导过的最优秀的本科生（在此必须澄清一个事实：丁伯根并没带过多少个本科生）。不管怎样，反正这样的评语给了我很大的勇气，去问他是否愿意接收我做他的研究生。他点头了，我万分欣喜。我未来的道路就这样确定了下来，至少是接下来的三年时间确定了下来。现在想想，何止三年，我一生的道路，就是在那时确定下来的。

Nyeri
Lyamungu
Kabete
Nairobi

An Appetite for Wonder

10

与生俱来还是后天习得?

1963 年，我留在牛津大学继续深造，跟随简・丁伯根教授攻读研究生。研究的主题是“动物行为是与生俱来还是后天习得的”，我通过观察小鸡啄食行为，运用当时牛津的第一台计算机，提出了“驱动临界模型”。1967 年，我与玛莉安・斯坦普结婚。

The Making of a Scientist

别具一格的丁伯根团队

可能所有的科学家在回忆研究生时代时，都会觉得像田园诗一样美好。诚然，有些学校的研究氛围更具牧歌色彩，而 20 世纪 60 年代早期的丁伯根团队，却有些特别之处。汉斯·柯鲁克（Hans Kruuk）在那本满怀深情又不脱离实际的传记《尼克的天性》(*Niko's Nature*）中，将这种氛围描绘得惟妙惟肖。柯鲁克和我加入团队的时间，错过了戴斯蒙德·莫里斯（Desmond Morris)、奥布里·曼宁（Aubrey Manning）等人所描述的富有英雄主义的“中坚”时期，但我认为，我们那个时候也颇有当时的风范，虽然不能总见到丁伯根本人。丁伯根的办公室在动物学系主楼，而我们则在贝文顿路 13 号。贝文顿路 13 号这栋高瘦的建筑位于牛津北部，距离依附于大学博物馆的动物学系主楼约一公里的路程。

贝文顿路 13 号有一位德高望重的长者——迈克·卡伦（Mike Cullen)。可以说，他是我一生中最为重要的导师，我也相信，动物行为研究团队的同事们，对他也都怀有同样的崇敬之情。为了说明我们对这位长者的感激，我想在此引述自己于 2001 年在牛津瓦德罕学院卡伦教授的追思会上所致悼词的最后一段。

他本人并没有发表过许多论文，而他却在教学和研究中孜孜不倦，死而后已。他算得上是整个动物学系最受追捧的导师。他总是匆匆忙忙，披星戴月，而余下的一点个人时间也贡献给了研究工作。但这些研究，却不是他自己的研究。每个认识他的人，都能道出同样的故事。所有的讣告都以非常相似的语言讲述了他为人师表的风骨。

在研究的过程中，很容易遇到各种各样的问题。一旦问题出现，你就会立刻想到应该去哪里寻求帮助，而他总是随时准备提供这样的帮助。如今想来，那些过往恍若昨日。贝文顿路那拥挤的小餐厅中午餐间的交谈，那穿着红色毛衣的瘦长身影，永远带着孩子般的活力，微驼的身型，仿佛是被强大的智慧能量压弯的弹簧，有时还会因专注思考而摇晃。那饱含智慧的双眼，总在你话未出口时，就看透了你的心中所想。为了讲述得更加清楚，他会在信封背面画出草图。那凌乱的头发下面，眉毛还不时因为怀疑和探寻而挑起。然后，他不得不匆匆离开，也许是去上另一节辅导课。他总是那么行色匆匆。他会一把抓起他那个饼干罐的把手，消失在人群中。而第二天一早，你昨天提出的问题的答案已经出来了。卡伦教授用他那一眼就能认出的细小笔迹，满满地写了两页纸，常常配有代数运算、图表、参考文献，有时还加上他信手创作的两句小诗、一段拉丁文或古典希腊语。永远是鼓励的话！

我们当时对他很是感激，但那时的感激远远不够。如果我们想一想，就会意识到，他一定在那个数学模型上用掉了整晚的时间。他不是仅对我一人如此。贝文顿路的每个人都能得到同样的帮助。而且，他也不仅限于帮助自己的学生。我就是丁伯根的学生，不是他自己的。当我的研究内容更偏向数学领域，超越了丁伯根的辅导范围时，卡伦教授向我伸出援手，既不收取费用，也没有正式的拜师。而在我撰写毕业论文时，正是卡伦教授帮着我反复阅读，提出意见，为我逐字逐句地进行修改。而与此同时，他还要为自己的学生做同样的事。

我们不禁去想，他怎么会有时间去陪伴家人？他怎么会有时间去进行自己的研究工作？怪不得他很少发表自己的论文。怪不得他一直没能落笔写出众人期盼的动物交流领域的著作。其实，在那个黄金时代，从贝文顿路13号发出的数百篇论文，都应该将他列为合著者。而事实上，除了在致谢的部分以外，他的名字从未出现在任何一篇论文上……

科学家的成就，无论是职称还是荣誉，都要根据他发表的论文来判定。从这个角度来看，卡伦成绩寥寥。但如果他愿意像当下的学术导师一样，随时将大名加在学生发表的论文上，那么卡伦就会是一名传统意义上的成功学者，挂满各种传统的头衔。而当下的学术导师为学生论文所做的贡献，其实比卡伦当年的付出要少得多。而事实上，从更深层、更真实的意义上讲，卡伦教授成就卓越。我们内心清楚，真正令人敬仰的科学家是哪种类型的。

后来，卡伦去了澳大利亚。牛津很可惜未能留住他。多年以后，我去墨尔本做访问演讲，举办方为我召开了一个欢迎招待会。我呆呆地站在那里，手中举着一杯酒。突然，一个熟悉的身影冲进房间，像过去一样行色匆匆。与会的人都穿着西装，但这熟悉的身影却是一身便装。眨眼间许多年过去了，他依然是当年的样子，虽已年过花甲，但看起来却像30多岁——脸上洋溢着孩子般的热情，身上依然穿着红毛衣。第二天，他开车带我到海边，去看他钟爱的企鹅，我们半路停下来，观察长达一两米的巨大的澳大利亚蚯蚓。我们一直交谈到夕阳西下，话题并不是陈年往事和老朋友，当然也不是什么雄心壮志、研究拨款和在《自然》杂志发表的文章，而是围绕新科学和新思想展开。记忆中的那一天，竟是如此完美。那是我最后一次见到他。

我们可能认识其他像卡伦教授这样富有智慧的科学家，尽管人数不多。我们也可能认识其他为他人提供慷慨帮助的科学家，尽管数量更少。但我敢说，我们所有人都从未见过像他一样，如此渊博，同时又如此乐于奉献的科学家。

在瓦德汉教堂致悼词时，我几乎控制不住眼中的泪水。12 年后再次读起，依然满眼热泪。

我不清楚，贝文顿路 13 号同僚间的友谊是否属于例外情况，还是所有的研究生团队都拥有类似的团体精神。我想，大家共同在一个独立的办公地点相处，而非一座大型建筑，可以增加彼此间的交流与互动。后来，动物行为研究团队和戴维·莱克（David Lack）的爱德华·格雷野生鸟类学协会以及查尔斯·埃尔顿（Charles Elton）的动物种群处共同搬到了位于南公园路的那座丁伯根大楼里。在我看来，从那之后，团队中某些独特的氛围便消失了。但也有可能是因为我年纪渐长，肩上的责任更重了，所以感觉有所不同。无论原因为何，我一直对贝文顿路 13 号怀有一种挥之不去的好感，记得当年那些同事们，或是在周五晚间的研讨会碰头，或是在午餐时谈天，或是在“玫瑰与皇冠”酒吧的台球桌上一决高下：罗伯特·马什（Robert Mash）的幽默感极富感染力，我为他的著作《如何保护恐龙》（*How to Keep Dinosaurs*）作序时还提到了这一点；迪克·布朗（Dick Brown）这位烟不离手、酒不离口的学者，据说竟然是宗教徒；胡安·德利厄斯（Juan Delius）那古灵精怪的睿智，总能令人捧腹，德利厄斯的妻子乌塔性格非常可爱，她还给我上过德语课；身材高大，发色金黄的荷兰人汉斯·柯鲁克，后来为丁伯根撰写了传记；苏格兰人伊恩·帕特森（Ian Patterson）；研究塘鹅的专家布莱恩·尼尔森（Bryan Nelson），记得当年我初来乍到时，前六个月对他的印象，只有他的门上那谜一般的告示，“尼尔森在巴斯岩”。

留着大胡子的克利夫·亨提（Cliff Henty）；戴维·麦克法兰（David McFarland）是丁伯根的接班人，虽然身在心理学系，却是我们这个团队的名誉成员，因为他那性格活泼的妻子吉尔曾是德利厄斯的研究助理，夫妻俩每天都在贝文顿路共进午餐；薇薇安·本奇（Vivienne Benzie）介绍了两位充满阳光气质的新西兰女孩——琳·迈克凯奇（Lyn McKechie）和安·杰米森（Ann Jamieson）加入了我们的午餐团，她们也是我们这个团队的名誉成员。总是一脸灿烂微笑的卢·古尔（Lou Gurr）也来自新西兰；罗宾·莱利（Robin Liley）；天性快活的博物学家迈克尔·罗宾森（Michael Robinson）。

迈克尔·汉塞尔（Michael Hansell）后来成了我的室友；莫妮卡·尹普考文（Monica Impekoven）与我共同撰写了一篇论文；马莉安·斯坦普（Marian Stamp）后来成为我的妻子；希瑟·迈克拉那罕（Heather MaLannahan）、罗伯特·马丁（Robert Martin）、肯·维尔兹（Ken Wilz）；迈克尔·诺顿-格里菲斯（Michael Norton-Griffiths）和哈维·克罗兹（Harvey Croze）后来在肯尼亚组建了一家合伙咨询公司；约翰·克莱勃斯（John Krebs）之后与我共同撰写了三篇论文；胆气十足的伊恩·道格拉斯-汉密尔顿（Iain Douglas-Hamilton）在写作关于大象的论文时，在不得已的情况下中途离开了非洲；杰米·史密斯（Jamie Smith）与我共同撰写了关于山雀最适觅食的论文；蒂姆·哈里戴（Tim Halliday）是研究蝾螈的专家；肖恩·内伊（Sean Neill）开着修缮一新的经典老牌车，画漫画是一把好手；拉里·沙弗尔（Lary Shaffer）则是摄影高手。还有许多其他没有提到的朋友，在此向你们致歉。

周五晚的研讨会，是丁伯根团队每周的亮点。研讨会共计两个小时，每次的话题常常讨论不完，要在下次会中继续。研讨会的时间总是过得飞快，因为我们并不是用一个小时来听某个人催眠般的讲话，然后进行问答环节，而是将两个小时的时间全部用在活跃的讨论上。这样的氛围是丁伯根营造出来的，他总是在别人还没说完第一句话的时候就中途打断："是，是，但你说的……是什么意思？"实际上，他的问题并非表面上这样缺乏绅士风度，因为丁伯根之所以打断，是为了进一步澄清，而这样的澄清一般都是十分必要的。卡伦教授的问题更加犀利，因为他总是有备而来，所以颇令大家畏惧。其他令人瞩目的"提问大师"，还包括德利厄斯和戴维·麦克法兰，每个人的才智都有着自己独特的风格。我们其他人也会毫无保留地发表自己的意见，而这样的氛围，从我们加入的第一天起就未曾改变。丁伯根非常鼓励我们讨论。他总是坚持要求我们在研究过程中，对提出的问题要保证百分之百的明确。记得在访问剑桥麦丁里的兄弟研究团体时，我听到一位研究生在介绍他的研究成果时，开头说出了这样一句话："我做的是……"当时我非常震惊，要刻意克制一下自己，才没有模仿丁伯根的声音，脱口而出："是，是，但你要解决的是什么问题？"多年以后，我在麦丁里召开研讨会时，提到了这件事。当时并没有指出，当年那位研究生就是座席上一脸错愕的罗伯特·欣德——麦丁里团队才智惊人而极富魅力的领导者。他后来当上了剑桥大学圣约翰学院的院长。直到今天，我才道出实情。

与生俱来还是后天习得

丁伯根给我提出的问题，被人冠以"与生俱来还是后天习得"的名号。这句话引自莎士比亚剧作《暴风雨》(*Tempest*)。

10 与生俱来还是后天习得？

一个恶魔，一个天生的恶魔，
后天的养育无法改变他的本性。

几个世纪以来，哲学家们一直在思考这个问题。我们所掌握的本领，有多少是天生自带的，而稚嫩的心灵，究竟在何种程度上是一张白纸，等待着书写上一行行的内容，就像约翰·洛克（John Locke）的观点那样？

丁伯根本人和康拉德·劳伦兹（Konrad Lorenz）一样（二人共同开创了动物习性学）很早就加入了“先天”学派。丁伯根最著名的著作《本能研究》（*The Study of Instinct*）中将“本能”这个词用作“先天行为”的同义词，被定义为“不为学习过程所改变的行为”。动物习性学是动物行为的生物学研究学科。心理学的许多学派也对动物行为有所研究，但其侧重点不同。一直以来，心理学家将小白鼠、鸽子或猴子当作人类的替代品进行研究。动物习性学则始终关注动物本身，并非将其视为任何其他事物的替代品。因此，动物习性学家所研究的物种非常广泛，总是强调物种在自然环境中各种行为所发挥的作用。正如之前所言，动物习性学家始终强调“先天行为”，而心理学家则对“后天学习”更感兴趣。

20 世纪 50 年代，一些美国心理学家开始对动物习性学家的研究工作产生兴趣。其中比较著名的有丹尼尔·莱尔曼（Daniel S.Lehrman）。莱尔曼身材高大，不仅是心理学家，而且对自然史有着深厚的知识基础。他还能讲一口流利的德语，于是，为动物行为学两个研究分支之间搭起了有效沟通的桥梁。

1953 年，莱尔曼发表了一篇颇具影响力的文章，对传统动物习性学研究方法进行了批评。他严厉地批判了先天行为的整个概念，并不是因为他认为所有行为都是后天习得的（虽然他引述的一些心理学家的确秉承这样的观点），而是因为他认为从原则上讲，根本无法对先天行为进行定义，无法设计一个实验，来演示出哪个具体行为是与生俱来的。从理论上讲，最显而易见的方法是“剥夺实验”。想象一下，如果不给人类任何关于交配的语言指导，也不给他们机会去观察其他物种，连最微弱的暗示都没有，那么，当机会终于到来之时，他们是否知道应该怎样做？这是个有趣的问题，关于这个问题，有一些颇有意思的传闻，传闻的主角是维多利亚时代与世隔绝的天真伴侣。但在非人类的动物身上，我们可以进行实验剥夺实验。

如果你在一个被剥夺的环境中饲养一只小动物，不给它体验某种经历的机会，而它依然知道如何恰当地采取行为，那么就意味着这种行为是先天的、与生俱来的、本能的。难道不是吗？但莱尔曼反对这样的观点，他认为，人们无法剥夺小动物的所有东西——光、食物、空气等，而且永远也不能获知究竟需要剥夺多少事物，才能满足“天生”的标准。

莱尔曼和劳伦兹之间的学术争议，后来竟演变成了两人的个人恩怨。莱尔曼来自犹太家庭，他看到了劳伦兹在战争年代发表的一些隐约带有纳粹思想的文章，于是在他那篇著名的评论文章中毫不退缩地公开提了出来。评论文章发表之后，劳伦兹第一次与莱尔曼会面时，说了这样的话（大致意思）：“从你的文笔来看，我以为你一定是身材矮小、为人刻薄、形容枯槁的小人。现在见到你本人，才知道你原来个子高大（莱尔曼确实非常魁梧），我们还是可以成为朋友的。”而劳伦兹所宣称的友谊，并没能阻止他在巴黎开着一辆庞大的美国轿车吓唬莱尔曼，险些将他撞倒在地。戴斯蒙德·莫里斯当时就在车中，成为这一事件的目击证人。

话题回到“后天习得还是与生俱来”的矛盾上。举个例子，雄性水蒲苇莺有着复杂而精致的歌喉，就算是将其隔离饲养，不接触其他水蒲苇莺，也依然可以进行同样的鸣叫。劳伦兹-丁伯根学派因此认为，这种鸟儿的歌喉是“天生”的。而莱尔曼则会强调生长过程的复杂性，总是去思考鸟儿是否能通过一些不那么明显的方式完成学习过程。对莱尔曼来说，将小动物饲养在被剥夺的环境中并不够。从他的角度来看，他的问题是：“剥夺了什么？”

自从莱尔曼发表了那篇评论文章之后，动物习性学家的确发现，许多鸣禽，包括水蒲苇莺在内，就算养育在隔离环境中，也能通过倾听自身发出的各种尝试性鸣叫，重复好的叫声，摒弃不好的叫声，来习得属于该物种的歌声。而这样看来，就是后天习得了。但如果遇到这样的情形，劳伦兹和丁伯根可能会回答说，小小的鸟儿怎么知道哪样的尝试性鸣叫是好的，哪样是不好的呢？这样的“知识”，也就是该物种的歌声应该如何的模板，一定是“与生俱来”的吧？而学习的作用，不过是将储存于大脑感觉部位的曲调（自带的模板）转移到大脑的动力部位（歌唱的实际技巧）罢了。

另外，其他物种，比如美国白顶麻雀，也能通过“尝试”的方法自学歌唱，但需要在初生之时听到过该物种的鸣叫。这就像是小鸟在掌握歌唱本领之前，将歌声“录制”了下来，并将其用作自学歌唱时的模板一样。而且，在“习得的录制歌声”与“先天的录制歌声”之间还存在中间媒介，共同用于鸟儿的学习。

这就是简·丁伯根于 1962 年将我推入的哲学雷区。我想，他是希望逐渐脱离与劳伦兹的联盟，将我视作与莱尔曼阵营建立联系的桥梁。我的实验对象，不是鸣禽，而是啄食的小鸡。为此我做了一系列实验，在此详述其中一个。

刚刚从蛋中孵出来的小鸡就会啄食小东西，这样的行为很可能是在寻找食物。但它们如何知道应该啄食什么东西？它们如何知道什么样的东西对自身有好处？一个极端的观点是认为大自然为它们赋予了先天能力，在它们没有任何体验和经历的时候，去调用大脑中储存的麦粒图像模板。这样的说法是不现实的，尤其是对杂食动物来说。相比于无法食用的单调的标记和污点，小麦粒、黄粉虫、大麦粒、小米粒和甲虫幼虫这些食物之间是否存在相同之处？答案是肯定的，的确存在相同之处。至少这些食物都是固体的。

如何认出某样东西是固体呢？其中一种方法就是通过观察物体表面的明暗。可以看一看月球背面的火山口图片（见图 10-1）。图 10-1 中的两张图片其实是同一张，只不过其中一张翻转了 180 度。从左边那张中，你能看到中空的火山口，右边那张则是坚固的平顶山。如果把书掉过来看，两张图片给你的感觉又颠倒了过来。这种错觉，很早就为人们所发现。这样的错觉是因为我们对光线投射方向存在预想：其实，就是对太阳位置的预想。固体物靠近太阳的一边会更亮一些，一般都是大致在顶端的位置。因此，如果将一张固体物的照片翻转过来，你就会感觉图像是中空的，反之亦然。

图 10-1　月球背面的火山口

太阳很少是直接位于物体正上方的，但阳光投射的方向，一般都是从上到下，而非从下到上。因此，寻找固体物作为食物的捕食者，都能基于这一假设，利用物体表面的光影作为提示。在捕食者与猎物这场军备竞赛的另一面，自然选择也会偏爱某些猎物，让它们拥有“反荫蔽”能力，隐藏自身的固体特性。许多鱼类的背上颜色更深，肚子上颜色更浅，这样的色彩，能中和自然界来自上方的阳光，从而让鱼儿看起来更为扁平。有一种鱼——倒游鲶鱼，可谓是“证明该规则的例外情况”。这种鱼习惯将身子翻转过来游动，而它的身体，也是倒转过来的“反荫蔽”：肚皮颜色更深，后背颜色更浅。

丁伯根一位名叫林·德鲁伊特（Leen de Ruiter）的荷兰学生，对倒转反荫蔽的毛虫进行了一些非常有趣的实验。这些毛虫习惯在休息时将身体倒转过来。图10-2中的两幅图，第一幅是黑带二尾舟蛾在通常情况下的姿态。看起来仿佛一个平面，并不显眼。第二幅是德鲁伊特将小树枝翻转过来之后的样子。在我看来，这幅图中的毛虫更加引人注意，更重要的是，当德鲁伊特将松鸡引入实验后，发现翻转姿态的毛虫更加吸引捕食者的注意。

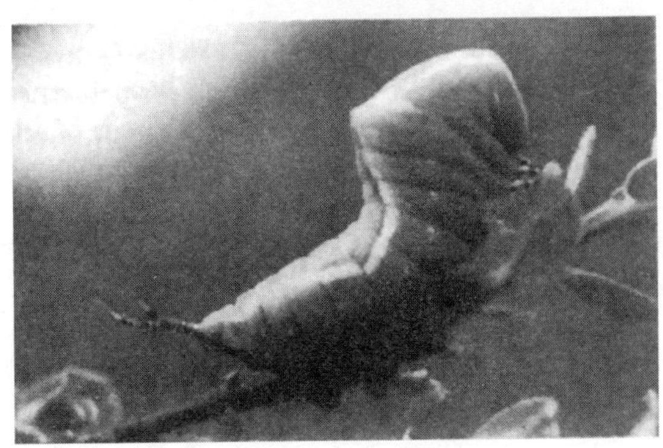

图10-2　黑带二尾舟蛾

但这些实验结果，并不能说明人类和鸟类对太阳处于上方的认知，究竟是与生俱来的还是后天习得的。而在我看来，正好可以利用固体的光影错觉，用小鸡的剥夺实验来对这一问题进行测试。

首先，小鸡是否有这种错觉？答案看似是肯定的。我拍下了半个乒乓球的照片，在照片中，光线是从上面打下来的。之后，我将乒乓球照片冲印成麦粒或种子的大小。当乒乓球的亮面朝上时，看起来是固体。当我将照片倒过来看时，却并无固体之感。将两种朝向的乒乓球照片摆在小鸡面前，它们都选择去啄那幅看起来是固体的照片，也就是光线从上端打下来的那张。这说明，小鸡有着和我们一样的预想，认为太阳是在头顶上的。

到目前为止，一切合理。但这些小鸡虽然很小，却并非完全不谙世事。它们已经三天大了，这三天喂食时，都是在正常的从上投向下的光线中进行的。它们可能已经利用这段时间，习得了光线从上方照射的固体物的外表特征。

为了对此进行测试，我进行了一项具有决定性的实验。我在光线从下方投向上方的环境中饲养了一些小鸡，在这样的条件下对它们进行测试。由此，在测试之时，它们就从未有过光线从上投向下的体验。从小鸡的角度来看，它们孵化而出的这个世界中，太阳是在下面的。它们见到过的每一样固体物，无论是食物还是其他小鸡，其下部都比上部颜色浅。我以为，在为它们呈上两张乒乓球照片时，它们会选择啄食光线从下投向上的那一张。

令我欣慰的是，我的这个想法是错的。小鸡还是蜂拥着去啄食光源位于上方的那张照片。如果你可以接受我的解释，那么这就意味着，小鸡本身自带着祖祖辈辈的自然选择赋予它们的“预储信息”：在它们生存的这个世界中，太阳在一般情况下都位于上方。我的实验，给出了一个关于先天信息的典型例子，而且对实验对象进行反向引导后，也未能推翻实验结论。

我想不出有哪个族群的人类是生活在光源位于脚下的环境中的。如果存在这样的人，那么用我测试小鸡的方式对这些人进行测试，一定会产出很有意思的结论。我也想过从直觉出发，猜一猜这样的人类测试会产生什么结果，但我真的不想妄下断言。如果我们人类也先天就拥有这种预想，该是多么有趣的事情啊。在小鸡实验带给我惊喜之后，如果事实证明人类的确也如此，那么我的惊喜程度也只会稍有提升罢了。我们也许永远不会了解关于人类的实情，但的确可以找到方法，对新生儿进行实验。新生儿不会啄食，但他们会将目光固定在让他们感兴趣的物体上，我们可以对目光的锁定时长进行测量。发展心理学家是否能为小婴儿呈上另一个版本的乒乓球实验，然后记录下婴儿凝视每张照片的时间？如果在婴儿初生的前几天，让房间光源位于下方，是否会被指责为不道德？我想不出有何不妥之处，但谁又知道现在的“道德委员会”会给出何种定论呢？

我在“与生俱来还是后天习得”领域的研究，仅占据了博士研究工作的一小部分，被放置于论文中的附录位置。我博士论文与这一主题并无多大关联，但论文的研究内容也与小鸡啄食有关。而且，博士论文也反映了我的一个哲学关注点，虽然所借鉴的哲学角度有所不同。论文之所以能够成文，是因为记录小鸡啄食的技术有所改进。

贝文顿路 13 号的办公室及其位于北部鸥类栖息地的研究站，都有一套“学徒”制：一些年轻的志愿者在上大学之前，愿意来这里体会一下丁伯根的研究氛围，而且不收薪酬。其中，有弗里茨·沃尔拉特（Fritz Vollrath，他后来回到牛津，领导了一支研究蜘蛛行为的团队。他的研究工作搞得风风火火，我们也一直是非常要好的朋友）和（同样来自德国的）简·亚当（Jan Adam）。简·亚当与我一见如故，和我一起工作。他有着高超的手工技能，是我父亲和坎贝尔上校两人长处的结合体，而且幸运的是，那个年代，还没有卫生与安全监管部门前来打搅，保护我们免受自己的伤害，打击我们的主动性。简·亚当和我可以随意使用系里的车间，那里有板条、铣床、带锯等等。我们（也就是简·亚当和我这个自愿的跟班，也许是小弟弟综合征又犯了）制作了一套设备，利用配有精致铰链的小小的啄食键，来自动计算小鸡啄食的次数。这套设备是简·亚当从无到有精心打造出来的，上面还配备了敏感的小开关。之前在表面光影错觉的实验中，我是用手在进行啄食计数的。突然之间，我竟然可以自动化收集大量数据结果，将自己解放出来。自动化计数的实现，打开了另一扇全新的大门，通往另一种完全不同类型的研究。这类研究背后有着不同的哲学思想，也就是我从彼得·梅达瓦那里学到的卡尔·波普尔（Karl Popper）科学哲学思想。

驱动临界模型

之前曾讲到过，我通过父亲，很早就认识了梅达瓦，因为他们是读书时代的朋友。梅达瓦是英格兰生物学界的明星级学者，我在牛津读本科时，他曾重返母校，回到当年他所在的院系，进行访问讲座。我还记得整个会场站满了人，听众们激动得议论纷纷，等待着这位高大、英俊、彬彬有礼的人物到场（正如后来一位批评家所言："这位演讲家一生从未有过失礼的时候。"）听完讲座之后，我去读了梅达瓦的文章，后来这些文章收录进了《可解的艺术》（*The Art of the Soluble*）和《普路托的理想国》（*Pluto's Republic*）。正是从这些文章中，我了解到了卡尔·波普尔。

波普尔提出的"科学是两阶段过程"的观点，深深地吸引了我。他认为，第一阶段是创造阶段，艺术般的梦想出一个假设或"模型"，继而尝试着对从这一假设或模型中演绎出来的预测进行证伪。我想要进行一项标准的波普尔式研究：构想出一个可能正确也可能不正确的假设，从中演绎出严格的数学预测，然后试着在实验室中对这些预测进行证伪。对我来说，这些预测在数学上的严格性十分重要。预测到 X 的长度大于 Y 并不够。我需要建立起一个能够预测 X 精准值的模型。这类精准预测，需要大量的数据。简·亚当制造的设备能够自动进行大量啄食的计数，这就为我实现这项工作提供了基础。小鸡们现在不用啄食乒乓球照片了，而是去啄食简·亚当制作的装有铰链的小开口上装配的彩色小半球，啄食的动作会令铰链装置驱动下面的小开关。小鸡们喜欢蓝色胜于红色，喜欢红色胜于绿色，但我对它们的色彩偏好并不感兴趣。我想要知道，无论啄了什么颜色的小半球，究竟是什么指导着它们的每一次啄食决策。而这一实验结果，不过是一个更重大问题的样本而已。这个问题，就是任何动物在任何时间如何做出决策的问题。

梅达瓦曾说过，科学研究的过程与最终发表论文中的“故事”不同，有着不一样的发展顺序。现实往往比论文中的陈述更加凌乱。从我自己的例子来看，现实中的科学研究实在有些混乱，我都记不得是怎么想到要进行波普尔式实验的了，只记得最终呈现出来的顺畅故事。这个故事正如梅达瓦所预料的一样，能带给人难以置信的整洁和秩序感。

最终完成的故事是这样的。关于小鸡的脑袋在不同目标间做决策时所发生的变化和过程，我构想出了一个虚幻的“模型”，用代数方法从模型中演绎出精准的量化预测，之后在实验室中对预测进行测试。模型本身是一个“驱动 / 临界”模型。我假定，小鸡脑袋中存在一个变量（啄食的“驱动值”），这一变量不断随着驱动值的强弱变化而上下波动（也许是随机的，这一点并不重要）。每次驱动值升到某一颜色的临界值之上，小鸡就会去啄食那个颜色（另外一些东西决定着啄食的时机，我为此开发并测试了另一个模型，之后会讲到）。蓝色是小鸡偏好的颜色，其临界值比绿色要低。但如果驱动值超过绿色的临界值，那就自然而然地也超过了蓝色的临界值。在这种情况下，小鸡会怎么做？我假定，既然超过了两个颜色的临界值，那么小鸡对两种颜色的态度就是中立的，会在两种颜色之间用类似“抛硬币”的方式进行选择。于是，模型就会得出这样的预测，小鸡长时间的啄食选择，包含一些只啄食偏好颜色的时间段，其间散布着在两种颜色间随机选择的时间段，不存在持续选择不偏好颜色的时间段。

一开始，我并未关注啄食的顺序。对顺序的关注，是在我迁至加州之后才开始的。我想，之所以最初没有对顺序进行测试，可能是因为我当时没有那么远大的抱负，也是因为简·亚当的装置只能对啄食进行计数，不能记录啄食的精确顺序。而此时，简·亚当本人已经回到德国，没办法对这套装置进行改装了。而且，我觉得，当时的我深深地迷上了波普尔式方法的优雅，就是想要尝试这种方法，演绎出一个数学公式，并用这个公式从其他一些精确量值中预测出目标精确量值。

小鸡对颜色的偏好是蓝色优于红色，红色优于绿色。我构想了一个实验，在实验中，我为小鸡们呈上蓝色和绿色，蓝色和红色，红色和绿色，然后对每种情况下小鸡对偏好颜色的啄食次数进行计数。这样，我就能得到三个数字（P 最优最差、P 最优中等、P 中等最差）。我预期，P 最优最差会比另外两个数字大。但这一模型是否能精准地预测出究竟大出多少吗？我是否能从模型中得出一个公式，如果给出 P 最优中等和 P 中等最差的值，就可以用来预测 P 最优最差的精准数值？是的，最终，我成功达到目标。我用代数符号代表驱动在不同临界间所耗费的时间，用代数（中学老师教的联立方程）消除了未知变量，在结束了长达几页纸的计算之后，非常欣慰地看到了一个简约、精准、量化的预测公式。驱动 / 临界模型预测（见图 10-3）：

P 最佳最差 =2（P 最佳中等 + P 中等最差 -P 最佳中等 ×P 中等最差）-1

我称之为预测 1。我之所以对预测 1 感兴趣，是因为其量化精准性。

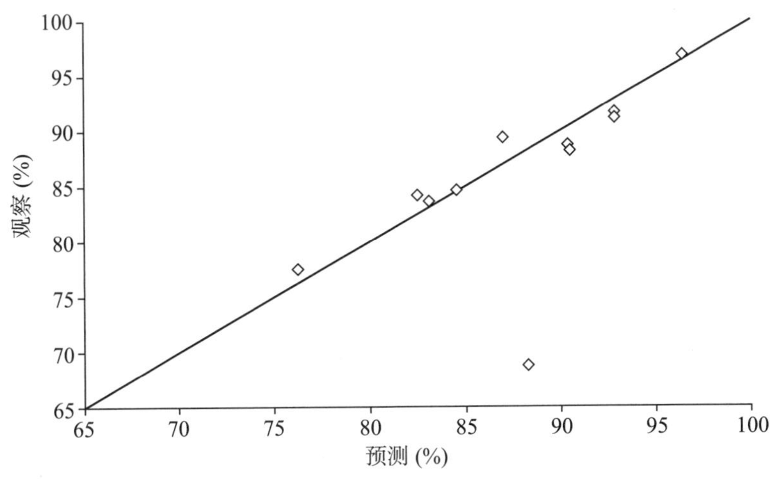

图 10-3 驱动临界模型

之后，就要对这一预测进行测试了。小鸡们的实际行为会符合预测吗？答案是肯定的，在八次实验中，有七次是相符的，实际结果非常接近预测，让我万分欣喜。而第八次实验结果与预测产生了极大的偏离，当我的论文在《动物行为学》(*Animal Behaviour*）发表之时，付印的师傅竟然将代表第八次实验结果的点从坐标图中擦了去，以为是不小心溅上的污点，真是让我备感尴尬。所幸，这个"鹤立鸡群"的数据清楚地展现在配于坐标图旁边的表格中，否则我就要被人指责为不诚实了。我对小鸡还进行了另一组实验，实验内容不是啄食，而是看小鸡走进点着不同颜色灯光的格子中的次数。图中显示了两组全部 11 次小鸡实验与结果标绘，并与预测百分比做了对比。

如果模型的预测是完全准确的，那么图上的各点就会与斜线重合。除了之前提到的第八次实验之外，驱动临界模型的预测能力比我们最初预想的要好出许多（物理学家通常会要求达到更高的精准度，因为在物理学领域的测量中，会发生更少的统计学错误）。

我还利用同样的数据对另一个模型的预期进行了测试。这个模型假设，对小鸡来说，每个颜色都有一个“值”，小鸡会按颜色的值按比例分配自身的啄食选择。两个模型能给出类似的预期，因此如果一个模型是正确的，另一个也错不到哪里去。但驱动临界模型在观测结果的预测方面，一直都更为准确。而颜色值模型则一直高估 P 最佳最差的值。就这样，我证伪了颜色值模型。驱动临界模型成功地抵抗住了证伪的尝试，预测结果也非常准确（除了其中一次实验之外）。

模型能取得良好的预测结果，是否说明小鸡的头脑中存在着与超越临界值的浮动驱动值相同的某种东西，而当驱动值超越一个以上临界值时，就会发生与掷硬币相同的某种行为？用波普尔的话说，就是模型抵抗住了对其进行反驳的尝试，但这种说法并不能从神经和突触的角度去说明“驱动”和“临界”实际对应着什么。不用打开脑袋看个究竟，就能推论出其中发生的活动，还是很有意思的一个想法。

实践证实，构想出一个模型并对其预测能力进行测试的方法，在科学的其他领域也非常富有成效。举例来说，在遗传学领域，只要利用从繁殖实验中得出的数据，无须通过显微镜观察，就能推断出染色体作为单维线性基因序列的存在。还可以找出基因沿染色体排列的顺序、基因与基因之间的距离，而所有这些，完全可以通过构想可能存在的情况，然后通过繁殖实验对预测进行测试。就像我对固体性和光影进行的实验一样，我认为驱动临界模型是一个具有说明性的例子，证明有一类事物是可以通过模型来解释的，而不是用决定性的发现过程来探索小鸡头脑中发生了什么。

我将驱动临界模型向不同方向进行扩展（根据波普尔的哲学，也应该进行这一步研究），总共对九个预期进行了测试，都取得了成功。其中一个模型扩展，之前也提到过，就是试图对啄食的精准时机进行解释（对比临界值，对驱动值的位置进行取样）。这一模型的预测结果，很好地符合了黑头鸥幼雏的实际数据。这些数据来自我的同事，也是我的好朋友莫妮卡·伊普考文博士，她是从瑞士来到贝文顿路的访问学者。我们就这一研究成果共同发表了一篇论文。

我就模型的另一个扩展发表了另一篇论文，并称之为“关注临界模型”。这一模型旨在从更深的层面上去探索驱动临界模型的“抛硬币”现象，也就是在超越了一个以上临界值的情况下，如何进行任意目标选择的问题。简要来说，我提出，小鸡一次只关注一个维度——颜色、形状、大小、质地等，并且遵循明确的顺序。这些关注系统中的每一个，都拥有自己的驱动临界模型。假设小鸡关注的第一个维度是颜色。如果颜色系统的“驱动 / 临界”给出了一个确切的选择，小鸡就会选择偏好的颜色，比如蓝色。但如果颜色系统的结论是一个“掷硬币”选择，那么小鸡就会将关注点转向其他维度，比如形状，并忽略颜色。从颜色系统的角度来看，通过形状进行选择和随机选择是一样的。而从形状系统的角度来看，这样的选择就自然不是随机的。这种“滴入式”过程，在所有关注系统中继续发展。如果其他都失败了，那么与“掷硬币”相同的，就是“选择最近的一个”。关注临界模型在自身基础上，给出了一系列延伸预测，这些预测也成功地通过了测试。

和固体光影实验一样，驱动临界模型的某个版本，是否能适用于人类呢？我在搜寻科学文献的过程中，发现有几位心理学家曾对人类做过成对偏好测试。心理学家的研究目的与我不同，但我可以对他们的研究成果加以利用。心理学家之所以进行呈现出各种成对组合的选择实验，有着各种原因，比如测试“投票理论”的某个想法。民意测验专家可能会利用上成对测试的优势，而不是给出包括保守党、自由党和社会党的三选一的选择方式，进行赢家通吃或排序的投票方式测试。“（在没有其他选择的情况下）你会在保守党和自由党间、自由党和社会党间，以及保守党和社会党间如何投票？”无论出于什么样的原因，心理学家都为人类给出了各种可能的成对组合进行选择实验。这样，我就能利用他们得到的最佳与中等、中等与最差测量数据，用在我的公式里，来测试我的模型对最佳最差值的预测能力。数据来源于各种各样的研究，有美国学生对手写体样本的选择、美国学生对蔬菜的选择、美国学生对苦或甜味的选择、中国学生对颜色的选择等等。另外，我还很高兴地用上了从波士顿交响乐团、费城管弦乐团、明尼阿波利斯交响乐团和纽约爱乐乐团成员处采集到的对作曲家的偏好数据。图 10-4 给出的坐标图中，标出了人类测试的所有结果。再次说明，如果驱动临界模型的预测是完美的，那么所有的点就会与图中的斜线重叠。必须承认，当我看到预测与现实情况如此接近时，感到非常激动。通常来讲，行为生物学的预测不会如此精准地符合现实情况的。

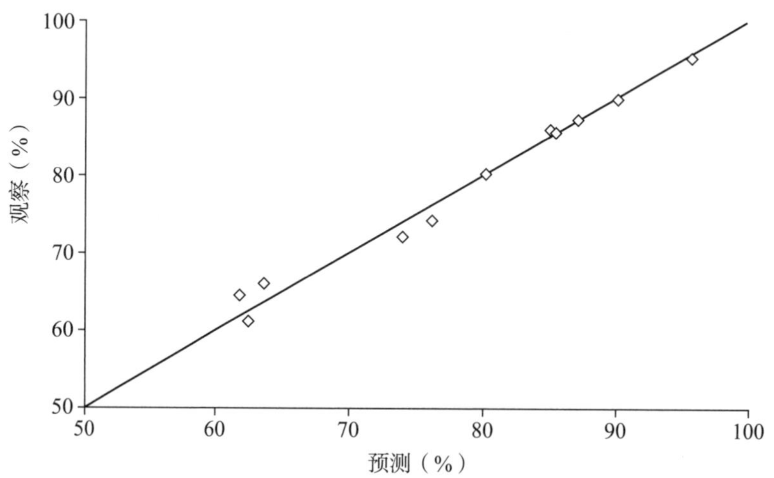

图 10-4　驱动临界模型（人类）

管弦乐团的研究规模很大，处理数据的工作十分繁重。就这一问题，我与科利尔叔叔聊了聊。那时，科利尔叔叔正在牛津林学系讲授统计学方法。他建议，我应该学着利用学校的计算机进行编程。在科利尔叔叔和婶婶芭芭拉的帮助下，我写出了作曲家偏好的程序。就这样，我深深地爱上了计算机编程，不能自拔，将随后的漫漫四十载浸淫在既浪费时间又消耗灵魂的编程之中。现在，我终于从中解脱了出来，虽然依然频繁使用计算机，但已将编程的重任交给专业人员了。

对计算机的痴迷

在20世纪60年代，牛津大学只有一台计算机。这是一台全新的英国电器公司出产的KDF9，比如今的性能还要低，但当时已属尖端技术，而且庞大得装满了整个大房间。叔叔和婶婶所用的编程语言是K－Autocode，这是英国版的Fortran，结构和语法与Fortran都很相似，而且同样容易培养出不好的编程行为（比如绝对跳转）。当时，美国计算机要用上大摞大摞的打孔卡（很容易丢掉，也容易搅乱顺序，而且搅乱后无法复原），英国计算机利用打孔纸带（像面条一样从机器中吐出来，满地都是，之后要用手卷起来，很容易撕断）。谢天谢地，那段日子总算过去了。谢天谢地，计算机现在可以通过屏幕或扬声器与我们沟通，而不是一堆又一堆的纸张，而且现在的沟通是即时的，不用为24小时的延迟而等待。

但在那个年代，我们的技术水平不过如此。而我也为此感到痴迷，尤其迷恋上了对一序列的运算进行预编程，然后一步一步用铅笔进行核对，之后再输入计算机，以很高的速度成百上千遍地再运行。记得一天晚上，我梦见自己是运行程序的计算机，似乎整个晚上的时间，我发热的大脑一直在重复回路中打转，令我狼狈不堪。不过说实话，谁在那样一个晚上都不会睡得香甜。那时罗伯特·马什劝服了我和几位贝文顿路的同事，用整个周末的时间去狩猎苏瑞郡狮。

自从1959年开始，在南英格兰苏瑞郡的丛林中就不断涌现神秘大型食肉动物的目击报告。这一大型动物被人们称为苏瑞郡狮，当时颇为引人关注，堪与“雪人之谜”相比。于是，我们一群人联合在一起，用1966

年 5 月 11 日到 12 日的周末时间，想要找到这谜一般动物。当时，各大报刊都听说了我们的计划，由于那个时代实在没什么新奇的新闻材料，夏季的新闻缺乏期也越来越近，于是《观察者》便刊登了一张我戴着大英帝国时期遮阳帽（小时候戴过的那种）的照片。我已经记不得同伴们将帐篷扎在了哪里，但分配给我的任务是露天在星空下睡在睡袋中，身边放着一大圈生肉。我分到了一部带闪光灯的照相机，如果狮子来吃肉或者吃我，就要将它拍下来。这一夜，我睡得很不安生，如此想来，那个计算机噩梦选择在这样一个夜晚“光临”我的脑海，也不足为奇了。晨曦终于打破了黑暗，我和同伴们也松了口气。那是个梦幻般的弥漫着薄雾的清晨。我们从没找到过苏瑞郡狮，而直到 2005 年，还有关于这一神秘动物的目击报告。如果报道是真的，那就说明苏瑞郡狮的寿命是同种类动物有记录以来最长寿命的两倍。

我对计算机的爱好，从 KDF9 转移到了一台体积更小、更容易上手的计算机。牛津动物学系请来了一位富有活力的新教授担任系主任，接替和蔼可亲、稍显古怪的阿里斯特·哈迪（Alister Hardy）。这位从剑桥来的新成员总是十分严肃，我们称他为“欢笑的约翰”普林格尔（这是个讽刺性的绰号，就像管一个矮个子叫“大高个儿”一样）。他的到来也掀起了一阵现代化改造之风。就这样，和蔼的老阿里斯特·哈迪温馨的老地方，得到了彻底的“升级”，配备了更加先进的设备。这期间，从伦敦来了一群同样富有活力的射线检晶专家（就像沃森和克里克，但研究的是蛋白分子而非 DNA）。令我非常激动的是，他们带来了自己的计算机，计算机的托管人是托尼·诺斯博士（Tony North），他为人十分友善，允许我在晚间，当计算机不用进行 X 射线散射晶体排列的数字处理时，借用来做自己的事情。这是一台伊利亚特 803，从现代的标准来看，比 KDF9 还要原始，但其巨大优势在于，我终于可以亲手进行操作了。

就在此时，我真正意识到了计算机那令人上瘾的诱惑。我常常在发着光的燥热计算机室中通宵工作，身边满是凌乱的面条一样的打孔纸带，那些纸带一定很像我当时因失眠而疏于打理的一头乱发。伊利亚特 803 总是在进行内处理时发出“哔哔”的声响。可以通过一个小扬声器听到计算过程，仿佛聆听一首计算机哼鸣出来的富有韵律感的小夜曲。这样的小夜曲，在诺斯博士那样的专家听来，无疑是有意义的，但对我那些无眠的长夜来说，不过是聊以为伴罢了。深陷于计算机的魅力而不能自拔（还能从中赚钱）的年轻人（现在叫作极客），与计算机长夜为伴早已不是什么新鲜事：比如比尔·盖茨。现在回想起来，不敢说我与伊利亚特 803 共度的那段时光取得了什么成果。但是，我确实得到了宝贵的机会去实践编程。不过，伊利亚特自动编码并不是可以用在其他计算机上的编程语言，而我夜半无眠的书生意气，虽然勤恳与辛苦，但其与严肃的编程工作相比，无异于我在奥多音乐学校的乱弹琴和真正音乐之间的关系。

1965 年，我在苏黎世国际习性学大会上，发表了关于驱动临界模型的演讲。为了这次演讲，我依据自己的理论，打造了一台实体模型，里面装配了一根填充了水银的橡胶管，我可以将水银摇上摇下，代表不断波动的“驱动值”。橡胶管与一根垂直的玻璃管的底部相连，玻璃管内部装有 3 个不同高度的电触头，用来代表“临界值”。水银是导体，如果上下波动的水银柱碰到任何一个触头（“驱动值”超越“临界值”)，就形成了一个回路。很明显，如果水银碰到任何一个电极，也就自动与其下的所有电极相接触，这样就与模型的主要假设相吻合。我利用一套能开启不同颜色灯泡的机电继电器，代表对不同颜色的啄食，从而贯彻了模型规则。整套花里胡哨而缺乏实用性能的设计，是我精心策划，准备博得满堂喝彩的，希望它能像更早时候在牛津举办的习性学大会上，据说由戴斯蒙德·莫里斯、奥布里·曼宁和几位朋友共同设计的颇具调侃色彩的液压仿真装置一样赢得声誉。我究竟是如何将我的这套演示设备从牛津搬运到苏黎世的，现在已经想不起来了，而且也完全超越了我现在的理解能力。如今的机场安检，是无论如何也不会允许像这样一个携带到处支棱着以业余手法焊接的电线、继电器、电池和水银的怪东西的人过境的。

然而，就在我准备登上人生第一次的会议演讲台时，这套“精巧”装置却出了故障。我急得汗如雨下，连脑子都转不动了，慌手慌脚地在剧场外面的地面上修修补补。就在此时，我突然听到身后传来一个带着奥地利口音的声音，这个声音似乎被我的慌乱逗笑了，还以极快的语速专断地对我进行指导。这如同机枪扫射般的声音，一步步地告诉我应该做什么。我来不及多想，如梦境般的按这个声音的指导修补着，没想到真的修好了。我回身仰望这位救星，看到不是别人，正是沃尔夫冈·施莱德（Wolfgang Schleidt）。虽然我与他之前从未谋面，但我知道他这个人。这位大陆习性学领域冉冉升起的新星，在不了解我这部恶魔一样的机器作何用途的情况下，紧急时刻救我于水火，一眼便看到了机器的问题所在，并强势地将修补方法抛给了我。从那以后，我就对施莱德博士怀有挥之不去的感激。后来我了解到，原来他的技术天赋远近闻名。就这样，我将这套奇怪的装备拖进剧场，演讲接近尾声时，装备那噼啪乱闪的彩色灯泡和花花绿绿的外行风范，竟也换来了台下观众的掌声与喝彩。谢谢你，沃尔夫冈·施莱德：不仅仅是因为你挽救了我免于当众难堪的下场。那天，一个英朗的身型也在观众席中，那就是美国习性学的明星级人物——乔治·巴洛（George Barlow）。巴洛对我的演讲印象颇为深刻，邀请我去加州大学伯克利分校担任助理教授，而且不用面试，不用交简历。这是我人生的第一份正式工作。

但那是之后的事了。现在话题还是要回到牛津。简·丁伯根在 1966 年休了轮休假，请我在那一年为本科生上动物行为学的课程。他给了我一些讲义，但我决定从头做起，构思出自己的一套课程体系。这是我第一次给别人上课，所以将讲义写得很详细。本来以为早就将讲义弄丢了，可没想到，在我撰写这部回忆录时，讲义竟现身于家中地下室的一个纸箱中。46 年之后再次捧读，我感到十分有趣。特别是关于社会行为的那部分讲义，其中清楚地展现了《自私的基因》中的中心思想和风格，而这本书的写作，是在讲义完成十年之后的事了。

亲缘选择

1964 年，《理论生物学》杂志（*Journal of Theoretical Biology*）发表了 W.D. 汉密尔顿（W. D. Hamilton）的两篇艰深的长篇数学论文。汉密尔顿当时年纪轻轻，还在伦敦大学读书，我们谁也不知道他是何许人也，但后来，他与我成了非常亲密的同事。卡伦教授不改慧眼识英才的一贯作风，除了约翰·梅纳德·史密斯（John Maynard Smith）之外，先于全世界几乎所有人一步，一眼就看到了汉密尔顿论文的重要性。一天晚上，他将两篇文章带到贝文顿路，为大家做了详细讲解。卡伦的热情富有传染力，我的激情也一下子就被点燃了。于是，在为本科生教授动物行为学时，我将汉密尔顿的思想讲给了学生们。

汉密尔顿的理论，如今被称为“亲缘选择”（约翰·梅纳德·史密斯的命名，并非汉密尔顿最初的命名）。亲缘选择直接遵从了新达尔文主义的“现代综合论”，“直接”的意思是说，亲缘选择不是附加在新达尔文主义综合论之上的额外内容，而是综合论中不可分割的一部分。无法将亲缘选择与新达尔文主义一分为二，就像无法将勾股定理与欧几里得几何一分为二一样。试图“测试”亲缘选择的野外生物学家，就如同当年用尺子测量三角形的毕达哥拉斯一样。

新达尔文主义综合论，与达尔文本人提出的理论的不同点，在于以基因作为自然选择的单位。综合论认为，基因是离散的实体，可以在群体中进行计数，在此忽略了基因存在于有机体细胞中的事实。每个基因在“基因库”中都存在一个频度，这个频度通过拥有该基因的繁殖个体数量进行估算。成功基因的频度会增长，并以失败基因的频度下降为代价。使得动物周到照料其后代的基因会不断发展壮大，因为这样的基因会传承给它们照料的后代。汉密尔顿认识到（费舍尔和霍尔丹也有同样的认识，不过他们没有在此问题上深究），后代并非共享基因的唯一亲缘类别，而共享基因的所有亲缘类别，都是周到照料后代这一行为的受益者。

汉密尔顿引出了一条简单的规则（如今被称为汉密尔顿规则）：如果利他行为的成本 C，小于受益者享受到的利益 B 乘以两者之间的亲缘度 r，那么任何“支持”为亲缘而采取利他行为的基因，就拥有在群体中扩散的条件。亲缘度 r 是个比例（0 到 1 间的一个数字），汉密尔顿在文章中展示了如何对 r 进行计算（其确切意义很难直观进行解释，但并非完全不可能）。在亲兄弟姐妹之间，r 的值是 0.5。叔父与侄子间是 0.25。堂兄弟姐妹间是 0.125。汉密尔顿对社会性昆虫尤其感兴趣，他恰当地利用自己的这套亲缘选择理论，对蚂蚁、蜜蜂、黄蜂和（完全不同的）白蚁如何进化出令人惊叹的社会性利他习性进行了解释。

地下蚁巢，如同一座工厂，不断进行基因繁殖，并将基因传播到更远的地方。从工厂中新鲜出炉的基因，装载于年轻蚁后和雄蚁那扇动着翅膀的体内。这些飞蚁（你可能不觉得它们是蚂蚁，因为不熟悉它们身上长出的翅膀）从地洞中钻出，张开翅膀，飞翔着交配。交配时，每只雌蚁（年轻的“蚁后”）会收集到一生所需要的精子，并将这些精子存储于体内，在生命过程中不断释放。装满精子后，交配过的雌蚁就会飞走去安家，在地上打个洞，建起新巢。某些蚁类的蚁后，还会咬掉翅膀，因为从此作为地下蚁后的她，将不再需要飞翔。

蚁后的绝大多数后代，都是没有生育能力的工蚁，但从基因繁殖的角度来看，有重要意义的后代是年轻的（带翅的）蚁后和雄蚁。工蚁（对于蚂蚁、蜜蜂和黄蜂来说，工蚁全部是雌性，对于白蚁来说，工蚁既有雄性也有雌性）无法通过生育后代的方式将自身基因传承下去，于是它们就将力量用在喂养和照顾同样没有生于能力的旁系亲属、年轻的蚁后和雄蚁，以及兄弟姐妹或侄子侄女上。如果一个基因能令没有生育能力的工蚁去照顾将来会成为蚁后的姐妹，那么这个基因就装载在年轻蚁后的体内，传承到未来的基因库中。这种照顾行为可能不会通过年轻蚁后本身表达出来，但这一行为基因会传承给蚁后的工蚁女儿们，而这些工蚁也会因此而照顾能将基因继续传承下去的年轻蚁后和雄蚁。

社会性昆虫不过是一个特例。汉密尔顿规则适用于所有动植物，无论这些生命是否会采取照顾亲属的实际行为。如果它们不照顾亲属，原因就在于权衡汉密尔顿规则中的成本与收益（C 和 B）后，其结果并不倾向于这种行为，与亲缘系数 r 的高低无关。而且，还有一点经常被误解，甚至连有些专业生物学家都可能理解错误的是，个体照顾后代的原因，与年长兄姐采取照顾年幼弟妹行为的原因是相同的：两种情况下，它们都共享了“照顾”的基因。

话说卡伦教授向我们介绍了汉密尔顿那绝妙的思想之后，我的热情被立刻被点燃，非常希望能一展身手，用我自己的方法对这些思想进行解释，并在担任简·丁伯根的替补期间，在讲堂上向学生进行讲解。没有采用丁伯根的讲义，还用我自己的想法取而代之，为此我有些缺乏自信。我自己的想法是，“自私的基因”存在于一代接一代的芸芸众生体内，在基因那无情的未来发展过程中，逐渐被丢弃。为了让自己找到一点信心，我写出详细的讲义给卡伦教授看。如今回头再看看当年那份讲义上，卡伦亲笔写下的拉丁文鼓励话语（见图 10-5），让我忆起了当时从他那里得到的巨大鼓励。正是卡伦那句“很有意思的内容”，让我鼓起勇气，坚持自己的计划，在课堂上以这个话题和风格为主线，为学生们授课。我想，在那个时候，脑海中已开始孕育《自私的基因》，而十年之后，这部著作终于诞生。讲义中，甚至还包括“基因将是自私的”这样一句话。之后讲到这本书时，我再重归这个话题吧。

Natural selection acts directly on phenotypes, but it will affect evolution only insofar as phenotypic xxxxxxxxxxxxxxx differences are correlated with genetic differences. The important effect of natural selection is therefore on genes.

Genes are in a sense immortal. They pass through the generations, xxxxxxxx reshuffling themselves each time they pass from parent to offspring. The body of an animal is but a temporary resting place for the genes; the further survival of the genes depends on the survival of that body at least until it reproduces, and the genes pass into another body. The structure and behaviour of the body are to a large extent determined by the genes - the genes build themselves a temporary house, mortal, but efficient for as long as it needs to be. Natural selection will favour those genes which build themselves a body which is most likely to succeed in ~~passing~~ handing xxxxdown safely to the next generation, xxx a large number or replicas of those genes.

Lovely stuff!

To use the terms "selfish" and "altruistic" then, our basic expectation on the basis of the orthodox neo-Darwinian theory of evolution, is that Genes will be "selfish".

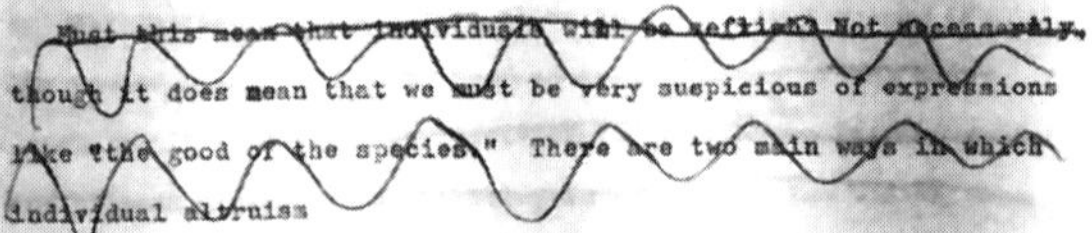
~~Must this mean that individuals will be selfish? Not necessarily, though it does mean that we must be very suspicious of expressions like "the good of the species." There are two main ways in which individual altruism~~

(This gives us the most important difference between individuals and social groups. If an individual body is a colony of cells, it is a very special kind of colony, because all those cells are genetically identical. Every xxxxxxxxxxxxxxx somatic cell, muscle, bone, skin, brain etc., contains the same complement of genes. Furthermore the reproduction of all the genes in these somatic cells is limited to the life-span of the body. Only the genes in the germ cells ~~will~~ may survive. The other cells are built by the genes simply to ensure the survival of the xxxxxxxxx identical genes in the germ cells. In say a xxxxx colony of gulls, the individual birds all contain different xxxxx sets of genes (except identical twins), and because of the arguments given above, we shall have to think very carefully about whether we should expect altruism between individuals. Only in the social insects where the workers are sterile and very closely related, do we have a social group that is really comparable with the many-celled body. We will return to this later.)

If genes are selfish then, how can individuals evolve altruism?

图 10-5 卡伦教授的鼓励话语

与马莉安·斯坦普结婚

1967年夏天，在爱尔兰南海岸的安斯敦一座小小的新教教堂中，我与马莉安·斯坦普结婚了。马莉安的父母在这里有一处度假小屋。我的妻子也是简·丁伯根研究生团队中的一员，后来她成了丁伯根的接班人，同时也是牛津大学动物行为学教授，动物福利实验科学的世界级权威。此时，我已接下了加州大学伯克利分校给我的助理教授的工作机会。丁伯根认为，马莉安完全有能力跟我到那里继续进行博士研究，丁伯根偶尔进行远程监督即可。事实证明，丁伯根的信心没有错。我们在爱尔兰租了辆车，四处游览一番，度过了短暂的蜜月。那个时候，全程开车的任务由马莉安一人承担，因为我忘了带驾照。记得租车处的工作人员发现她是“研究生”时，我们还尴尬了一番（可能是因为研究生们的租车记录不太光荣）。蜜月一结束，我们就直奔旧金山。等候在旧金山机场的是一直都那么好心的乔治·巴洛。于是，“新世界”的一段新的人生旅程就这样开启了。

An Appetite for Wonder

第三部分

初踏科学之路

The Making of a Scientist

Nyeri
Gilgel
Lyamungu
Kabete
Nairobi

An Appetite for Wonder

11 美国西海岸寻梦

1967 年，我来到美国西海岸的加州大学伯克利分校教书，妻子在伯克利攻读博士学位。我们在这里继续研究小鸡啄食问题。1969 年，丁伯根邀请我回到母校，于是，我离开伯克利，返回牛津。

政治风潮

20 世纪 60 年代后期的伯克利，燃烧着一派火热的政治激情，旧金山湾区对面的电报街和海特-黑什伯里区洋溢着的政治风潮，在我们未来两年的生活中占据重要位置。林登·约翰逊这位本来以改革著称的总统，当时正陷于从肯尼迪总统继承下来的越战这场灾难的泥潭。在伯克利，人人都是反战精英，而我们也加入了反战行列，在旧金山示威，在伯克利的催泪瓦斯中游行，还参加了多次抗议、停课和静坐活动。

如今回忆起来，反对美国参与越战，我对自己的态度和行为十分自豪，非常骄傲能为参议员尤金·麦卡锡（Eugene McCarthy）的反战主题竞选贡献力量，而对自己参与的其他一些政治运动则不再那么看好。其中令我记忆最为深刻的，是“人民公园”运动那场颇带超现实主义味道的事件。戴维·洛奇（David Lodge）在校园小说《换位》（*Changing Places*）中，讲到的“人民花园”，就意指此次运动。人民公园运动，旨在将大学所有的一处本来计划盖楼的荒地，做公共娱乐之用（最近因拍摄影片重游伯克利，我发现那场运动最终取得了胜利）。现在回想起来，觉得那场运动不过是激进的政治行动分子捏造出来的借口而已，是无政府主义学生领袖编造出来，其目的是操纵那些温和的“权力归花儿”人士。激进的学生领袖和当时名声赫赫的州长罗纳德·里根（在戴维·洛奇的小说中，是“罗纳德·杜克”）顺水推舟地相互利用，双方都依仗当时的局势，心照不宣地在各自的势力范围内扩大各自的追随者群体。而那时的我，也和学校里绝大多数年轻教职员工一样，被他们玩弄于股掌之中。我们示威，静坐，逃离催泪瓦斯，向各大报刊寄去言辞激愤的信件（我写给《泰晤士报》的第一封信，就以此事为主题），当游行人群将鲜花塞满国民警卫队队员的来复枪筒，搞得那些年轻的队员不知所措，甚至有些被吓到时，我们在一旁欢呼加油。诚然，我不得不承认，在面对催泪瓦斯的（微弱）威胁时，内心竟因欢快而颤抖。而现在，我因此感到羞愧。

我想要尽可能诚实地去剖析伯克利那个二十多岁的自己的内心世界。我想，当时的精神状态，应该是因为“反叛”这个单纯的想法而感到一种年少轻狂的兴奋，一种华滋华斯笔下的“沐浴在晨曦中令人幸福／而年轻则如入天堂”的感觉。一位名叫詹姆斯·雷克托的学生被奥克兰的警察枪击致死。因为这一事件而游行抗议，当之无愧是正确的，而现在回头看看，这一事件也成了我们为人民公园而上街游行的理由。但事实上，这一事件本身，并不能令人民公园游行正当合理。为人民公园而游行的决定，需要与此事件完全不同的缘由。

我们这些年轻的教员召集了会议，想要“威吓”同事们集体停课，向激进分子看齐。在用到“威吓”一词时，我是经过思考的，因为最近我在互联网上看到了本质完全相同的事件，只不过表现为“网络威吓”的形式。网络上一些强大而激进的活跃分子，总是表现出某种思想警察的姿态，就像在学校里，操场上的孩子王身边总会围着一群心甘情愿的小跟班一样。记得在一次伯克利的教员会议上，一位年纪稍大的正派教授不愿停课，我们还用投票的方式强迫他按我们的意志行事。回顾当年，我后悔不已。带着忏悔的心情，我要向他的勇气致敬，同样值得敬佩的，还有会议席上一位年纪更长的教授，为了支持自己的同事履行按课表上课的职责，而为他投出了唯一的一票。就像当年在茶芬园时一样，我真应该挺身而出，反抗这种欺负人的强权行为。虽然我那时还年轻，但也没有那么少不更事。现在想想，当初真应该更决断才是。

一提到激进的政治和游行的群众，就令我想到了社会习俗的突变。记得有一次，我走在电报街这处伯克利的“佛珠-薰香-大麻”文化的核心地带。一位年轻人走在我前面，一身典型的“权力归花儿”年代的打扮。每次对面走过来一位年轻女子，他都会伸出手去捏一下女子的乳房。而那位被捏的女子，并不会抽他个嘴巴或大喊“非礼”，而是当作什么也没发生一样继续赶路。然后，年轻人又会去捏下一位。如今想来，觉得这样的事简直令人不敢相信，但在我的记忆中，这的确是实实在在发生过的事情。他的行为并没有让人觉得十分下流，而他的动作也并没有被年轻女子认为是大男子主义禽兽的举动。当年，这样的行为就是嬉皮士文化中的一部分，属于那个“如果你去旧金山 / 记得在发间插朵花儿”的年代。所幸，一切已时过境迁。如今，与当年那位年轻人以及被他猥亵（我们现在的说法）的女子年龄和社会阶层相仿的人，会对当年那些让人坦然接受的行为表现出最为强烈的愤怒。

在伯克利的研究

政治话题暂且搁置一边，我对这份初级助理教授（当时我的确非常年轻）的工作，还是非常胜任的。乔治·巴洛和我二人担起了动物行为学课程的教学任务，我也将在牛津时讲过的“自私的基因”的内容，带到了伯克利的讲堂。我想，20 世纪 60 年代后期牛津和伯克利的学生，就是全世界最早一批接触到“社会生物学”和“自私的基因”等新理念的本科生。

到了 20 世纪 70 年代之后，这些理念逐渐变得流行起来。

在伯克利，马莉安和我受到了热情的款待，也结交了不少好朋友，有乔治·巴洛，还有神经生理学家戴维·本特利（David Bentley），动物眼部研究的世界级权威人物迈克尔·兰德（Michael Land），迈克尔和芭芭拉·麦克罗伯茨（Michael / Barbara MacRoberts）夫妇，芭芭拉后来去了牛津，为贝文顿路的圈子注入了新鲜血液，还有总是温和地打着趣的戴维·诺克斯（David Noakes），他是我在伯克利时，乔治·巴洛最得意的研究生。每周，巴洛会在他位于伯克利山的家中为感兴趣的研究生举办动物习性学研讨会，那些晚间聚会，让马莉安和我想起了在牛津时，丁伯根主持的周五晚间研讨会中那美好的氛围。

在此之前，我从没去过美国。到了那里之后，对一些事物不禁感到困惑。记得与动物学系的同事们第一次开会时，所有人讲话时都在用数字交流。谁在做 314？不，我在做 246。如今在讲英语的地方，人们知道，“动物学 101”是针对新生的动物学入门课程（有时带点嘲讽的意味）。但在我刚刚来到美国时，所有这些数字概念实在令我费解。如今，谁不知道“专业”是什么意思？但我记得那时读到一本美国校园小说，看到书中描述大二、大三和大四的学生一看到像春风般“步入教室的英语专业新生”，就不禁窃窃私语时，总觉得有点厌烦。“专业”一词，在我的脑海中浮现出的是穿着马裤、留着小胡子的个性形象。

马莉安和我做起研究来都废寝忘食。一提到两人共同的科学兴趣，我们就停不下嘴，能一直讨论很久。在伯克利山的蒂尔登公园散步时，在美丽的加州郊外驾车时，用餐时，在旧金山海湾大桥大采购时，我们总是聊个不停。讨论时的气氛，就像互相给对方上辅导课，在彼此学习的同时，一步步地将话题延伸，退一步，再进两步。现在，为网站或 DVD 录影时，与同事进行公开讨论，我依然会尝试着去营造这种相互辅导的氛围。与马莉安相伴而行时的那些话题，成为我们回到牛津后共同进行的联合实验的基础。

我在伯克利的研究，是小鸡啄食研究的继续。我的博士研究课题，具有鲜明的波普尔式风格。这项研究对给定时间内发生的选择总量进行了精准预测。但模型总是需要更多的观察性测试，利用实际发生的精准的啄食顺序，而非每分钟发生的啄食总数。在伯克利，我将重点转向精准的顺序，并打造了一个与牛津时代完全不同的新装置。这套新装置能够在每次啄食发生时进行精准记录，并不只是对每分钟发生的啄食次数进行计数。我还在啄食发生时，奖励小鸡一阵它们喜欢的红外线热光，从而提高了啄食率。无论小鸡们啄到哪个键，都能得到相同的奖励，但它们依然表现出对色彩的偏好，依然以驱动临界模型为基础进行选择。啄食的发生，记录在为乔治·巴洛制造的一台复杂而昂贵的设备的磁带上，这台设备叫作“数据获获系统”，之所以得此名，是因为标签上的“获取”一词在排版时出了错。

驱动临界模型的一个简单预期是，小鸡会对偏好色彩进行长时间的啄食（当驱动值仅在那一种颜色的临界值之上时），中间穿插着对色彩选择无差异的啄食（当驱动值在两个临界值之上时），永远不会出现对不偏好色彩的长时间啄食。在关注临界模型建立之后，我预期，对色彩选择的无差异，实际上意味着对物体一侧的偏好。我将设备设定成在每次啄食之后将每种颜色翻面（偶尔随机变化），并预测出了顺序。

为了证实这一预测和其他几项预测，我利用从大量实验中获得的数据，进行了统计分析。分析结果，支持了从驱动临界模型衍生出的关注临界模型的预测。

牛津向我招手

马莉安和我在伯克利的第二年，简·丁伯根夫妇前来拜访。丁伯根想要劝我们回到牛津，他可以为我提供一笔丰厚的研究资金，马莉安还能回去潜心完成她的博士研究，而在伯克利，她的研究也进展得非常顺利，丁伯根也予以认可。随后，丁伯根夫妇回了牛津，让我们好好考虑一下。我们决定接受这个机会，而与此同时，丁伯根又给出了一个新的机会。牛津决定任命一位在新学院担任教员的大学级别的动物行为学讲师，丁伯根希望我去申请。这一教学职位不会影响他之前承诺我的研究资金。我应允他去申请这个讲师职位，于是牛津为我出了机票，请我回去面试。

这是一趟神奇之旅，当年的一切似乎依旧萦绕于眼前。记忆中，音乐不绝于耳：飞行途中，一边从舷窗眺望下面的洛基山脉，一边期待着令人激动的未来，一边听着门德尔松的小提琴协奏曲。牛津也正值它最美的季节，五月的樱花和金链花在班伯里路和伍德斯托克路两旁竞相怒放。新学院带着 14 世纪的古典风格展现在眼前，令我向往。而我回到牛津之后，得知柯林·比尔（Colin Beer，牛津动物行为研究团队的前任成员，当时在新泽西的罗格斯大学任教授）也出乎意料地递交了讲师职位申请。当时，我也并没有因为这个消息而影响我欢欣雀跃的心情。就连丁伯根激动万分地将对我的支持转向比尔，也没有令我乐观的情绪受到一点打击。就算丁伯根认为比尔比我更适合这个职位，我也能安然接受这样的现实。因为我还有那个研究职位，就像我对面试委员会时说的一样，如果比尔也能加入牛津，那其实是更好的一件事。后来，讲师的职位果真给了比尔，而我则接受了那份研究资金。

An Appetite for Wonder

12

重回牛津

回到牛津后，我用第一台个人电脑开发了应用程序“道金斯风琴”，用以记录动物行为。小鸡饮水行为、苍蝇梳理行为和蟋蟀叫声都是我的研究内容。动物行为研究团队的许多成员都使用过这一程序，甚至很多其他地方的动物学专家也在工作中使用这个程序。

12 重回牛津

马莉安和我1969年离开伯克利，心中百感交集。伯克利这个地方，在我心目中一直是神奇的圣地：在那里，我度过了梦一般的青春年华，与睿智而友好的同事为伴，明媚的阳光时而与金门大桥上清凉的雾霭交映成辉，晨光中的空气，总是散发着松树与桉树的清香，还有那些为人正派真诚、抱着天真自由价值观的“花儿”年代的人们。

获得教职，进入“贵宾席”

我们将几件家当装箱，开着那辆周身贴满反战标语和尤金·麦卡锡竞选口号的老旧的奶油色福特猎鹰旅行车，一路从伯克利运着行李开到纽约。我们在码头边将福特车卖给了之前约好的买家（令人惊叹的是，这位之前也从伯克利一路自驾到纽约的买家，竟然准时赴约了），登上了飞往南安普敦的法航班机，准备和依然在牛津的许多老朋友再次为伴，去结识新来的柯林·比尔，恢复往日的生活。结果，没想到比尔的大部分时间都花在了新学院，很少来系里，令大家颇感失望。他在牛津仅工作了一年。丹尼尔·莱尔曼，也就是那位以其理论评论文章对我的博士论文予以极大影响的人，周到地为比尔保留了在罗格斯大学的职位。后来，由于牛津无法为比尔的妻子在此处安排适合她的中世纪法语教授职位，比尔决定回国。于是，动物行为学的讲师岗位再次空了出来，求才若渴的新学院再一次同意给出与这个岗位挂钩的教员职位，而丁伯根也再一次建议我去申请。与其他几位竞争对手一起，我再次接受了两个委员会的面试：由雅号“笑先生”的约翰·普林格尔（John Pringle）任主席的大学委员会，以及由总是一脸真诚笑容、天性友好的学监，前任英格兰驻莫斯科大使威廉·海特爵士（William Hayter）任主席的学院委员会。

这次，我是真心希望得到这个工作机会的，也确实将机会牢牢抓在了手中。记得马莉安和我与几位朋友正在牛津的一家印度餐厅坐立不安地等待消息时，好消息传来了。突然，我们听到卡伦教授的小摩托车停在门外的声音。卡伦教授冲进餐厅，一言不发，伸出双手食指指向我，然后像他来时一样匆匆离去，一下子消失在我们眼前。我得到了这个工作机会。现在回头想想，我觉得当时的我并没有资格获得这个职位，尤其是还在与学富五车的德利厄斯竞争。但我总是觉得，自己后来逐渐适应了这份挑战，最终拥有了胜任的能力。德利厄斯是我亲密的朋友和导师，头脑中充满智慧和丰富知识，有着兼具德式和阿根廷式的幽默感。他曾告诉过我，什么是阿根廷式的幽默：“阿根廷人喜欢低俗闹剧，但如果有人不小心踩到香蕉皮，除非他摔断了腿，否则也不是那么搞笑。”贝文顿路 13 号的公告牌上，总能见到德利厄斯用他那独有的特色英语张贴出来的神奇告示：“哪个混蛋觊觎了我的环环？”（谁拿走了我画不同大小圆圈用的那个漏字板？）

在牛津大学的学院中做导师，从很多角度看都是相当享受的一份工作。我在一座散发着光芒的中世纪石灰岩建筑中有了自己的办公室，建筑周围环绕着几处著名而美丽的花园；不仅能享受到著作津贴、住房津贴、研究津贴，享受到免费的餐食（与令人羡慕的传言不同的是，我们没有免费的红酒），还有除了我本行以外各个学科的著名学者相伴左右，给我激励的同时还能带来欢笑。在我自己的研究领域，那些给我以激励的学者，都在动物学系，我也在动物学系度过了大部分时光。

我就这样进入了“贵宾席”的陌生世界。晚餐之后，同僚们有时会捧出“资深教员休息室打赌记录册”，不是去记录新的赌注，就是去翻阅过去的记录，所有内容的书写字体，都像“贵宾席”本身一样做作。举个简单的例子吧，回到20世纪20年代，那时最勤于“打赌”这项活动的人，就是超乎常人的天才G.H.哈迪（G. H. Hardy），他那路易斯·卡罗尔式的数学家幽默感，也传染给了他的同事们：

> （1923年2月7日）副学监与哈迪教授打赌，用他一辈子的财产赌半便士，赌明天的太阳会照常升起。
>
> （1927年8月6日）哈迪教授与伍德沃德先生打赌，用10000赌1，赌他（哈迪教授）不会成为马达兰群岛的下一任总统，伍德沃德先生和哈迪教授打赌，用1赌5 000，赌他（伍德沃德先生）不会成为马达兰群岛的下一任总统。
>
> （1927年2月）哈迪教授与克利德先生打赌，用2/6赌1/6，赌《新祈祷书》会一败涂地。如果需要，可请史密斯先生、卡森先生和伍德沃德先生进行裁定。

如此显而易见的价值判断，竟能用来打赌，实在令我忍俊不禁。而且必要的时候，居然还需要奇数位的裁定人。

还有一次打赌，竟然将赌金的大小留到之后决定：

> （1923年12月2日）特纳教授与SCR的管家打赌，用一大笔钱做赌注，说在SCR摆上一张伦敦铁路指示图是件好事（特纳教授获胜）。

> （1927 年 2 月 15 日）考克斯先生与哈迪教授打赌，以 10/- 赌 1 / -，说卡农·考克斯教士（“弗莱德”）不会成为马拉维的下一任主教。

中间插入昵称“弗莱德”，让人感觉很亲切。可惜，这次打赌的结果并没有记录下来。我很想知道，“弗莱德主教”是否真的接管了我童年时代的家乡。怀着这个疑问，我打开 Google，查到 19 世纪的马拉维主教是查尔斯·艾伦·斯迈西斯（Charles Alan Smythies），此位主教很可能与我那些斯迈西斯家族任主教的六代祖先有亲属关系。

> （1927 年 3 月 11 日）约克先生与考克斯先生以 2/6 打赌，赌马太福音的文字中，没有任何一段提倡自我阉割，或认为自我阉割是正当的论述。考克斯先生获胜。

> （1970 年 10 月 26 日）艾尔爵士与克里斯蒂安森先生打赌，赌牧师在没有提醒的情况下，无法背出《公祷书》中 29 段文字中的 12 段。赌注是一瓶红酒。

> （1985 年 11 月 24 日）牧师与雷德利博士用一瓶红酒打赌，赌班尼特博士会在欢迎伦敦主教来访的晚宴上，戴上教士的硬白领。（牧师获胜）

> （1993 年 8 月 4 日）道金斯先生与雷恩先生以 1 英镑打赌，赌伯特兰·拉塞尔娶了奥托林·莫瑞尔女士。审裁员布鲁诺小姐。（道金斯输掉赌局，于 20 年后支付了赌金。）

像最后一条那样的打赌，今后不会再出现了。因为这类问题太过简单，任何人都能安然坐在资深教员休息室的高背扶手椅上，用智能手机轻而易举地查找到答案。即使在当时，针对如此单纯的事实性问题，也实在不需要指派一位审裁员。

道金斯风琴

话题回到 1970 年，29 岁的我刚刚回到牛津。当年滴滴作响的伊利亚特 803，如今已让位给了全硅计算机。而摩尔定律和之前一年吸引我回到牛津的研究基金,则让我拥有“自己的”计算机成为可能。这是一台 PDP-8，除了体积和价格外，在各个方面都远优于伊利亚特 803。而且，在摩尔定律（当年已经深入人们心中）指导下,这台计算机与如今的笔记本电脑相比，在功能上要简约得多，而体积上则要庞大得多。可笑的是，计算机上还拴着一本记录册，每次开机的时候，都要进行记录（我当然不用记）。它是我的骄傲和快乐，也是非常宝贵的资源，在我充当贝文顿路 13 号唯一的程序员时（此项事务夺去了我大量的时间），它是我工作中的伙伴。此时，我对计算机的痴迷已经彻底烟消云散了，也不再像与伊利亚特 803 那段令我羞愧的情缘那样，整夜沉醉其中。

之前，我只用过高层编译程序，也就是人性化语言。计算机将这类语言翻译成自身的二进制机器语言。而现在，为了利用 PDP-8 作为研究工具，我必须掌握其 12 字节的机器语言。于是，我怀着饱满的热情投身其中。我的首个机器编码项目是“道金斯风琴”。这是一套记录动物行为的系统，就像乔治·巴洛的“数据获获”装置一样，只不过价格要便宜许多。我的想法是打造出一个键盘，让观测科学家们可以在野外使用，看到动物的某种行为时，就按下相应的按钮。按键记录在磁带记录器上。之后，磁带能自动告知计算机每次动物行为的精准发生时刻。

我的键盘就像一台简易的电子风琴，每个键都代表不同的音符（人耳虽然听不到，但磁带记录器却能理解）。这部分装置制作起来并不难。在一个盒子中装上简单的双晶体管振荡器，其音符发出的音调受电阻调配。

风琴上的每个琴键，都与不同的电阻器相连，由此产生不同的音符。观测科学家可以带着这部“风琴”去野外，像工作效率研究人员那样观察动物的行为，发现每种行为模式，按下相应的琴键。记录音符顺序的磁带，会同时将动物行为的发生时间记录下来。从理论上讲，具有深度“赏析”能力的人，能在“倾听”磁带时，感知到当时按下的都是哪些键，但这种能力并派不上用场。我需要让计算机担当起赏析的角色。可以利用一系列调配好的频率检测器，以电子方式进行，但这种方法既昂贵又麻烦。我在想，计算机那完美的音准灵敏度，是否能单纯通过软件来实现？

我与当时身边的计算机大师——罗杰·艾伯特（Roger Abbott，碰巧他也弹得一手好风琴）谈到这个问题。艾伯特是一名工程师，有着睿智的头脑，在普林格尔教授的一个大型研究项目下做事。他给出了一个富有灵感的建议。每个音符都有自身特有的波长，而波长就代表了其音高。就算在那个年代，计算机的速度也非常之快，能够以数百个程序循环对一个音符中的波峰间隔进行测量。艾伯特建议我编写一个机器代码程序，对波峰之间的间隔进行计时。我所“编写”的内容，换句话说，就是一个高速时钟一样的小程序，计算在被下一个波峰打断之前可以循环多少圈程序（在对许多波峰进行平均后，就能知道音符的音高）。一个音符结束时（最后一个波峰之后，留出了比一个关键时长更长的时间空白，即为结束），计算机就要进行时间记录，并等待下一个风琴音符出现。换种说法，计算机的计时循环不仅用来认知音符的音高，而且在更长的时间量程上，来测量音符之间的时间流逝。

将这套中心程序运行起来之后，剩下的就是人性化程序的编写和调试了。这部分工作花了我很长时间，最终以成功收尾。这部“道金斯风琴”是具有实用性的产品。每开始一段工作，风琴的用户就首先在磁带上“弹奏”出一个音阶——从低音向高音敲出所有的音符。磁带记录的音阶，就成了软件的“校准”标识，去“教会”计算机那些需要识别的全部音符。校准音阶结束之后（第二次弹奏第一个音符，以示结束），磁带上即将记录的所有音符，都指定了行为事件。这套校准系统的好处，在于不用非常仔细地对风琴进行调音。任何一段带有不同音符的旋律都没问题，因为计算机能迅速学会要去倾听哪些音符。

这样，将磁带从野外带回来，录入计算机后，计算机就能准确地知道动物在何时做了些什么。程序的核心就是正时循环，由大量代码编写出来，并能通过纸带打出所有行为模式的名称和发生的确切时间。

我发表了一篇关于道金斯风琴的论文，并将软件免费提供给需要的人。在随后几年中，道金斯风琴为牛津动物行为研究团队的许多成员所使用，也服务于世界其他地方的一些动物习性学家，比如不列颠哥伦比亚大学的研究人员。

我对机器代码编程的痴迷，逐渐走入了恶性循环。我甚至设计了自己的编程语言——BEVPAL，还配了一份编程手册。这真是多此一举，因为这个语言除了我和卡伦教授短暂使用过之外，再没有别人用过。道格拉斯·亚当斯（Douglas Adams）曾风趣地讽刺过我这种类型的计算机迷。他讽刺的目标是需要解决一个具体问题 X 的程序员。他本可以用 5 分钟编个程序解决问题 X，然后用这个解决方案去做实际的事情。但除了做到这一点之外，他会花上几天甚至几周的时间，编写出一个覆盖面更广的程序，可以随时为任何人所用，以解决与问题 X 类似的所有问题。其中的痴迷情结，主要集中在追求“普遍性”上，同时也是在力求为假想中（很可能根本不存在）的人群服务，为他们提供一款从美学角度可供人欣赏的人性化产品，而并不是真的为了找到具体问题 X 的答案。这种书呆子式的痴迷还有另一种症状，那就是每次解决了一个局部问题，让计算机向前迈了一步，你就会想要冲到大街上，抓个人进来，告诉他们你的问题解决方案有多优雅。

就在这段时间，贝文顿路 13 号培育出来的相互学习、相互促进的同伴友谊宣告了结束。动物行为团体搬到了崭新的动物学／心理学大楼，这座大楼位于南公园路，体形硕大，犹如一艘恐怖的战舰。当时我们戏称这座楼为 HMS 普林格尔，因为这位林纳克学院的教授曾一肚子雄心壮志，在引诱校方建设一座如铅笔般细长的摩天大楼未果后，说服校方盖起了这样一座楼。没有建设摩天大楼的原因，是因为这座楼如果真的盖起来，其高度会超过马修·阿诺德的梦想尖塔。后来，HMS 普林格尔大楼被正式命名为丁伯根楼，为此我心中五味杂陈，因为这座楼被人们一致认为是牛津最丑陋的建筑。后来，这座大楼获得了水泥协会颁发的建筑奖，单凭此奖就足以说明问题，无须多言。

这个阶段，我在《自然》杂志上发表了一篇题为《作为可能的记忆机制的选择性神经元死亡》（*Selective neurone death as a possible memory mechanism*）的文章。每一天，我们大脑中都有数十万脑细胞死亡，这一现象令当年那个 29 岁的我寝食难安。我那充满达尔文思想的头脑总在寻求一个解释，如果细胞的死亡不是随机的，那么如此大规模的屠杀行为就一定是具有建设性的，并非一种单纯的毁灭：

> 雕刻家通过削减材料，而非增加材料的方法，将均质的石头塑造成形态复杂的雕像。一部电子数据处理器，是通过复杂的方式将元件连接起来，之后再对这种连接进行充实，使其更为复杂。从另一角度看，也可以从极端丰富，甚至随机互连的系统着手打造，通过选择性的剪断电线，来塑造出更有意义的结构。
>
> ……
>
> 这里提出的理论，乍看起来也许有空想之嫌。但经过深入思考后就会发现，其缺乏逼真性，主要是因为以高度不可信的假设

> 为前提；这个假设是说，脑细胞每天以惊人的速度大量递减。虽然这一假设看似牵强，但是确凿的事实，而我所提出的理论，并未额外增加任何不真实的内容；相反，这一理论令整个过程有更少的浪费。唯一存在讨论空间的，就是神经细胞为了储存信息，是随机死亡，还是选择性地死亡。

这篇有趣的小文章不过一页纸的长度，却是后来流行的“细胞凋亡”（apoptosis）理论的早期例证。细胞凋亡理论在这篇文章发表后一年提出，所以在我的文章中也见不到这个专有名词。

很快，马莉安就拿到了博士学位，我们也在大量讨论的基础上，开始研究项目上的合作。那些讨论就像是互相给对方上辅导课，而我们从伯克利时代就延续了这个习惯。我们计划进行一项研究，来验证并阐明动物行为研究的习性学派的一个基本概念——固定动作模式（Fixed Action Pattern，简称 FAP）。

劳伦兹、丁伯根及其学派认为，绝大多数动物行为包含一系列上了发条般的程序——固定动作模式。每个固定动作模式就像是动物肢体解剖中的一个部件，比如锁骨或肾脏。不同之处在于，锁骨和肾脏由固体材料构成，而固定动作模式则存在时间维度：无法用手将其拿起放到抽屉里，只能随着时间进展对其进行观察。我们所熟悉的一个固定动作模式，就是狗在埋骨头时，用鼻子做出的推挤动作。就算骨头在地毯上，周围没有可供填埋的沙土，狗还是会重复同样的动作。如此看来，虽然发生该动作的准确方位会受到骨头位置的影响，但狗的确像是一部（可爱的）发条玩具。

每种动物都有一套固定动作模式储备，就像一拉发条就发声的娃娃，每次发声都是从一套有限的储备库中随机摘出的声音。只要启动发条装置，无论娃娃说出了什么，都会一直说完为止。娃娃不会说到一半就转换到另一句话。从储备库中选说哪句话的决定，是无法预测的，而一旦做出决定，就会通过发条贯彻执行，结果是可以预测的。这就是马莉安和我作为丁伯根学派动物习性学家所耳濡目染的学说，但这是否是对现实的真实反映？我们想要回答这个问题，换种更准确的说法，就是我们想要找到一种重新表达该问题的方法，使得寻找问题的答案成为可能。

理论上，我们可以将持续的动物行为作为一序列的肌肉收缩记录下来。但如果固定动作模式理论是正确的，那么行为的可预测性就意味着，即使将每一次肌肉收缩都记录下来是可行的，也会浪费大量的人力。而我们真正需要做到的，就是记录下所发生的固定动作模式。从一个极端的角度去理解，一系列的固定动作模式，就应该是该种动物行为的完整描述。

但是，只有固定动作模式真的像器官或骨骼那样，每个模式都以整体形式呈现，不会半途中断或与其他模式混合，上述方式才是可行的。马莉安和我想要找到一种方法，来评估上述议题的真实性。我们二人的博士论文，分别从两个角度与“决策”这个主题相关，我们也自然而然地将固定动作模式的问题转化成了以决策为中心的讨论。从这个角度出发，动物采取启动一个固定动作模式的“决策”；而一旦启动，固定动作模式就会一直进行直到结束，在结束之前不会再出现其他决策。此时，动物的行为进程会进入一个不确定期，直到做出下一次启动（并完成）一个固定动作模式的决策。

我们选择去研究小鸡饮水的行为，作为我们的示例，希望这种行为能发挥出代表性的作用。鸟类饮水的动作（除了鸽子是用吸的方式以外），如同一段优雅的动作滑音，会给人一种主观印象，觉得这一动作是由分立的决策所启动的，决策一旦做出，动作必将持续到完成。但我们是否能找到坚实的数据来支持这样的主观理解呢？

我们从侧面对小鸡饮水的行为进行了录像，然后一幅画面一幅画面地对行为进行分析，试图对其“决策结构”进行测量。我们测量了连续画面中小鸡头部的位置，之后用坐标图的形式在计算机中展现出来。我们的想法是在得知前一幅画面中小鸡头部位置的情况下，对下一幅画面的可预测性进行测量。

图 12-1 是同一只小鸡三次饮水随时间进展的眼部高度图，以喙部碰到水面的时间点为横轴的原点。从这一时刻开始，实际上在这一时刻之前，该行为就是一成不变、可以预见的，但下行部分的早期阶段存在的变化更多，也更易受到决策的影响，其中包括暂停的决策，也包括放弃饮水的决策（另示）。

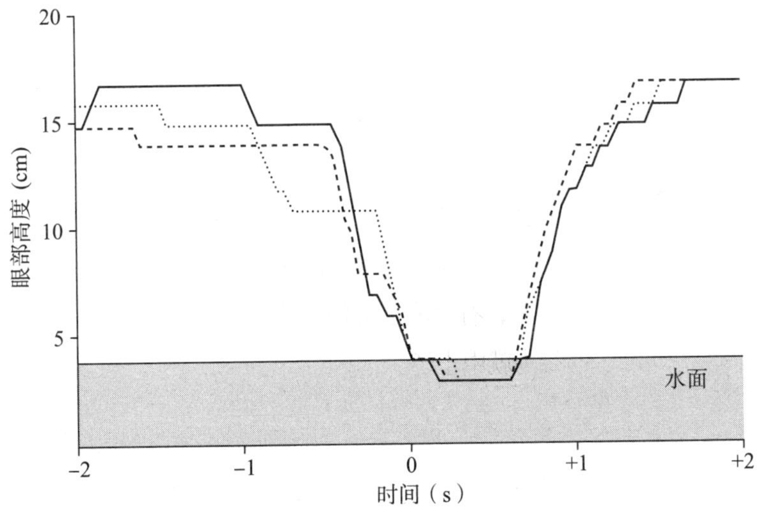

图 12-1　小鸡三次饮水时眼部高度图

但我们应怎样对可预见性进行测量呢？图 12-2 显示出了一种办法。图中以上述同样方法表现了一次饮水行为。但图中的每个代表眼部高度的点，都标有箭头。对于每幅画面来说，箭头的长度都表示下一幅画面中眼部高度将会更低、更高或持平的可能性（对所有小鸡所有饮水行为进行合计）。

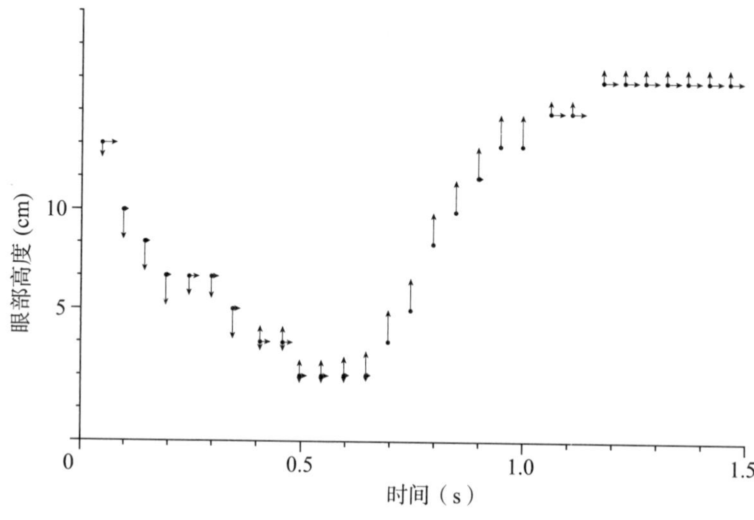

图 12-2　小鸡三次饮水时眼部高度图（箭头法）

从图 12-2 可以看到，在上行过程中，小鸡让饮入口中的水流过喉咙时，上行过程将会继续以向上的方向保持其优雅弧度的可能性很高。这时，小鸡执行了一个固定动作模式的决策，并在执行过程中没有采取进一步的决策。但下行过程中存在的不可预测性更高。对每幅下行过程的画面来说，下一幅画面中的眼部高度，有可能是更低或持平，甚至有可能是更高，在这种情况下，饮水的行为就中止了。

我们是否能利用这些箭头来算出一个不确定性或"决策性"的指数呢？我们选择的指数以信息理论为基础。信息理论于 20 世纪 40 年代由富有创造性思想的美国工程师克劳德·香农提出。从非正式的角度讲，一段信息的内容含量可以被定义为其"惊诧值"。惊诧值正好与可预测性相对立。典型的例子是"今天英格兰下雨了"（信息含量较低，因为没什么可值得惊诧的）与"撒哈拉沙漠下雨了"（信息含量较高，因为非常令人惊诧）。出于方便进行数学计算的原因，香农对悬而未决的概率的对数进行加总，以比特（即二进制数字）表示了其信息含量指数。掷硬币的信息含量是一比特，因为悬而未决的概率是正面或反面这两种等概率选择。一套花色纸牌的信息含量是两比特（有 4 个等概率选择，以 2 为底 4 的对数是 2，与凑齐一套花色所需问到的最少的是非问题数量一致）。

绝大多数真实案例都并不那么简单，而可能的结果通常也不是等概率的，但原则是相同的，同样的数学公式换个版本就能解决问题。正是因为数学上的便利，使得我们想到了将香农信息指数（Shannon Information Index）作为测量可预测性或不确定性的手段。

我们又做了一张随时间进展的小鸡饮水眼部高度图（见图 12-3）。细线部分代表可预测性较低的时间段，或改变未来发展决策出现的高概率时间段。粗线部分代表可预测性较高的时间段（信息含量低于人为设定的临界值 0.4 比特），在这个阶段，小鸡执行决策，从一而终。上行阶段只要开始，便具有可预测性，但下行阶段却并非如此。饮水动作之间的停顿是可预测的，只因为停顿这个行为很可能持续到下一幅画面之中——很难预测下一次饮水行为会在何时发起。

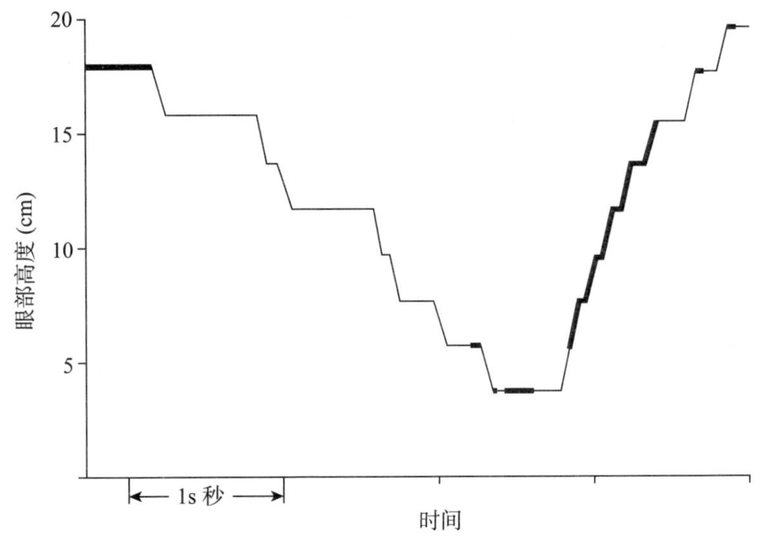

图 12-3　小鸡三次饮水眼部高度图（时间法）

再次重申，具体的行为本身并不是我们所感兴趣的。小鸡饮水，不过是行为总体的一个替身而已，就像我的博士论文研究将小鸡啄食作为研究对象一样。我们感兴趣的，是“决策”这个思想。在饮水这个例子上，我们感兴趣的是能否确定小鸡做出决策的时刻。我们想要找到一种方法，展示出固定动作模式是确实存在的，而不是像动物习性学家普遍习惯的那样，对这一概念直接照搬。

我们在决策研究的下一个项目上采用了另一种方法。这次，我们研究的对象是苍蝇的自我梳理行为。动物学家总是提出这样的问题：如果你知道一只动物现在正在做什么，那么是否能预测它下一步将要做什么。马莉安和我想要了解，是否有时在预测更为遥远的将来所发生的行为时，会比预测更为邻近的将来所发生的行为时更加准确。举例来说，如果行为像人类语言一样是有组织有结构的，那么这个想法就有可能是正确的。有的时候，一句话的开头，会比一句话说到一半时更能预测这句话的结尾，因为说到一半就有可能出现各种穿插其中的形容词或关系从句。“女孩打到了球”这样一句话，开头之后就需要这样的结尾，无论中间是否加上了形容词、副词或从句：“女孩一头红发，住在隔壁，用力打到了球。”

我们并没有找到证据，证明小鸡饮水行为具有像语言一样的语法结构（稍安毋躁）。但我们的确找到了可预测性随时间发展而衰退时所表现出来的有趣的锯齿状模式。换句话说，邻近的将来可能比（稍）遥远的将来更不易预测。我在这里大致介绍一下我们的研究，由于研究的复杂程度，就不加以详述了。

苍蝇并不是什么可爱的动物，但它们洗脸洗脚的样子却非常有意思。下次等到有苍蝇落在你身上时，请记得观察一下，也可能你早就观察过了。苍蝇会将前足凑在一起搓搓，或是用前足刷洗一下大大的眼睛。它会用一侧的中足搓洗同一侧的后足，或是用后足清洁一下腹部和翅膀。在苍蝇那小小的脑袋中，会同时产生几个决策，其中一些决策就是关于下一步要清理身体的哪个部位的。我们之所以选择苍蝇的自我梳理行为作为研究对象，是因为苍蝇的行为选择不太可能源自外部刺激。我们假定，外部刺激使得苍蝇产生了一直存在的保持清洁的需要—— 一直存在的意思是说，无法确定苍蝇的某一特定梳理行为是在何时选择的，虽然这一时刻的意义十分重要。肮脏的翅膀会影响飞行，污物会影响足部高度敏感的味觉器官，而苍蝇要利用这些味觉器官来决定是否伸出舌头吃掉食物。因此，清洁对苍蝇来说十分重要。但关于清洁身体哪个部分的决策，大概不是靠一块新污物的突然到来而做出的。我们想，这些快速而时刻存在的决策，是通过神经系统深处那些我们看不到的跌宕起伏的变化而从身体内部产生的。

我们发现了 8 种不同的梳理行为，如果我们有时间对苍蝇做一个像小鸡饮水那样的一幅画面接一幅画面的图像分析，就会将这些行为认定为固定动作模式：FR（足部互搓）、TG（在前足中搓舌头）、HD（用前足清洁头部）、FM（将一只中足放在两只前足间搓动）、BM（将一只中足放在两只后足间搓动）、BF（后足互搓）、AB（用后足清洁腹部）、WG（用后足清洁翅膀）。我们用道金斯风琴，记录了这 8 种梳理行为的顺序，还有 MV（离开）和 NO（站住不动）。

如图 12-4 所示，是假设苍蝇现在正在进行 HD，接下来将要做 FR 的概率（lag=1，高概率），间隔一个动作之后做 FR 的概率（非常低），间隔两个动作之后做 FR 的概率（高概率），间隔三个动作之后做 FR 的概率（低概率）等等。我们可以从图 12-4 中看出一个非常明显的交替走势，也存在一个渐弱的总体趋势，越看向未来，概率越低。

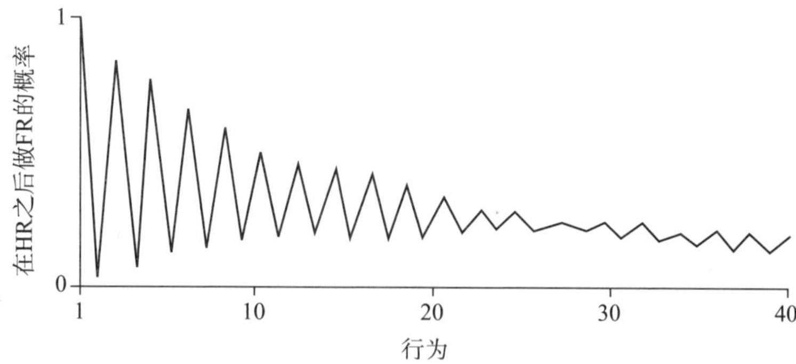

图 12-4　HD 之后跟随 FR 的特例

图 12-4 是关于 HD 之后跟随 FR 的特例的。我们也为所有可能的动作转换制作了同样的图，并将这些图植入一张表格（见图 12-5）。

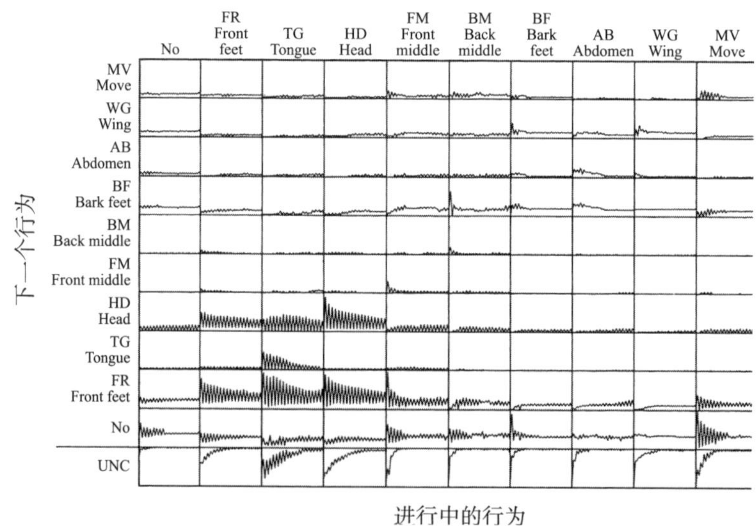

图 12-5　HD 之后跟随 FR 的综合图

我们可以从图 12-5 中看到，许多动作转换都依循相同的锯齿状走势，而其中有的动作彼此之间完全不搭边。最后一行（UNC）显示了每次行为完成之后，对未来预测的不确定性。这一数据的计算利用了香农信息指数和小鸡饮水研究中使用过的同样方法。

我们还尝试着进行了实验，利用人耳来确定动物行为中存在的模式。为此，我们利用道金斯风琴对苍蝇的梳理行为进行记录，但取消了"音符"之间的间隔。我为计算机下达指令，将所有的间隔简化为单一的标准短间隔，之后我们再去倾听这段"乐曲"。曲子听起来与"现代"（与"传统"相对立）爵士乐有些相似，也有些像我年少时通宵为伴的伊利亚特 803 计算机所唱出的歌声。这样的对比，充满了趣味。我想，人耳也许是察觉动物行为模式的一部好"设备"，但没有深入研究下去。只是在这里将这种有趣的可能性一笔带过。如果当年就有互联网，我一定会上传这段苍蝇梳洗之歌，说不定你还会随着乐曲翩然起舞。可惜，那些属于双翅类昆虫的旋律，就像"失落的琴弦"那样，永远地消失在了人间。

我不敢说，我们的苍蝇研究以及之前针对决策的其他研究，真的能对动物的大脑如何运转给出解释。我更多的是将这些研究看作是对方法的探索：不仅仅是动物行为研究的方法，而且也是"思考"的方法。马莉安和我针对苍蝇还做了其他研究，所有的研究都以论文形式发表，在此不做赘述。而关于苍蝇的研究，也充实了我接下来的一项大工程。这是一份长篇理论性论文，题目是《作为动物习性学候选原理的层级组织原理》。后面的章节中将会对此进行详细讨论。

与此同时，1973 年，简·丁伯根荣获诺贝尔生理或医学奖。与他共同获奖的，还有和他共同开创动物习性学的康拉德·劳伦兹，以及发现蜜蜂之舞的卡尔·冯·弗里希（Karl von Frisch）。一年之后的 1974 年，丁伯根 67 岁了，到达了牛津大学规定的强制退休年龄。大学批准任命一位动物行为学读师（Reader）接丁伯根的班。如今想来，读师（Reader）这个职衔，当年在牛津还是很有威望的。后来，为了与美国的称谓习惯接轨，改称为教授（Professor），还因此被人不太客气地戏称为“米老鼠教授”。那时，我作为讲师，非常知足，没有申请这一职位的抱负。

大多数人都自然而然地认为卡伦教授是丁伯根的接班人。可能正是因为这个原因，任命委员会为了表现得不偏不倚，将多数票投给了戴维·麦克法兰。就像汉斯在丁伯根传记中写到的一样，“真是找不到与丁伯根差距更大的人了”。虽然麦克法兰的上任颇具争议，但从某种角度来看，也算是一种新的启迪，至少新官上任也意味着新老更替。麦克法兰的科学研究具有高度理论性，运用了大量数学元素。他将数学家的直觉融入研究之中，还聘请了一些资深数学家和工程师。茶歇时的聊天话题，从海鸥和棘鱼变成了反馈控制系统和计算机模拟。

也许，那正是一个表现生物学不断演变的微观小宇宙。那时的我还年轻，许多想法还没有定型。我的态度是“如果不能打败他们，就加入他们”。于是，我潜下心来，向身边的那些工程师和数学家学习控制理论。有什么比亲身实践更好的学习方法？就这样，我再一次投入自身对计算机编程的热情或说恶习之中，为数字计算机（“我的”PDP－8）编写了一个程序，使其能像模拟计算机一样工作。为了达到目标，我又创造了另一种计算机语言，我称其为SysGen。

SysGen的命题与Fortran等传统计算机语言不同，Fortran是循序执行的，而SysGen则是“同步”执行的——当然不是真正的“同步”，因为数字计算机处理的所有工作，归根结底都是循序的。但SysGen语言可以以任何顺序进行编写。我之所以编写SysGen解析程序，是为了让数字计算机以看似同步的方式运行，成为一台虚拟的模拟计算机，并像模拟计算机那样，将结果以图像的方式显示在示波器荧光屏上。

我不清楚SysGen有多少实际用处，但创造出这一计算机语言，并为其编写解析程序的过程，的确让我了解了控制理论，而且还学会了积分。我更加深刻地明白了求积分的意义。我还记得外祖父推荐过的，他的导师西尔瓦诺斯·汤普森撰写的《简明微积分》。汤普森介绍积分部分的第一句话，一直深深地印刻在我的脑海中："学习积分，时不我待。"中学时代的数学课，让我对积分似懂非懂，而 SysGen 的实践过程，又让我在动手的过程中加深了对积分的理解。

抱着类似的目的，我也用同样的实践法深入了解了乔姆斯基的语言学，只不过这次难度小了许多，也没有花费我多少时间。我编写了一个能产出随机语句的计算机程序。随机产出的语句不见得有什么实际意义，但都严格符合语法。如果你所使用的编程语言允许递归子程序，那么完成上述工作就不是什么难事，而且整个过程充满学习的机会。我在罗杰·艾伯特的影响下，当时喜欢使用的编程语言 Algol-60 就是这样。艾伯特还利用他聪明的头脑，为 PDP-8 编写了 Algol 编译程序。与同时代做科学研究的程序员费尽千辛万苦编写的程序不同，Algol 的子程序可以与 IBM 的 Fortran 语言相媲美。提到 Fortran，让我想到了人工智能先锋人物泰瑞·威诺格拉德（Terry Winograd）讲过的一个圈内笑话。20 世纪 70 年代时，我参加了在剑桥举办的一次学界顶尖的人工智能编程大会，威诺格拉德是那次会议的明星人物。演讲时，他于不经意间以绝妙的讽刺表明了自己的态度："现在你也可能说出这样的话，'既然我爷爷觉得 Fortran 很好，那我也觉得 Fortran 很好。'"

如果你的编程语言可以实现递归子程序，那么编写能输出正确语法的程序，就只需非常简约而优雅的几个步骤了。我编写的程序里面包括带有"名词语句""形容词语句""介词短语""关系从句"等名称的子程序，所有子程序都能调用任意一个子程序，包括自身在内。这一程序能产生如下的随机语句：

(The adjective noun (of the adjective noun (which adverbly adverbly verbed (in noun (of the noun (which verbed))))) adverbly verbed)

从语法上仔细分析上面的语句（我已用括号将语法结构划分明确，计算机会直接产出语句，不会像我这样明确分析结构），就会发现，虽然这句话没有表达什么信息，但从语法上讲却是无懈可击的。从语法上讲毫无差错，从语义上讲一窍不通。计算机可以用随机选择的特定名词和形容词，来取代上句中的名词和形容词等部分，从而为句子注入语义（但不一定讲得通）。这样，我们就可以从特定的词库（诸如“色情文学”或“鸟类学”等）中抽出词汇来插入句子。

或者，你也可以像安德鲁·布雷克（Andrew Bulhak）后来编写的那富有幽默感的“后现代文学生成器”那样，插入一些不知所云的词汇。我在《魔鬼的牧师》（*A Devil's Chaplain*）一书中也提到了这一点：

> 如果去仔细研究资本主义理论，就会面对一个选择：或是拒绝新文本唯物主义，或是断定社会具有客观的价值观。如果辩证去情境主义是合理的，那么我们就要从哈贝马斯的论述和上下文的潜在范式中二者选一。可以说，主题融入了一个将真实作为现实的一部分的文本民族主义语境。从这个角度讲，上下文潜在范式的前提，认定现实来自集体的无意识。

这一段随机产出的胡言乱语，和许多崇尚“文学理论”的杂志文章一样令人摸不着头脑，而布雷克的程序中能产出无穷无尽的这类文章。

编程项目

我人生中这段时间参与的另外两个编程项目，用现在的眼光看来，都培养了我未来所需要的技能，而并没有什么当时立竿见影的实际用途和成果。一个编程任务，是将一种计算机语言翻译成另外一种，也就是将BASIC翻译成Algol-60。翻译程序很适用于这两种语言，而且只要稍加改动，就能将这类算法类型的计算机语言翻译成任意一种。另一个项目是STRIDUL-8。这个程序能让PDP-8计算机像蟋蟀一样鸣叫。

受到我在伯克利的朋友——神经生物学家戴维·本特利的启发，我开始了对蟋蟀的研究。我的研究生——昆虫学家泰德·伯克（Ted Burk，现在是内布拉斯加州大学的教授）很希望以蟋蟀为主题展开博士论文的研究工作。本特利好心地给了我一些太平洋蟋蟀（滨海油葫芦）的卵。小蟋蟀在牛津孵化了出来，很快我们就有了一个欣欣向荣的蟋蟀群落，由伯克负责看护，喂它们吃莴苣。伯克在对蟋蟀行为进行研究的同时，我也构思了一个利用计算机产生求爱鸣叫的项目。这一研究项目并没有完成，但我完成了STRIDUL-8的编写，而且它运转起来很顺畅。

我的测试设备是一部由轻质木材打造的跷跷板，因为要给蟋蟀用，所以必须十分轻巧。这部设备其实就是一条长长的轻木板，两端和顶部装有网子。木板安放在中间装有铰链的支点上。一次在木板上放一只蟋蟀，允许蟋蟀自由地在两边走来走去。和普通跷跷板一样，蟋蟀走到哪一端，哪一端就会落下。这一过程由一部微型切换机记录下来，这部切换机同时也负责声音位置的翻转。跷跷板两端安置有两部小扬声器，会在蟋蟀走到一端时，在另一端播放求爱鸣叫声。想象你是一只雌性蟋蟀，停留在木板的左边。这时，从右边传来一阵鸣叫。你听到后怦然心动，开始向右走去。当你快走到右边的末端时，你的体重使得跷跷板向右倾斜，牵引小切换机。切换机向计算机发出信息，将鸣叫声转到左边的扬声器。于是你回眸一望，转身向左走来。整个过程就这样在左右两边反复。如果蟋蟀心仪这段鸣叫，就会让跷跷板翻来覆去地起伏多次，计算机会对起伏次数进行自动统计。

雌性蟋蟀究竟觉得它是在追求一只总是避而不见的腼腆雄性，还是觉得这位雄性总是从它头顶任性地跳来跳去，还是它什么也不想，我们无从探究。而蟋蟀不太感兴趣的鸣叫，则只能激起很少量的跷跷板起伏。如果一段鸣叫令蟋蟀反感，那么它就会停留在跷跷板一端，不会引发跷跷板的起伏。

这就是我测量蟋蟀对不同类型鸣叫喜好程度的设备。播放鸣叫 A 五分钟，观察蟋蟀在跷跷板两边折返的情况，然后播放鸣叫 B，之后再继续其他鸣叫的实验。各种鸣叫声的排序是随机的。对跷跷板起伏的次数进行计数，以此作为衡量蟋蟀对特定鸣叫喜好的标准。之所以选用计算机生成的鸣叫声，而非真实的蟋蟀鸣叫，是因为我们想要以经典的丁伯根式方法，详细分析蟋蟀究竟是喜好自身种群鸣叫中的哪个细节。计算机能够以系统化的方式，改变鸣叫的旋律。我们最初的计划，是对该蟋蟀物种的自然鸣叫声进行模拟，然后再加以变化，某些部分弱化，某些部分加强，将唧唧声之间的停顿延长，等等。后来，我产生了一个大胆的想法，想对计算机进行编程，从随机鸣叫声开始，进行“学习”，或者可以说“进化”，一步一步地选择“突变”，直到逐渐合成一段令蟋蟀心仪的人造鸣叫声。如果这段人造鸣叫声与滨海油葫芦的天然叫声相同，那该是多么轰动的一件事啊？而如果我对澳洲黑蟋蟀进行同样的实验，计算机生成了一段与滨海油葫芦完全不同的鸣叫声，那又该是多么令人激动的一件事啊！

在为计算机编程使其产生鸣叫声时，我希望尽可能地令程序通用化。计算机擅长的就是程序用途广泛。和之前做过的模拟计算机仿真和语言翻译程序一样，我也希望这个程序是针对通用情况的。在这里，STRIDUL-8 就派上用场了。这是我设计的另一款计算机语言，可以用这种语言指定脉冲和间隔的任意组合，因此也能够编出全世界任何一只蟋蟀的鸣叫声。直观上看，STRIDUL-8 合理地运用了括号，令使用者以类似语法的形式，插入重复，并在重复中嵌入重复。

STRIDUL-8 没有让我失望，模拟出来的蟋蟀鸣叫声，听来和真实的叫声十分相似。而且对计算机编程，让其发出任何一种蟋蟀的鸣叫声，都十分轻松。此时牛津碰巧迎来了一位新同事——昆虫鸣叫声研究的世界级权威亨利·贝内特-克拉克博士（Henry Bennet-Clark）。我将这套系统演示给他看时，没想到他皱着眉头苦着脸，叹了声“哎哟！”。STRIDUL-8 只能指定声音脉冲的模式，每个脉冲对应蟋蟀双翅的一次摩擦。我并没有尝试去模拟双翅摩擦时产生的真实波形，贝内特-克拉克博士也不赞成我这样做。他是正确的。STRIDUL-8 再怎么样，也唱不出欧洲树蟋蟀的歌声。用贝内特-克拉克博士的话说，如果月光会歌唱，那么这首月光之歌就会与欧洲树蟋蟀的鸣叫一样。带着些微的气馁情绪，我将整个蟋蟀鸣叫项目的重要性向后推，将其他更重要的任务提到了日程上，其中尤以来自剑桥的邀请为重。可惜的是，从那之后，我再也没有重新捡起我的蟋蟀鸣叫项目——属于蟋蟀的日子已成往昔。每逢想起此事，总是觉得有些可惜。我想，可能许多科学家都有过这样令人伤感的虎头蛇尾。如果说我有过重返蟋蟀项目的想法，也会因摩尔定律而感到挫败：计算机的变化日新月异，如果你像我一样将未完成的研究搁置那么长时间，就会发现，新的计算机都更加新颖、更加富有吸引力，也早就忘却了如何运行你早前编写的程序。若想在今天找到一台能运行 STRIDUL-8 的计算机，可能要去博物馆才行了。

Nyeri
Gilgel
Lyamungu
Kabete
Nairobi

for

Wonder

13 行为的语法

1974 年，那个年纪轻轻、精力充沛的我，决定为麦丁里 25 周年庆祝大会认真筹备一次富有新意的演讲。我选择的主题是“层级组织”，这个主题在动物习性学的发展历程中一直为学界所关注。麦丁里论文是我科学职业生涯第一阶段的巅峰之作。

The
Making of
a Scientist

丁伯根的牛津动物行为研究团队，一直与附近麦丁里的剑桥大学动物行为学系保持着紧密的联系。麦丁里研究团体是由 W.H. 索普（W.H.Thorpe）于 1950 年成立的。索普是一位杰出的科学家，他那简朴得近乎僧侣的温和个性，卡伦教授用一句玩笑话做了最好的诠释：如果索普需要对鸟儿的鸣叫声进行记录，那么他也会将谱子抄写下来，以便为“道金斯风琴”所用。索普退休之后，由帕特里克·贝特森（Patrick Bateson）和罗伯特·欣德（Robert Hinde）担任麦丁里研究团体的领导人，后来二人分别成了剑桥大学两所学院的院长。1975 年，他们在剑桥举办了一次会议，庆祝麦丁里研究团体成立 25 周年。在麦丁里大会上，许多演讲人都是该团体过去和现在的成员，但大会也邀请了一些团体之外的人士，戴维·麦 克法兰和我有幸加入了大会的牛津代表团。

层级组织

必须承认，如今我偶尔应承下来这种类型的会议讲话时，一般都会沿用以前的演讲稿，只是略作修改而已。而 1974 年那个年纪轻轻、精力充沛的我，决定为麦丁里 25 周年庆祝大会以及伴随大会出版的著作认真筹备一次富有新意的演讲。我选择的主题是“层级组织”，这个主题在动物习性学的发展历程中一直为学界所关注。在丁伯根的代表作《本能研究》

中，“层级组织”的概念属于最大胆、也是最受挑战和质疑的章节——《综合法的尝试》（*An attempt at a synthesis*）。而我则选择了一个不同的角度，或说几个不同的角度，来进行综合法的尝试。

根据我的理解，层级组织的本质就是“嵌套”的思想。我可以通过对比的手法，解释一下什么不是嵌套，在此又要提到之前讨论过的语法话题。有人会尝试用马尔可夫链来解释一系列动物行为事件。马尔可夫链是什么？我不会用俄罗斯数学家安德烈·马尔可夫（Andrey Markov）的原话给出正统的数学解释。换一种非正式的口头解释，就是这样的：动物行为的马尔可夫链，就是随着时间向未来发展，动物一系列行为的统计预测性会出现平滑衰退。在一阶马尔可夫链中，动物下一步将要做什么，可以通过它刚刚完成的行为进行统计预测，而不用考虑之前的任何行为。对最后一个动作之前的倒数一个行为（之前的倒数两个行为，以此类推）进行考虑，并不会对预测能力有所提高。在二阶马尔可夫链中，如果考虑到之前的两次行为，就能增加预测能力，但再往之前看就没用了，以此类推。

层级组织的行为则存在很大差异，无论多少阶的马尔可夫链分析方法都不适用。行为的可预测性不会随着时间向未来的发展而出现平滑衰退，而是以有趣的方式上下波动，就像苍蝇梳理行为的图像那样，但比那个更有意思。在理想的情况下，行为是以离散的大块组织起来的，以及大块里面的中块、中块里面的小块等等。这就是“嵌套”的含义。嵌套最具代表性的范例，就是人类语言的语法。回想一下我编写的那个能随机产生符合语法语句的程序，还有我引用的那个例句：

The adjective noun of the adjective noun which adverbly adverbly verbed in noun of the noun which verbed **adverbly verbed**.

句子的核心是加黑的两段。除去中间嵌入的各种关系从句和介词短语，读下来也符合语法。我们可以用这种方式构建起嵌套。要点在于，若想构建起整个语句，那么嵌入的短语要在核心语句之中，或在已经嵌入的短语之中再次嵌入短语。请读一读下面这些黑体字部分：

The adjective noun of the adjective noun which adverbly adverbly verbed in noun of the noun which verbed **adverbly verbed**.

The adjective noun of the adjective noun which adverbly adverbly verbed in noun of the noun which verbed **adverbly verbed**.

The adjective noun of the adjective noun which adverbly adverbly verbed in noun of the noun which verbed **adverbly verbed**.

The adjective noun of the adjective noun which adverbly adverbly verbed in noun of the noun which verbed **adverbly verbed**.

The adjective noun of the adjective noun which adverbly adverbly verbed in noun of the noun which verbed adverbly verbed.

上面的每一句话中，都能只读黑体部分，因为黑体部分从语法上讲是正确无误的。完全能够删除未加黑的嵌入部分，可能句子的意思会发生变化，但无法改变句子语法正确的事实。

反过来讲，如果要从左向右一点一点地构建整个句子，那么除非完成这句话，否则每一部分从语法上讲都是不正确的。

The adjective noun（不是一句话）

The adjective noun of the adjective noun（不是一句话）

The adjective noun of the adjective noun which adverbly adverbly verbed

（不是一句话）

The adjective noun of the adjective noun which adverbly adverbly verbed in noun（不是一句话）

The adjective noun of the adjective noun which adverbly adverbly verbed in noun of the noun which verbed adverbly verbed.（终于成了一句话）

只有最后一句话是完整而符合语法的。我想要了解的，是动物行为究竟是以马尔可夫链的方式组织在一起的，还是以嵌套的方式组织在一起的。嵌套的形态可以与语法的方式相类似，也可以表现为其他类型的层级嵌套。也许你已经从中看到了马莉安和我在小鸡饮水和苍蝇自我梳理研究中一些思想的影子。我在麦丁里大会上所做的报告中，希望能以更为通用的眼光来审视层级组织这个问题，既考虑到理论高度，又考虑到动物行为的真实案例。

用方便的数学逻辑符号对各种层级进行定义之后，我考虑到了层级组织可能存在的进化优势。为了对“进化速度优势”进行明确阐释，我在此借用一下诺贝尔奖获得者、经济学家赫伯特·西蒙（Herbert Simon）曾经讲过的一个比喻。话说有两位钟表匠，一位叫坦普斯，一位叫霍拉。他们打造出来的钟表都非常精准，但坦普斯要花上很长时间才能制作完成一块表。两种表都有 1 000 个零部件。效率更高的钟表匠霍拉以层级模块化的方式工作。他将 1 000 个零部件组装成 100 个包含 10 个小零部件的小组件。之后再将这 100 个小组件装配成为 10 个包含 10 个小组件的大组件，最后将 10 个大组件装在一起，完成钟表的制作。坦普斯则尝试着将 1 000 个零部件在一次性装配操作中完成安装。如果他不小心将一个零部件掉在了地上，或装配到一半时突然接了个电话，那么手中的半成品就会松散开来，于是他不得不从头开始。坦普斯若想制作完成一块表，是十分艰难而漫长的，而霍拉利用了层级模块技术，可以用更高的效率完成钟表制作。这一理念为所有计算机编程人员所熟知，也完全适用于进化论和生物系统的构建。

本地管理优势

同时，我还提到了层级组织的另一个优势——本地管理优势。如果想要身处伦敦而控制整个帝国，或在古时候于罗马驾驭整个王朝，就不能独自一人对帝国各处发生的事件进行细化管理，因为双向的通信渠道太过迟缓。而是要任命当地的官员，授予他们宽泛的政策指令，让他们自主进行日常决策。同样的道理也适用于火星上的机器人探测器。无线电信号要花上几分钟的时间，才能从火星回到地球。如果探测器在火星上迎面遇到了诸如巨石等难题，将这一信息发送回地球，就要等上 4 分钟时间，地球才能收到这条信息。“向左转，避开巨石”，地球给出了紧急指令，而这条指令也需要 4 分钟时间，才能回到火星。与此同时，可怜的探测器只能继续按最初的指令一门心思地往巨石上撞。如此看来，解决问题的办法就是将本地控制交给探测器上的计算机来进行，只给本地计算机一些一般化的指导，比如：“探索西北方向的火山口，避开巨石。”同样，如果同时有几部探测器在探索火星的不同部分，那么比较合理的做法就是从地球向火星上的一部主导计算机发送一般化指令，这部主导计算机会向所有下属探测器发送更加细化的指令，以协调探测器之间的工作，而探测器本身又有各自的计算机去做精细的本地决策。军队和商业公司会利用类似的层级指令结构，生物系统也一样。

巨大的恐龙就是这样。它们有着很长的脊髓，在大脑和活动量很大的后腿之间构成了十分不方便的长距离。自然选择利用位于骨盆的第二“大脑”（增大神经节）解决了这个问题：

看那威猛的恐龙，
史前传说中的名宠，
不仅拥有神威和力量，
而且身怀智慧的长廊。
从化石中可以知道，
它身上有两个大脑——
一个在头顶（通常的位置），
另一个在脊髓的基底。
如此就能理解什么是演绎，
什么是归纳。
没有什么问题能难倒它，
一头一尾就能打发。
它是那么聪明，那么睿智，
思想贯穿它的脊柱。
如果一个大脑承载不来，
就会将几个想法传递下去。
如果一个头脑忘记某事，
另一个头脑也会想起。
如果产生了错误的想法，
还有机会回去改正。
每次发声前都会思考两次，
不会错判不会误事。
每个问题都会思虑周全，
头脑清晰，没有混乱。
看看这模范般的动物，
千万年前就已踪迹全无。

——伯特·赖斯顿·泰勒（Bert Leston Taylor）

“如此就能理解什么是演绎／什么是归纳”，我真希望这句话是我写出来的。若想再找到这样一首字里行间充满精彩与智慧的诗歌，还是要费上一些工夫的。

在大体上确立了层级组织的优点之后，我继续在动物行为的具体案例中去寻找实际证据。我对马莉安与我共同记录的苍蝇研究数据再次进行了分析，然后到图书馆查阅了动物行为学文献中的其他一些数据，引用了包括雀鲷行为大型研究、老鼠洗脸行为和孔雀鱼求爱行为在内的一些研究成果。

层级嵌套

为了客观起见，我想要从数学角度对层级嵌套进行验证，从而避免因我个人的看法而产生偏见。我构思出了几个以计算机为基础的方法，其中一个我称之为“互换性群集分析”（Mutual Replaceability Cluster Analysis）。这一方法开始时对行为模式过渡的频率进行计数，之后对数据以一种特殊的层级方式进行分析。我在计算机中输入一个表格，表格中的数据是动物行为库中每种行为模式之后跟随另一种行为模式的次数。之后，计算机以系统化的方式对数据进行检测，以寻找“可互换”的成对行为模式。“可互换”的意思是说，可以将其中任何一个行为模式替换到另一个行为模式的位置，而不改变过渡频率的总体模式（或根据一些之前确定的标准，近似于没有改变）。确定下一对可互换模式之后，就为这对模式之中的两个行为模式冠以新的统一联合名称，过渡表格也会因此而减少一行一列。之后，将缩小了的表格再次输入群集分析程序，以此类推，直到消掉整个行为模式列表。随着每一对行为模式被群集所吞并，每个已吞并的群集被更大的群集所吞并，程序就在层级树上向上移动一个节点。举例来说，与此相对立的就是利用 G.P. 贝兰兹（G.P.Baerends）教授领导的荷兰团队得出的数据构建起来的孔雀鱼行为模式的互换性树型图。（贝兰兹教授碰巧是简·丁伯根的第一位研究生，后来他成为欧洲动物习性学领域的领袖人物。）

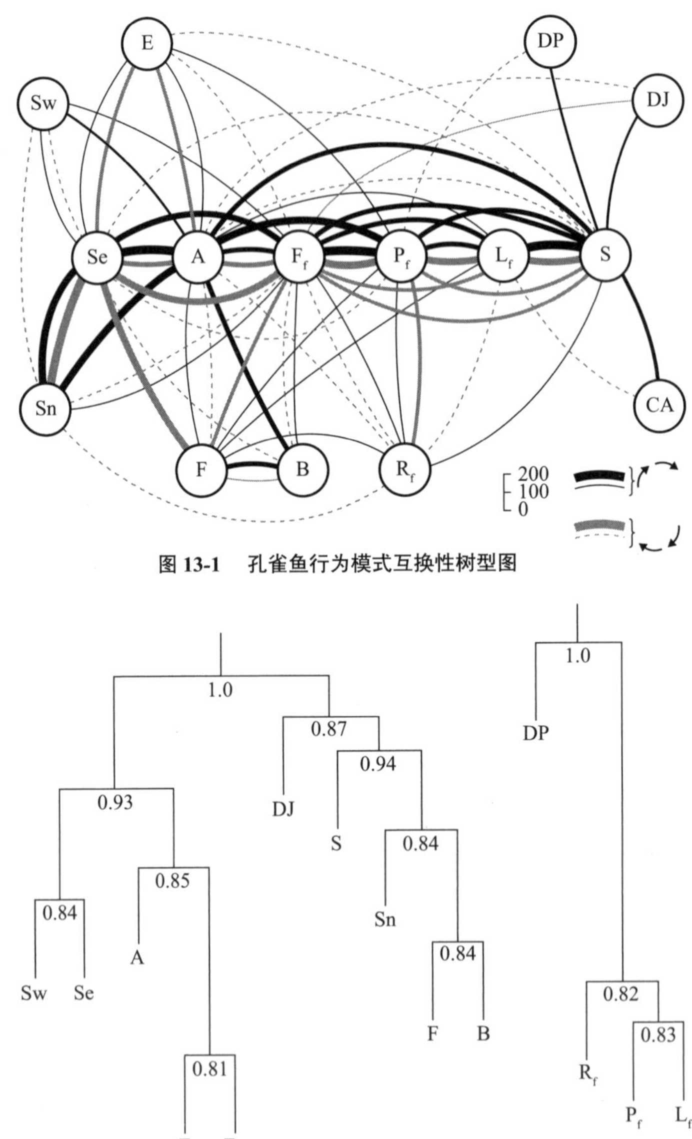

图 13-1　孔雀鱼行为模式互换性树型图

图 13-2　孔雀鱼行为模式互换性集群分析结果

图 13-1 是根据荷兰科学家的数据得出的结果，显示了孔雀鱼行为模式的过渡频率。每个大圆点标着一种行为模式的编号，线条的粗细程度显示了两者之间的过渡频率（黑线是从左到右，虚线是从右到左）。图 13-2 显示了将同样的数据输入互换性集群分析程序所得出的结果。数字代表互换性的数字指标，我利用这些指标与将两者合二为一的标准进行比对（如果你对此感兴趣，那么我可以告诉你，这些数字也就是等级相关系数）。在雀鲷、老鼠和苍蝇的实验数据上，我也得到了类似的层级树型图。

我在麦丁里会议论文中用到的另一种有关层级的思维方式，就是“目标”层级。在动物的头脑中，目标不一定是有意识的（也可能是有意识的）。目标在这里的意思，只不过是一种将行为贯穿到结束的情形。举例来说，猎豹捕捉猎物的行为有着一系列复杂的顺序，由成功的猎杀这一“目标状态”作为收场。但目标可以在彼此间形成层级嵌套，从这个角度考虑问题，能得出丰硕的成果。我对“行动规则”和“停止规则”进行了区分。行动规则会详细告知动物（如果是计算机模拟，就是告知计算机）行动的内容和时机，包括许多条件指令（如果怎样，就怎样，或是怎样等等）。停止规则会告知动物（或计算机模拟）“随机采取行动（或尝试许多种可能性），在达成以下目标状态之前不要停下”，比如吃饱肚子。

如被猎豹追杀等复杂任务的单纯行动规则程序会非常详尽，更加适合运用停止规则。但并不是只有一个终极停止规则——达成吃饱肚子这个目标状态之前，随机采取行动。受这条规则指导的猎豹，到死也吃不上一顿饱饭。自然选择对行为进行指导的一种明智的方式，是利用层级嵌套的停止规则。终极目标（吃饱肚子之前继续行动）会“唤起”如“发现瞪羚之前四处走走”等下属目标。“发现瞪羚”这个目标状态会终止这一具体停止规则，并启动下一个：“低下身，慢慢朝向瞪羚匍匐前进。”以此类推。每个这样的下属停止规则都会唤起自身的内部嵌套停止规则，每个规则都有自身的目标状态。在更低的层级上，就连每次肌肉收缩都符合工程师所谓的“伺服控制”设计。神经系统为肌肉指定一个目标状态，而肌肉在达成目标状态（“停止规则”）之前，会保持收缩。

前面我用人类语法这个类比，引入了层级嵌套的思想。我为麦丁里大会撰写的论文，最后还是回到了这个富有意味的话题上，希望能探寻动物行为是否存在与语法结构相类似的组织。如果存在，那么这一事实就非常引人深思，因为我们也许能从中窥到一些人类语言的进化历程。当人类最终进化出拥有真正层级语法的语言时，我们是否可以大胆地猜测，语言是建立在之前就已存在的现成的神经结构基础之上的，而这套基础在很早以前就由于其他的原因而存在，与语言毫无关联？

试图找到这一问题答案的最早期尝试，是由我在牛津的同事，语言学家约翰·马歇尔（John Marshall）进行的。他从动物习性学文献中找到雄性鸽子求爱行为的数据，对其进行研究。用鸽子的“语言”，求爱行为由 7 个“词汇”构成，比如（向雌性）鞠躬、交配等。

马歇尔利用语言学专业知识，假定了一个“句子结构语法”，就像乔姆斯基之前为人类语言所做的事情一样。在麦丁里论文中，我将马歇尔的语法翻译成了我当时最喜欢用的 Algol-60 计算机语言（如今早被淘汰了）。熟悉计算机编程的读者可能会注意到，我所使用的程序充满了丰富的递归思想——子程序会对自身进行调用，这也是我之前解释过的层级嵌套的核心。在程序中，“如果符合诸如 0.3 等概率条件……”替代了“p”。

图 13-3 上方，是马歇尔为鸽子求爱行为设定的“句子结构语法”。中部是我的 Algol-60 语言翻译。下部是我的程序生成的几个“行为”序列。

41

42

图 41 是我与父母的合影，是在一场家族婚礼上拍摄的。遗憾的是，我所戴的茶芬园学生帽，没能显出亮丽的红色。我妹妹是伴娘，当时没有跟我们在一起。

在奥多中学的第一学期，我觉得我没有照片上看上去那么开心（图 42）。关于那所学校的最美好记忆是约恩·托马斯（图 43），他激发了我对生命世界的好奇心。

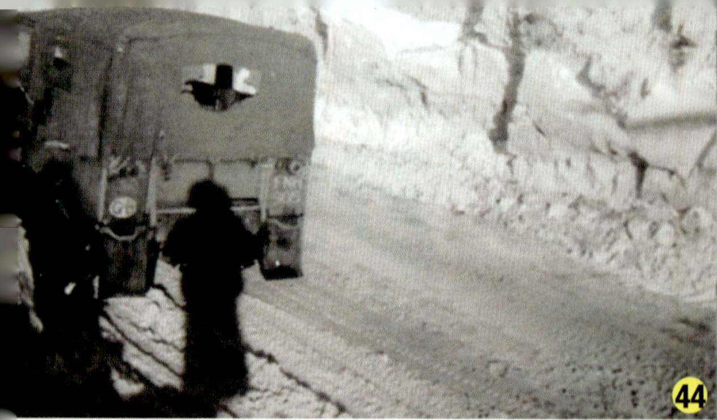

老旧的路虎，带我们走遍非洲乡野的蛮荒之地（图 44）。

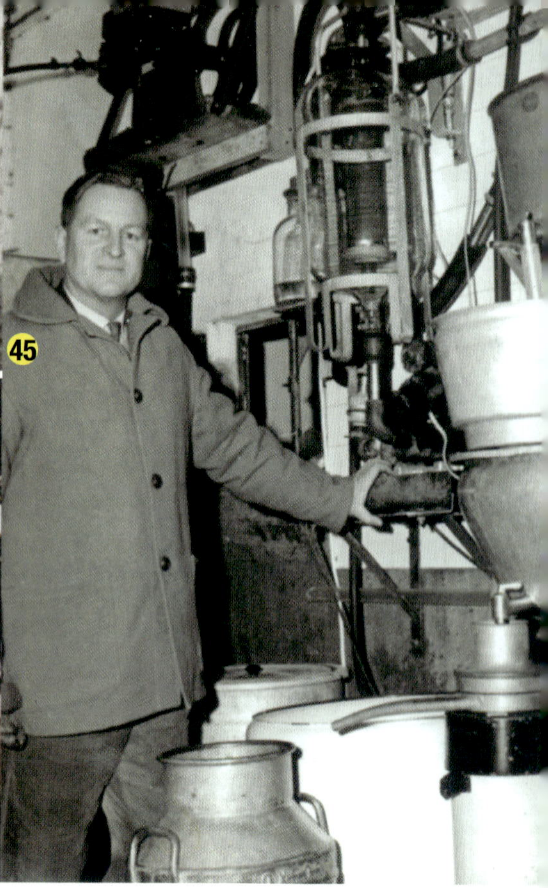

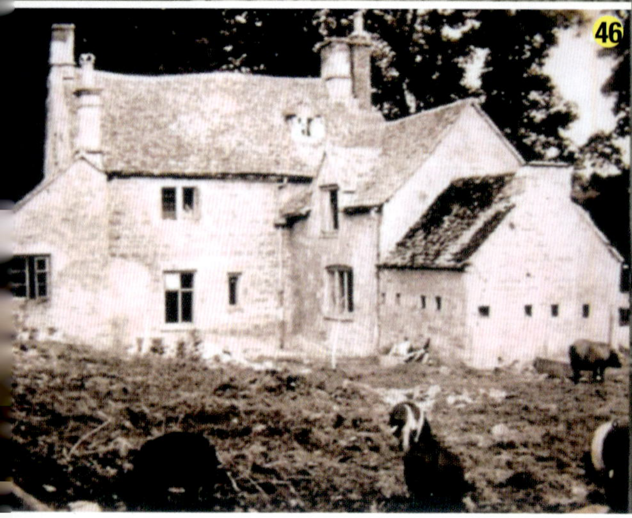

我热衷于发明的父亲，骄傲地站在他取得专利的巴氏灭菌器旁边（图 45）。图 46 是我们用灰色的小“弗吉”割晒牧草的情景。回到英国之后，同样的乡野蛮荒之地，后来变成了我们的棉花园（图 47）。

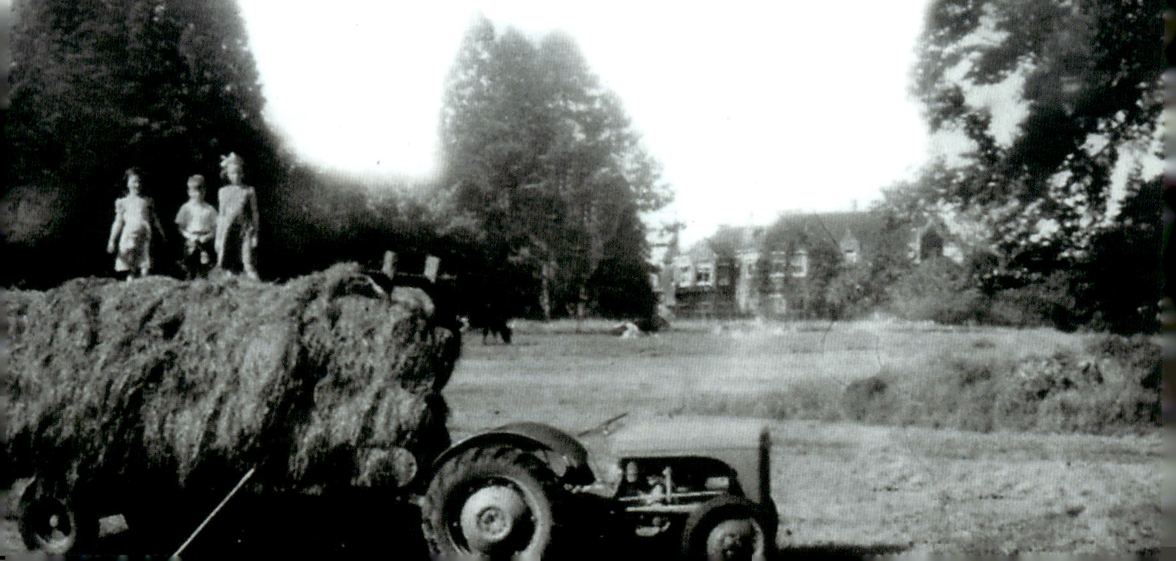

暑假时，我挣钱买了贝尔雪橇（图 48）。

我帮着父亲搬运祖传宝贝（图 49）。

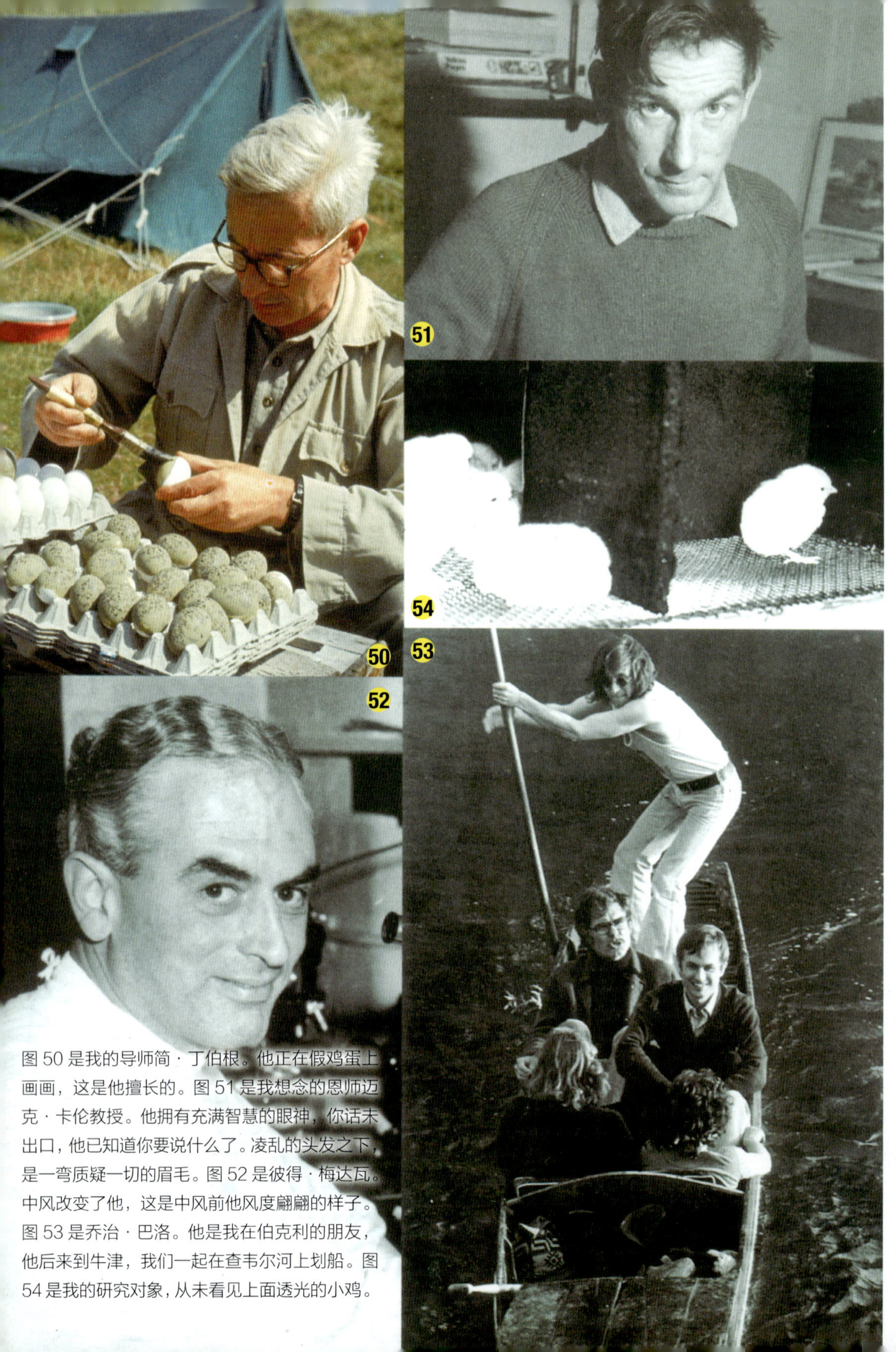

图 50 是我的导师简 · 丁伯根。他正在假鸡蛋上画画，这是他擅长的。图 51 是我想念的恩师迈克 · 卡伦教授。他拥有充满智慧的眼神，你话未出口，他已知道你要说什么了。凌乱的头发之下，是一弯质疑一切的眉毛。图 52 是彼得 · 梅达瓦。中风改变了他，这是中风前他风度翩翩的样子。图 53 是乔治 · 巴洛。他是我在伯克利的朋友，他后来到牛津，我们一起在查韦尔河上划船。图 54 是我的研究对象，从未看见上面透光的小鸡。

图 55 是猎杀苏瑞郡狮的场景。无畏的探险者，踏遍山林寻野兽。

图 56 是加利福尼亚国家卫队粗暴对待伯克利的和平人士的场景。

57
58
59
60

图 57 是泰德 · 伯克和我正在用麦克风和“道金斯风琴”做行为记录。

图 58 是“动物行为研究团队”在搬离贝文顿路 13 号后的合影。最左边的是玛丽安，我在中间靠右的位置。

图 59 是 PDP-8 计算机，我在贝文顿路 13 号为之着迷。

图 60 是约翰 · 普林格尔教授和他的同事，从左至右分别是 E.B. 福特，简 · 丁伯根，威廉 · 霍姆斯，彼得 · 布鲁奈特，戴维 · 尼克尔斯。

图 61 是丹尼尔 · 利伯曼（站立者）和简 · 丁伯根（右）正在统一意见。

简 · 丁伯根又玩起了他的最爱——照相机（图 62）：在拍照结束之前，烟灰是否会掉下来？

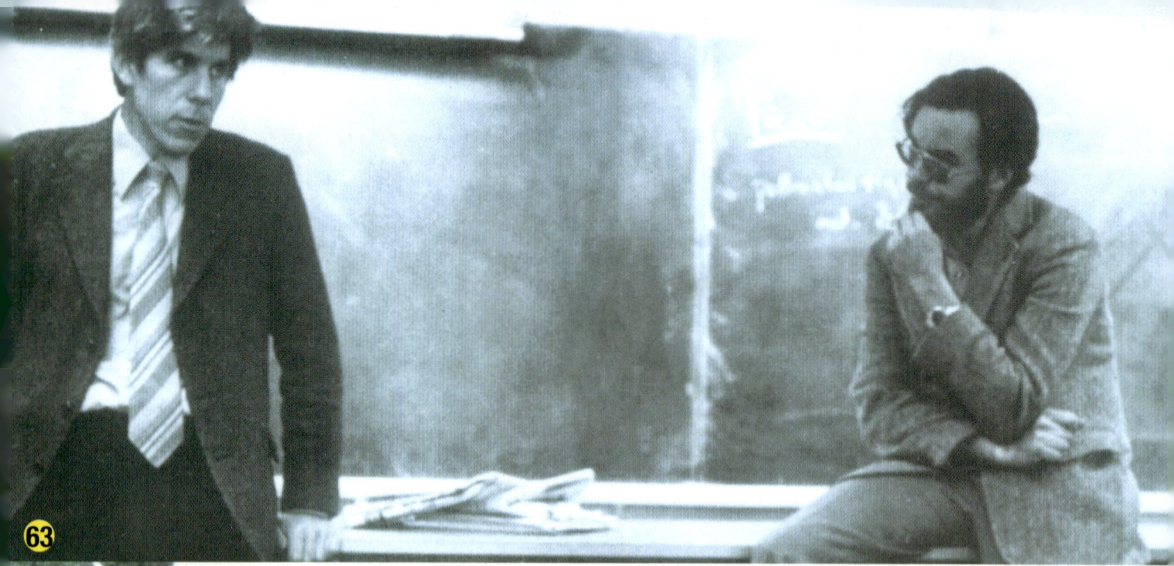
63

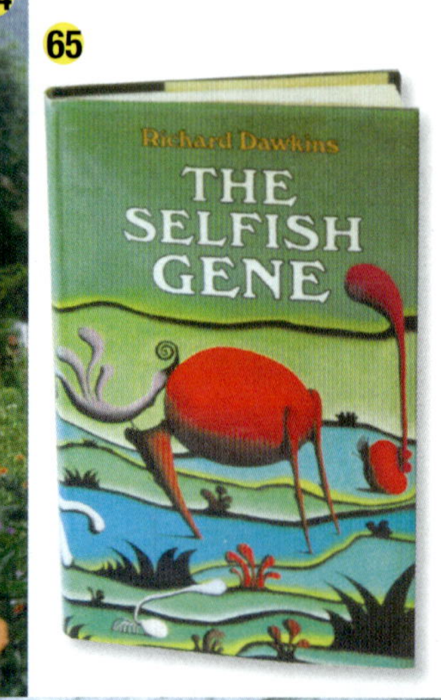

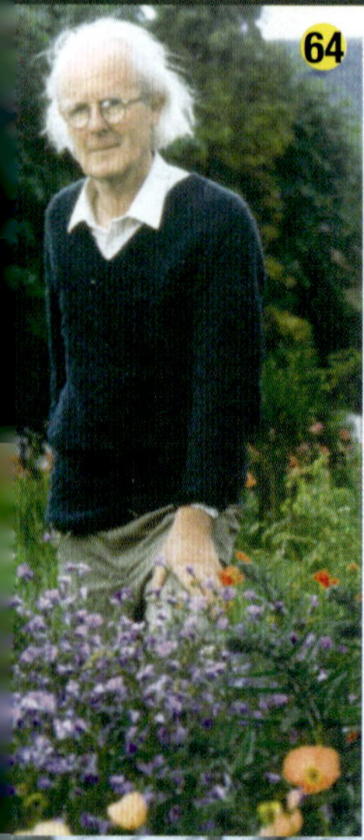
64

65

图 63 是比尔 · 汉密尔顿（左）访问哈佛时，与罗伯特 · 特里弗斯（右）讨论问题的场景。

图 64 是精力充沛的约翰 · 梅纳德 · 史密斯在他钟爱的花园里。

图 65 是第一版《自私的基因》，它采用戴斯蒙德 · 莫里斯的画作为元素制作封面。

图 66 是我与个子高高的、有思想的、留着一脸林肯胡子的乔治 · 威廉在一起。

图 67 是金牌科学书籍出版人——迈克尔 · 罗杰斯，我跟随他辗转于多家出版机构。

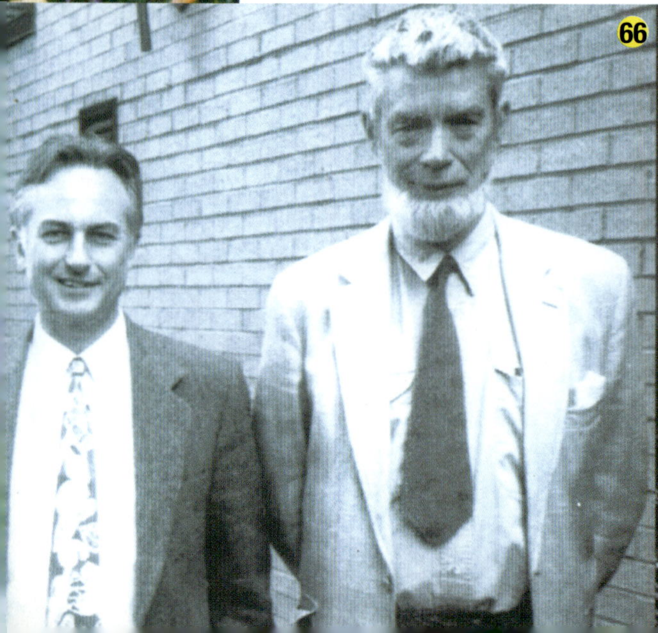
66

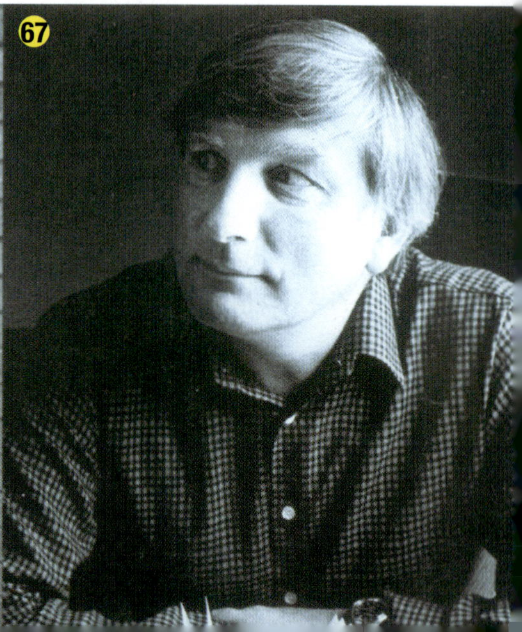
67

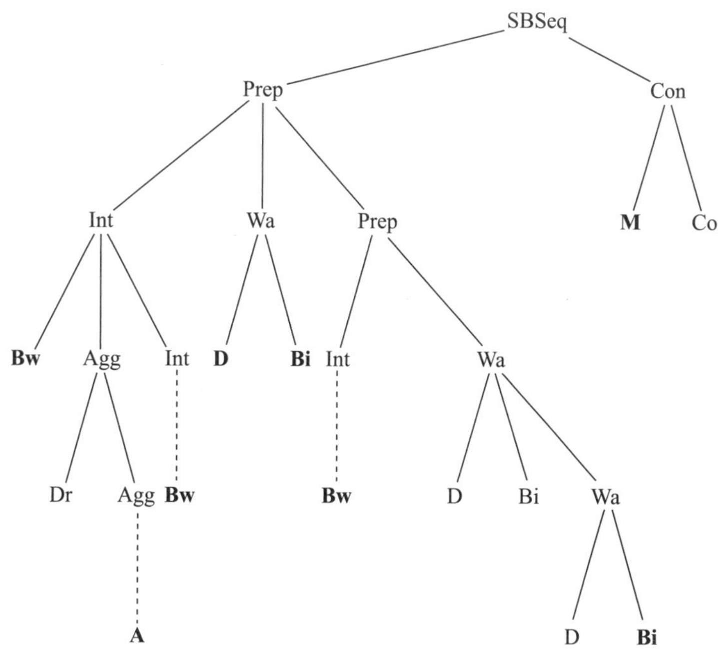


```
begin comment Marshall’s pigeon grammar;
procedure SBSeq;begin Prep;Con end;
procedure Prep;Begin Int;Wa;if p then Prep end;
procedure Int;begin “BW”;if p then Agg;if p then Int end;
procedure Agg;begin if p then “DR”;if p then “A”;if p then Agg end;
procedure Wa;begin “D”;“BI”;  if p then Wa end;
procedure Con;begin “M”;“CO” end;
Boolean procedure p;
begin comment true or false at random.Probability maniputated. end;
start:SBSeq;goto start
end of pigeon grammar;
Sample results of running the programme;
BW DR D M CO
BW A D BI BW DR D BW A D BW A D BI M CO
BW A D BI M CO
BW DR D BW DR D BI BW DR D BI BW A D BW A D M CO
```

图 13-3　鸽子求爱行为“句子结构语法”与计算机语言的翻译

可惜的是，我们无法利用马歇尔的分析对鸽子的行为给出任何确切的结论。我们如何得知他提出的语法是“正确的”？在人类语法的情况下，以某种语言为母语的人，会立刻道出一句话的语法正确与否。马歇尔却无法利用这种方法进行检查。这一阶段，我做的许多研究工作都是这样，目标状态并不是寻找关于某种动物的永恒真理，而是有有关动物行为的新颖研究方法。

麦丁里论文是我科学职业生涯第一阶段的登峰造极之作，是我从 20 多岁到 30 多岁的研究历程的收官作品。从这里起步，我开始朝另一个全新的方向迈进，从此再也没有回归到年轻时代在数学世界徜徉的状态。新的方向确定了我之后的职业发展，也确定了我下半生的基调。这一切，都从我的第一部著作——《自私的基因》出版之时奏响。

An Appetite

for

Wonder

第四部分

意外走红的处女作

Nyeri
Gilgil
Lyamungu
Kabete
Nairobi

An Appetite for Wonder

14

一举成名的《自私的基因》

1976 年秋，我的第一部个人专著《自私的基因》问世。这本书一经出版就好评如潮，而由不知名作者撰写的第一部作品，竟然吸引到如此多的眼球，至今依然令我有些摸不着头脑。书籍出版几个月之后，BBC 制片人彼得·琼斯邀请约翰·梅纳德·史密斯制作了同名纪录片，这部记录片的播出，更为《自私的基因》的热卖起到了推动作用。

The Making of a Scientist

1973年，英国矿工工会发起大罢工，引发危机事件，由爱德华·希思（Edward Heath）领导的保守党政府在全国范围内推行了所谓的“三日周”。为了保持燃料储备量，政府对非核心用途的电力资源实行定量配给。我们每周只能享受三天的供电，被迫频繁遭受停电的困扰。蟋蟀研究项目需要依靠电力才能进行，但写作与电力无关。那段日子，我用一台便携式打字机，在各种勉强可以称作纸张的平整白色表面上写作。就这样，我决定暂停蟋蟀研究，开始着手创作我的第一部著作。于是，《自私的基因》诞生了。

至善主义和群体选择谬论

自私、利他以及有关于“社会契约”的整体思想，在当时甚是流行。我们这些在政治上持左派意见的人，希望能找到一种平衡，一方面对矿工表示同情，另一方面又因矿工针对普通民众施暴的行为持反对态度。对于这样一种困境，是否能用进化论进行分析？之前的十年，许多广受欢迎的科技著作和电视纪录片相继问世，大胆地利用达尔文理论去回答有关利他与自私、集体利益还是个人利益等问题，但对该理论怀着极其错误的理解。这些误解，都可以归到“进化至善论”的范畴。

据我的朋友兼导师，已故的约翰·梅纳德·史密斯（John Maynard Smith）所言，他的导师——令人敬畏的 J.B.S. 霍尔丹曾略带讽刺地总结出了其中三条“定理”，这些定理客气些讲有待商榷，严肃来看就是大错特错。三条定理是：乔比斯卡定理（源自爱德华·利尔）——事实上全天下都知道……；贝尔曼定理（源自路易斯·卡罗尔）——我对你讲过三遍的话都是真理；至善论定理（源自伏尔泰）——在理想的最美好世界中，一切都是为最美好的目的而设。

自然选择能够令各种生物适于生存，进化至善论者模糊地意识到了这一点。信天翁的身段最适合翱翔于海浪之巅，而企鹅的体型则最适合遨游在浪花之下（撰写这一段的时候，我正巧乘船前往南极水域，用望远镜观察到这些鸟儿用它们精湛的技巧在我眼前展现出一幕幕奇迹）。但进化至善论者忽视了一点，那就是，这些动物拥有特长的事实，仅适用于个体而非物种。善于飞翔，善于游泳，善于生存，善于繁殖，的确，自然选择会令个体动物拥有上述专长。但不能因此而认为自然选择能令整个物种拥有免于灭绝的能力，拥有平衡性别比例的能力，拥有本着公共利益原则而限制种群规模发展的能力，拥有为了后代而节约食品供给、保护环境的能力。如果有这样的想法，就是至善主义。个体生存能力的提高可能会带来群体生存，但群体生存不过是幸运的副产品而已。群体生存并非自然选择的目的。

我们很容易陷入至善主义的错误泥潭，因为人类拥有预见能力，可以判断出什么样的行为能够在将来为我们这个物种以及我们的城市、国家、全世界、任何具体的实体或利益集团带来好处。我们能够预见到，在海洋中进行过度捕捞，从长期来看对所有渔民都是不利的。我们能够预见到，如果对人口出生率进行限制，减少出生人口，那么未来的人们就能享受到更加富足而美好的生活。我们能理解，现在对自我进行约束，就能在将来获得回报。但是，自然选择没有预见能力。

诚然，自然选择理论的至善观点如果奏效，就会实现“一切都是为最美好的目的而设”的完美境界。可惜事实并非如此。我写作《自私的基因》一书的目的之一就是为了说服我的读者，并告之以实情。我所指的理论被称为“群体选择”。而这一群体选择谬论，充满着令人抓狂的蛊惑力，贯穿了康拉德·劳伦兹于1964年出版的著作《论侵略》(*On Aggression*)，也充斥于罗伯特·阿德里（Robert Ardrey）的畅销书《领地法则》(*The Territorial Imperative*）和《社会契约》(*The Social Contract*）中。阿德里的著作，文笔甚为精湛优雅，而内容却大错特错，如此不相协调令我颇为懊恼。

我想要推出一部与阿德里的《社会契约》主题相同的著作（《社会契约》一书本身也是对卢梭经典作品从生物学角度的改写）。但我的著作是以严格的自然选择理论为基础的，而非以群体选择谬论为基础。我的理想是要修复阿德里和劳伦兹以及当时许多电视纪录片所造成的破坏性影响。这些错误宣传无处不在，在《自私的基因》一书中，我将其称为“BBC定理”。

对于至善主义和群体选择谬论，我再熟悉不过了，因为在我本科时代每周一次的辅导课时间，总会讲到这个话题。而当年读本科的我，也在那时的论文中运用了这样的错误观点，认为自然选择的真正意义在于物种的生存。后来，当我终于敲起打字机，撰写《自私的基因》，并开始暗下决心，立志改变这样的错误观念。后来我得知，这本书若要取得成功，就要有阿德里那样优美的文笔，还要像劳伦兹的著作那样畅销。这样想来，不禁令我有些气馁。我开玩笑地称自己的著作为“我的畅销书”。真的不敢想象这部书能畅销，“我的畅销书”的说法只不过是对这个不靠谱的梦想聊以自嘲罢了。

自然选择

自然选择是纯粹而机械的自动流程。这个世界总是持续不断地充盈着善于生存的实体，摒弃不善于生存的生命。自然选择没有预见能力，但大脑却有，这就是为什么至善主义在我们看来如此富有吸引力的原因。大脑会因为遥远的未来而感到苦恼，预见到本世纪的奢靡无度会酿成下个世纪的大灾难。自然选择则无法做到这一点。自然选择不会因任何事物而苦恼，只会目空一切地顾及短期利益，因为每一代的直接后代，都属于那些在短时间内竭尽所能比同代其他个体更加有效制造后代的个体。

世世代代就这样在你眼前更替着，当你深入探索其中的奥秘时，目光就会不由自主地被吸引到基因这个自然选择真正发挥效用的层面上。在众多有可能穿越世代考验、存活到遥远未来的实体之中，自然选择会自动对“自利”产生偏好。对这个星球上的生命来说，这就意味着基因。在《自私的基因》一书中，我引入了“生存机器”一词，用以讲述（终有一死的）个体生物与其（可能永生不朽的）基因之间的角色与关系：

> 基因是不朽的……（它们）的生命长度不是以十年为单位的，而是以亿年计的。
>
> 在两性繁殖的物种之中，个体太过庞大，作为遗传单位来讲，存活时间又太过短暂，无法成为自然选择的主要单位。由个体组成的群体则是更为庞大的单位。从遗传的角度讲，个体或群体就像天空中的云朵或沙漠中的沙尘暴。这样的聚集或联盟都是暂时的。在进化的漫长历史进程中，这些聚集或联盟并不稳定。种群也许能存在很长一段时间，但会持续不断地与其他种群相融合，因此，其独特性会逐渐消失。同时，种群也会受内部进化变革的影响。种群这个单位不够独立，不够稳定，不够统一，无法作为

自然选择的单位，不能相较于另一个种群因自然选择的偏好而被“选择”。

个体在生存期间，看似足够独立，但这段生存期究竟是多久呢？每个个体都是独特的。如果每个实体都只有一份，那么在这样的实体间进行选择，就不会出现进化。两性繁殖并非复制。正如种群会受到其他种群的“污染”一样，个体的后代也会被它的性伙伴所“污染”。你的孩子只有一半的传承属于你，而你的孙辈只有1/4的传承属于你。如果你很幸运地留下千秋万代，那么几代人之后的众多后人，就算有几位传承了你的姓氏，他们身上也只有很小一部分与你有关，只有几个基因是来自你的。

个体不是稳定的，总是稍纵即逝。染色体也是如此，就像一手牌一样，在一轮轮洗牌的过程中被打散、湮没。但扑克牌本身却一直存在。扑克牌就是基因。在更迭交替的过程中，基因不会被毁灭，它们会不断向前进，变化的只不过是身边的同伴。它们当然会向前进，无可厚非，因为这就是它们存在的意义。它们是复制因子，而我们则是它们的生存机器。当我们完成使命之后，就会被遗弃，而基因则是地质时期的常驻民：基因是永存的。

在写下这段文字的十年之前，我就对这样的认识深信不疑。1966年我在牛津为本科生讲课时，就用几乎同样的语句表达了这样的思想。当年我就用这段文字，为本科生们讲述自然选择这个逻辑中，永存的基因这个议题的重要性。以下是我1966年讲义中的记录，读者能从中看到这段记录与《自私的基因》中措辞更加精炼的文字是多么相近。

从某种意义上讲，基因是永存不朽的。基因随世代传承，每次从父母传给子女时，都会经历一次自我重新洗牌。动物的肉体

> 不过是基因的临时休息场所。基因是否能继续生存，依赖于肉体在繁殖之前的生存，繁殖之后，基因就传入另一具肉体……基因为自身打造了一处临时住房，虽然这处住房的生命是有限的，但在基因居住于此的时候还是有效的……如果用上“自私”和“利他”的说法，那么我们在正统新达尔文主义进化论基础之上的基本期望就是：基因是“自私的”。

最近，我又翻出了1966年的这份讲义（上面还有迈克·卡伦教授鼓励的旁注），再次读起，我才意识到，当时没有读到乔治·威廉姆斯（George C.Williams）同年出版的著作《适应与自然选择》（*Adaptation and Natural Selection*）：

> 苏格拉底的逝世，不仅意味着他的表现型消失了，同时消失的还有他的基因型……苏格拉底基因型的消失，并不会因为他有多少子女而得以缓和。苏格拉底的基因也许依然存在于我们中间，但他的基因型却不在了，因为细胞减数分裂和重组会像死亡一样摧毁基因型。
>
> 两性繁殖只能遗传基因型的减数分裂游离碎片，这些碎片会进一步在下一代的减数分裂中分散破碎。如果存在最终无法分裂的碎片，那么从定义上讲就是群体遗传学抽象讨论中的“基因”。

生存工具与运载机器

可惜多年之后，我才读到威廉姆斯这部伟大的著作。这段关于苏格拉底的文字，引起了我的共鸣，也令我意识到，在撰写《自私的基因》一书时，威廉姆斯和汉密尔顿二人对书中主题思想的重要意义。

威廉姆斯和汉密尔顿的个性有些相似，他们都是安静、寡言、谦逊的人，有着深刻的思想。威廉姆斯那带有尊贵气质的风骨和他蓄下的胡须，总让人想到亚伯拉罕·林肯。汉密尔顿则更有 A.A. 米尔恩（A. A. Milne）的严肃和卡通形象小驴屹尔一般的忧郁。但当年撰写《自私的基因》时，我并不认识他们二人，只了解他们的著作以及这些著作对形成进化论认识的重要性。

基因以精确复制的形式得以永恒存在，因此，成功基因与不成功基因之间的区别非常重要，从长期来看会产生很大的不同。整个世界都充满了善于生存的基因，这些基因经过世世代代的洗礼依然存在。实际上，善于生存，也就意味着善于与其他基因合作，构建起能够存活足够长时间以完成繁殖的肉体。肉体是基因短暂停留的所在地，也是将基因传递下去的承载工具。《自私的基因》通篇，我都用“生存机器”这个词组作为生物体的称谓。生物体是能够产生行为的生命实体，它们会移动、行动、搜寻、捕猎、游泳、奔跑、飞翔、哺育幼崽等。对生物体的一举一动进行解释的最佳方法，是假设生物体内部存在一套程序，编制这套程序的正是居住于体内的基因，而程序的目的就是在生物体本身死亡之前，对基因进行保存和传递。

我也用“交通工具”一词作为“生存机器”的替代用词。说到这里，我想起了一次好笑的经历。记得《自私的基因》出版之后，一家日本电视台的团队来到英格兰，对我进行采访。几个人同乘一辆黑色出租车，从伦敦赶到牛津，车上还装着三脚架、泛光灯等设备，车里拥挤得好像每扇窗户都有胳膊和腿伸出来一样。导演用结结巴巴的英语告诉我（正式聘请的翻译总是词不达意，灰头土脸地被打发走了），他想要在出租车里对我进行采访，而且希望能在采访的同时让出租车在牛津城内兜风。这让我有些不解，不禁问他为什么。“吼吼！”他同样一脸困惑地答道，“难道你不是

《进化的出租车理论》一书的作者吗？”后来我猜想，那些日文版的翻译一定是将我书中的“承载工具”一词误译成了“出租车”。

这次采访颇为有趣。我坐在出租车里，随行的只有摄影师和音效师。正式的翻译被打发走之后，也没有采访人员，于是我们就坐着出租车环游牛津，任由我随性地讲着《自私的基因》这部著作。出租车一路从伦敦驶来，司机是位老手，肯定早就在他那发达的海马体中存下了伦敦各条大街小巷的详细位置，却并不熟悉牛津的道路。于是，只好由我来为司机指路，而我原本对《自私的基因》一书的审慎叙述，也常常被突如其来的一声大吼所打断。“在这里向左转！”“红绿灯向右转，之后进入右转道！”我由衷地希望他们能在回到伦敦之前找到合适的翻译。

在《自私的基因》一书中，我对“动物拥有预见能力，能够想到为其物种或种群的长远利益服务的行为方式”这一至善主义思想进行了批评。这一思想的错误不在于动物能“想到什么是好的”，并不是说这个“想”的行为是有意识地进行的。真正的错误之处在于，这一思想将物种或种群作为利益最大化的实体。有着达尔文主义思想的生物学家，总是将“想到什么是好的”这种说法作为一种论证捷径。而问题的关键是如何找到这一便捷比喻所适用的正确的生命层级。如果将自身想象为一只个体动物，问出这样的问题：“如果我想要达到传递基因的目标，我应该怎么做？”那么这样的推理是可以接受的。

《自私的基因》整本书充满了种种想象出来的独白。这些独白是假想中的动物所进行的自我“推理”：“我应该做 X 还是 Y？”“应该”在这里的意思是：“X 还是 Y，哪个行为对我的基因更有好处？”这样的问题是合理的，但仅仅因为这句话可以转换成下面这种问法：“（在这种情况下）令个体从事 X 行为的基因，是否会在基因库中更频繁？”主观的独白之所以能够成立，是因为我们可以从基因生存的角度对其加以理解。

有人可能会将“我应该做 X 还是 Y”这样的问题理解为“X 还是 Y，哪个行为能延长我自身的生命？”但如果长寿必须以不能繁育后代为代价，也就是说，如果我们在个体的长寿与基因的生存之间展开竞争，自然选择不会对个体的长寿产生偏好。繁育后代有时充满危险。为了吸引雌性而长满美丽羽毛的雄性野鸡，也会吸引捕食者。毛色灰暗、毫不起眼的雄性野鸡，可能会比色彩靓丽、富有吸引力的雄性野鸡活得更长，但更可能到死都找不到伴侣，而让毛色灰暗、信守安全第一原则的基因，就不太可能有机会遗传给后代。在自然选择之中，基因生存才是王道。

借雄性野鸡之口，下面的说法就是合理的：“如果我长出灰暗的羽毛，也许能长命百岁，但找不到伴侣。如果我长出靓丽的羽毛，也许会英年早逝，但能在归西之前将基因遗传给众多子女，其中也包括毛色靓丽的基因。因此，我应该做出‘决策’，长出靓丽的羽毛。”在此，无须过多解释，读者就能明白，“决策”的意思与我们人类通常的理解并不相同。野鸡并没有进行任何有意识的思考。借生物体之口讲话，会有令人困惑之嫌。但只要我们记得将这些话转换成基因用语，就比较容易理解。没有哪只野鸡真的会做出长出靓丽或灰暗羽毛的“决策”。真正的情形是，让羽毛靓丽或灰暗的基因，会在世代繁衍的过程中，发展出不同的生存概率。

如果我们从达尔文主义的思想角度去理解动物行为，那么将动物视为机器人将会有所帮助。为了将基因遗传给后代，这些机器人会去“思考”应该采取哪些行为步骤。这些步骤可能包括动物采取的一些特定行为，或长出某个具有特定形状或特征的器官。也可以利用比喻的方式，将基因想象为具有“思考”能力，能够想到为了将自身传递给后代，需要经过哪些步骤。在通常情况下，这些步骤包括通过胚胎发育的过程来操纵个体生物。

然而，就算运用了比喻的手法，也不能将动物视作具有“思考”能力，认为它们会为了保存自身的物种或种群，而去“思考”应该采取哪些步骤，因为这样讲不通。自然选择过程中实际发生的，并不是差异化群体或物种的生存，而是差异化基因的生存。因此，讲得通的说法应该是："如果我是一个基因，为了自我保存，我要做些什么？"或者，在理想化的情况下，与上面的说法完全相同的是："如果我是一个生物体，为了保存我的基因，我要做些什么？"但是，"如果我是一个生物体，为了保存我的物种，我要做些什么？"，这种说法并不合乎常理。同样，出于另一个原因，"如果我是一个物种，为了自我保存，我要做些什么？"，这种说法也不合理。后面这个比喻之所以不合理，是因为一个物种与个体生物不同，就算想用上比喻的手法，也不能称其为一个能够行动，能够根据决策采取行为的实体。物种没有大脑，没有肌肉，不过是拥有大脑和肌肉的个体生物的集合。物种和群体不能称之为"承载工具"，而个体生物则可以。

在这里我要说明，无论是我在20世纪60年代教课的过程中，还是后来撰写《自私的基因》的过程中，都不认为"将基因视作自然选择的基础单元"是个十分新颖的思想。我认为，并且很明确地表达过，这个思想本来就暗含在新达尔文主义进化论的教理之中。新达尔文主义进化论，也就是在20世纪30年代由费舍尔、霍尔丹、怀特等人，以及现代综合论的奠基人恩斯特·迈尔（Ernst Mayr）、西奥多西厄斯·多布赞斯基（Theodosius Dobzhansky）、乔治·盖洛德·辛普森（George Gaylord Simpson）和朱利安·赫胥黎（Julian Huxley）首次明确规范化的理论。后来在《自私的基因》出版之后，这一思想的批评者和支持者首次对其冠以"革命性"的头衔。而我在写作时，并没有从这个角度对其加以理解。

但是，虽然这样说，还是要补充一点，那就是，现代综合论的所有奠基人集体构思出来的这条重要的理论引申，并不是由这些奠基人所阐明的。分类学的世界级权威学者，德裔美国人恩斯特·迈尔在近百岁高龄时，曾表达过对基因选择论的敌意。从他的表达方式中，我理解，是他对这一理论产生了误解。而朱利安·赫胥黎这位为“现代综合论”命名的奠基人，是一位不折不扣的群体选择论者，只不过他没有明确认识到这一点罢了。记得当年还是学生的我第一次有幸接触到伟大的彼得·梅达瓦时，他用那散发着典型贵族气质、同时不乏顽皮的风格，说了一句亵渎“神明”而又令人回味良久的话。“朱利安的问题在于，他真的不明白进化论。”请想象一下，竟然有人胆敢用这样大不敬的话对赫胥黎家族的一员品头论足！我简直不敢相信自己的耳朵，也因此将这句话印在了脑海中，至今无法忘却。后来，另一位诺贝尔奖获得者，法国分子生物学家雅克·莫诺（Jacques Monod）也说过一句类似的话，但不是有关赫胥黎的：“自然选择论的问题在于，所有人都认为自己对此十分了解。”

前面提到，由于断电，我无法继续蟋蟀研究，于是开始了《自私的基因》的写作。在碰巧遇到艾伦与爱文出版集团（Allen &Unwin）的一位编辑时，我刚刚完成本书的第一章内容。他前来动物学系做例行拜访，看一看是否有可以出版的著作，于是我和他谈到了这本还处于雏形期的作品。他当即坐下来读了读第一章内容，感觉不错，鼓励我坚持写下去。但随后，工业动乱事件结束了，灯泡又亮了起来。如果从一个很窄的视角看待来电这件事，会觉得这不是件好事，而从另一个视角来看，有电当然好。于是，我将完成的章节丢到抽屉里，重新捡起未完成的蟋蟀研究，将书稿的事忘到了一边。

随后的两年间，我时不时地会想到写书的事。20 世纪 70 年代早期，一些新近出版的著作，总能与我那本孕育之中的作品找到些异曲同工之妙，每当读到或讲到这些著作时，我提笔续写的冲动就会尤为强烈。其中最值得一提的，就是年轻的美国生物学家罗伯特·特里弗斯（Robert Trivers）和老道的英格兰教授约翰·梅纳德·史密斯分别发表的几篇论文。两位作者都用到了我提出的“直觉捷径”这个概念（如今，哲学家丹尼尔·丹尼特称之为直觉泵)。“直觉捷径”就是将个体有机体想象成为“如同”有意识地去计算对自身基因进行保存和传播的最佳策略，由此走出一条捷径。

亲本-后代冲突

特里弗斯将做父母的动物视为“如同”理性主体，去计算经济学家所谓的某一行为的“机会成本”。为了抚养后代，父母需要付出成本。成本中有食物(包括寻找食物所付出的时间和努力)，还有保护孩子免受捕食者侵害所用的时间，以及父母因保护孩子而产生的风险。特里弗斯将这些成本归总为一个度量单位，称之为亲本投资(Parental Investment，简称PI)。特里弗斯提出的一个重要观点就是亲本投资一定是机会成本：为任何一个孩子的投资，要通过由此而丧失掉的为其他孩子投资的机会来衡量。特里弗斯利用这一观点，引出了“亲本-后代冲突”的深刻论点。举例来说，何时给孩子断奶的决定，取决于孩子与母亲之间的“不一致”，而孩子与母亲双方都像理性的经济学家一样采取行为，他们的“效用函数”是自身基因的长期生存。母亲比孩子更“想要”早些断奶，因为母亲为未来后代设定的“价值”比孩子设定得更高，而未来后代可以从现有孩子的较早断奶中受益。未来的弟弟妹妹，对现有孩子来说也具有“价值”，但根据汉密尔顿法则，孩子设定的价值只是母亲的一半。

因此，就存在一个“断奶冲突”阶段——从双方“认同”哺乳应继续的早期，向双方“认同”哺乳应结束的后期过渡的不稳定时间段。在此期间，当母亲“想要”断奶而孩子不想时，动物行为的观察者就会看到母亲与孩子之间的微妙斗争。在这里插句话，《自私的基因》出版很久之后，澳大利亚生物学家戴维·海格(David Haig)清晰地阐明，许多孕期疾病都能用同样的特里弗斯冲突理论进行解释，在这里当然与断奶无关，而是关于必要稀缺资源分配的其他方面。

亲本-后代冲突，简直就是为我的著作量身定做的理论，而拜读了特里弗斯的优秀论文，也令我坚定，从抽屉中取出文稿，再次提笔。自从上次停电事件以来，我那只完成了第一章的书稿就一直处于休眠状态。特里弗斯的理论为《自私的基因》第七章“世代间的争斗”点亮了灵感,第八章“两性间的争斗”也运用了特里弗斯的思想，对男性和女性计算机会成本的不同方式进行了探讨。举例来说,男性何时可能会遗弃伴侣,在她“抱着孩子”“身陷囹圄”之时,转而去追求新伴侣。特里弗斯也对第十章“你为我挠痒,我就给你一巴掌”的内容产生了影响。影响到这章内容的，是他更早期发表的一篇关于互惠利他行为的论文，论文中讲到，亲缘选择不是促成利他行为的唯一进化压力。互惠是对他人帮助的报答，同样具有非常重要的意义，而且互惠行为可以在不同的物种之间发生，而不像亲缘选择那样仅局限于同一物种之内。由此，特里弗斯的大名就与汉密尔顿和威廉姆斯一同列入了影响《自私的基因》的四大作家名录之一。我还请他为我撰写了序言，他也欣然应允了，而截至此时，我们还从未谋面。

第四位就是约翰·梅纳德·史密斯，后来，他成了我敬爱的导师。记得少年时代，我就读过他称之为“我的小企鹅”的那本著作，我也为书中照片里那个微笑的学者形象所深深吸引：一头教授风格的乱发像他口中的烟斗一样生硬地支棱着，瓶底般厚厚的圆眼镜片早就该擦一擦了。而我每逢看到这种类型的人，就会立刻产生心驰神往的亲近感。我也很欣赏他自我介绍中的注解，其中讲到，他曾是一名飞机设计工程师，后来放弃工程设计，转而回到大学在生物学领域深造，是因为他觉得“飞机太过吵闹和老套”。多年之后，剑桥大学出版社推出了《进化论》一书的新版，我很荣幸受邀撰写了本书的序言，在序言中融入了对史密斯这位温和而亲切的学术英雄的敬意：

“校园文学”的读者都知道，学者们会在学术会议时将原型暴露无遗。尤其是会议酒廊，这里可谓是学术界的缩影。教授们

> 聚集在一个只有教授身份才能挤进去的小角落交头接耳，谈论的话题与学问或学术无关，而是“终身职位聘雇机会”（他们口中的“工作”）和“资金”（他们口中的“钱”）。就算他们讲到了老本行，也是为了显摆，并非以启迪为目的。而约翰·梅纳德·史密斯则以杰出、成功、令人敬爱的姿态，成了一个例外。他重视有关金钱的创意思想，看重关于学术词汇的平实语言。他总是被生机勃勃、欢声笑语的学生和年轻的研究人员所包围，其中有男有女。无所谓讲座还是“研讨会”；无所谓高档大巴还是当地名胜；无所谓花里胡哨的视觉教具和无线电麦克风；对于一场会议来说，真正重要的就是约翰·梅纳德·史密斯到场，而且要配备宽敞而欢乐的酒席。如果他无法在你计划之中的日期出席，那么你就必须要将会议改期。他不必发表正式演讲（虽然他的讲话总是扣人心弦），也不必主持正式的主题讨论（虽然他是一位智慧、诙谐而富有同情心的主持人）。只要他露面，你这场会议就一定能成功。他散发的魅力会把年轻的研究人员吸引到身边，他会与他们谈笑风生，听他们讲话，给他们以启发，重燃那些略显疲惫的激情，让这些年轻人带着生机、带着活力重新回到实验室，回到野外，迫不及待地去尝试与他分享而得来的那些新思想。

但是，我与史密斯最初的结识，并非完美到无以复加的地步。记得那是 1966 年，他时任萨塞克斯大学生物科学院的院长。我前去面试他的一个职位。那时，我基本上已经决定要去伯克利了。但萨塞克斯有这样一个工作机会，而且我的同行、萨塞克斯大学的动物行为学专家理查德·安德鲁（Richard Andrew）极力敦促我去申请。我告诉安德鲁，基本已决定去伯克利，但他说，无论怎样，参加萨塞克斯的面试也不会有什么坏处。于是我想：管他呢，为什么不去呢？也许，我那“管他呢”的态度，并没能给史密斯在面试过程中留下什么好感。面试时，我说，不想讲动物分类学的课程。他说这是工作内容的一部分。而我则颇为傲慢地说：那好吧，我已经拿到了伯克利的工作机会，反正本来也不太确定自己为什么要来参加这次面试。他友善地接纳了这一事实，还和安德鲁博士与我共进午餐。但正如我之前说过的一样，与我们后来建立的深厚友谊相比，这样的相识并不算完美。

20 世纪 70 年代早期，约翰·梅纳德·史密斯开始了一项大工程，撰写了一系列多篇论文。他与杰弗里·帕克（Geoffrey Parker）和已故的乔治·普莱斯（George Price）等人合作，运用数学博弈论来解决进化论中的几个问题。这些思想与自私的基因思想不谋而合，而约翰·梅纳德·史密斯的论文中承载的其他内容，也是激励我重拾第一章并完成全书写作的主要动力。

进化稳定策略

约翰·梅纳德·史密斯最主要的贡献，就在于他提出的进化稳定策略（evolutionarily stable strategy，简称 ESS）。在这里，“策略”可以理解为“预编程规则”。史密斯建立了数学模型，在动物斗争的具体例子中，预编程规则带有“老鹰”“鸽子”“报复者”“恶霸”等名字，让这些规则在想象（或模拟）世界中自由互动。再次强调，不假定执行这些规则的动物能意识到它们的行为及其原因，理解这一点很重要。每个预编程规则在群体中都有一个“频率”（就像基因库中的基因一样，虽然在模型中不必表明与 DNA 的联系）。频率依据“报酬”而变化。在博弈论起源的社会和经济学科中，人们将报酬理解为金钱的等价物。而在进化博弈论中，报酬有“繁殖成功”的特殊含义：某一策略的高报酬，就会带来其在群体中规模的增长。

很重要的一点在于，成功的策略并非一定要在与其他策略的竞争中取胜。成功的策略在群体中以数量取胜。而由于在数量上取胜的成功策略很可能会遇到自身的副本，因此，只有在自身副本存在的情况下依然保持发展势头，才能维持数量优势。这就是史密斯 ESS 中所谓的“进化稳定”。我们很可能在自然界看到 ESS 的存在，因为如果某一策略是进化不稳定的，那么就会随着竞争策略的发展壮大而从群体中消失。

在此，我不对进化博弈论和特里弗斯的亲本投资思想进行过多讲述，因为《自私的基因》一书已有深入探讨。总之，特里弗斯和约翰·梅纳德·史密斯于 20 世纪 70 年代早期发表的一系列论文，再次令我对曾于 20 世纪 60 年代给我以启迪的汉密尔顿思想产生了兴趣，并促使我重新捡起那本自从电力罢工事件之后就一直沉睡于箱底的仅完成了第一章的著作。书中有关冲突的章节中，充斥着约翰·梅纳德·史密斯的进化论思想，而同样的思想也在随后章节的许多内容处理上给我以启迪。

就这样，1975 年，我在完成关于“层级组织”的论文之后，休了轮休假，每天清晨都在家中埋头于打字机上，全身心地投入《自私的基因》的写作。我实在太过沉浸于写作大业，就连新学院选举新任院长的重要会议都没去出席。一位同事在会议中途溜了出来，急急忙忙地给我打电话，告诉我投票结果非常接近，并央求我赶快来一趟。如今想来，虽说轮休假是我应得的待遇，但我自己未能出席如此重要的选举会议，实属不负责任的自我放纵。出席会议，只不过会用掉我几小时的时间，而我没有投票的行为，很可能会造成延续多年的深远影响。所幸，我准备投票的那个人正巧当选（而且成了一位卓越的院长），我也不用因改写学院历史的发展轨迹而背负多年的愧疚之情了。而事实上，他的竞争对手若是当选，也一定会非常优秀，而且学院会议一定会充满欢笑，因为他早就声誉在外，被公认为牛津诙谐机智的第一人。

我是在如暴风骤雨般猛烈的创造力中完成《自私的基因》的写作的。大约完成了三四章之后，我与我的朋友戴斯蒙德·莫里斯提及了出版一事。莫里斯本人就是一位富有传奇色彩的成功作家，他为我安排了与伦敦出版界前辈汤姆·马希勒（Tom Maschler）的会面。我在马希勒先生位于伦敦乔纳森·凯普出版社内的办公室与他见了面。这间办公室有着挑高设计，布满了一排排琳琅满目的书籍。他读了我完成的几章内容，还算喜欢，但要求我改一下题目。他解释说，"自私"一词，是个"带有负面色彩的词汇"。为什么不叫作《不朽的基因》呢？如今回想起来，才觉得他讲得也不错。我实在记不起自己为什么没有听从他的建议，真觉得自己当年应该改一下书名。

但最终，我还是没有选择马希勒做我的出版人，因为后来许多事情超出了我能力所及的控制范围。一天，在新学院用午餐时，牛津的理论物理学教授罗杰·伊利亚特（Roger Elliott，现在已是罗杰爵士）谈到，他听说我正在写书，还询问我具体情况。我对手头的工作略作介绍，他很感兴趣。原来，他是历史悠久的牛津大学出版社的董事会成员，还将此事告知了对口编辑迈克尔·罗杰斯（Michael Rodgers）。罗杰斯给我写了封信，询问是否能读一读已经完成的章节。于是，我将文稿发给了他。

之后，一切就如同暴风骤雨般发动起来了。一开始先是从电话中传来他那极富个性的大嗓门："我读过你的稿子了。读完之后就一直彻夜不眠。我要定这本书了！"也许有的人会拒绝这类风格的劝说，但我不会。无疑，罗杰斯就是我所赏识的那类出版人。我签下合同，带着加倍紧要的心态继续写作。

如今想来，似乎很难理解我们在计算机文字处理软件问世之前，怎么会如此习惯于容忍写作的负担。我写下的每一句话，基本都要经过修改、整理、重新排序、划掉，然后再重写。我着魔似地一遍又一遍复读自己的作品，用达尔文主义般的筛选和淘汰来对待我写下的文字，而且我希望并认为，每过一遍，内容就会有所提升。就算是我第一遍在打字机上敲出一句话，整句话敲完之前，其中至少有一半的文字都经过了删除和修改。一直以来，我都是这样写作的。如今的计算机与我的写作风格再搭配不过了，无论怎么修订，文字内容都干净整齐，而当年的打字机在我的折腾下，结果却是一团糟。我的常用工具有剪刀和胶带，它们的重要性和打字机本身不相上下。日益增厚的打字文稿，满是打着叉的删除符号，手写的插入内容，用圈圈框起来、拉着长线用箭头标志着挪到其他地方的文字，还有一张张歪歪扭扭地粘在页面边上或底部的纸片。人们总是觉得，一份作品必须要让人能够流畅阅读其中的文字才行。而在纸张上写字，达到这样的标准就是件很不现实的事。让人百思不得其解的是，自从有了计算机文字处理软件，文学界的总体写作风格也并没有表现出任何提升。实在不应该啊！

动物行为学研究团体有一位慈母般的秘书佩特·瑟尔（Pat Searle），她先后打出了两份整洁美观的《自私的基因》文稿。每一份都给迈克尔·罗杰斯过目，回到我手中时，上面满是他手写的批注，对我大有助益。值得一提的是，我那带着青春浪漫色彩的热情着实有些过了头，正是他帮我删除了那些华而不实的段落。彼得·梅达瓦将作家比喻为风琴手，称“科学家的手指与历史学家的手指不同，永远不能游移到调换音色的音栓上”。《自私的基因》第二章末尾，就像科学散文一样抒情，每每回想起那些段落，我就会颇感羞愧（我也很庆幸自己没有将那些内容保留下来）。下面这一段的抒情程度稍缓，被宽容的罗杰斯放过了。这段文字是在讲生命起源和与之同时发展起来的“复制因子”原始营养汤一章的末尾。原始营养汤后来就形成了由生命有机体这种“承载工具”所构成的世界。

> 复制因子为确保自身在这个世界中的延续，会运用各种计谋与手段。这些计谋水平一直持续提升，而这种提升是否会有终结的一日？看来，提升的空间还很大，时日尚多。千年的时光洗礼，自我保存的诡异机制究竟会变成什么样子？400亿年之后，古老的复制因子的命运如何？它们不会灭绝，因为它们曾是生存艺术

大师。但是，它们不会再像当年那样松散地沉浮于汪洋大海之中，它们早就放下了那骑士般的自由精神。如今，它们蜂拥在巨大的群落之中，安全地存在于庞然大物般的笨拙机器里，与世隔绝，通过曲折而间接的途径与外界沟通，通过遥控手段对其进行操纵。复制因子存在于你的身体，我的身体；正是它们创造出了我们，创造出了我们的身体和思想。我们存在的终极原因，正是为了保存这些复制因子。它们由来已久。如今，人们称之为基因，而我们，就是它们的生存机器。

上面这段文字是对本书的中心比喻和科幻小说般的文体进行的概括。我在前言部分还写了下面这段话：

读者请将本书当作科幻小说来阅读。作者在构思时，就是为了唤起读者的想象力。但本书并非科幻小说，而是科学。真实的世界比小说更为奇幻。不管这话听起来有多庸俗，但毕竟是作者的真情实感。我们都是生存机器，是为了保存那个叫作基因的自私微粒，而在浑然不知的情况下被编程的机器载体。这样的事实，令我至今依然为之惊叹。虽然对此已有多年了解，但我似乎永远也无法完全适应这样的事实。我心存的一个希望，就是能让其他人感受到同样的惊叹。

第一章的开篇继续了科幻小说的风格：

一个星球上的智慧生命要经历漫长的时间，才能搞清楚其自身存在的原因。如果宇宙中的高等生物造访地球，为了评估我们的文明程度，他们会问到的第一个问题就是："这些人发现进化的原理没有？"生物体在地球上已存在了超过30亿年时间，无人知晓个中缘由，直到终于有一天，真理为一人所发现。他的名字叫作查尔斯·达尔文。

作品出版之后，简·丁伯根看到了，他对这样的开场白颇为反感。对任何表达人类是智慧物种的文字，他都不喜欢，而且他对我们人类对这个世界所造成的恶劣影响深感伤痛。但这并非我想要说明的主题。

关于《自私的基因》的最后一章《迷因：新的复制因子》，我有话要说。由于那本书的其他章节的内容都将基因这个复制因子推到了舞台中央，作为生命进化的主角，因此，有必要在最后抹去读者心中“复制因子一定是 DNA”的印象。写作时，我继续沿用了开篇时的科幻小说风格，指出其他星球的生命进化过程可能有着完全不同的自体复制体系，但无论其复制体系如何千变万化，一定会具有某些特定的特质，比如复制的高保真程度。

如果 1975 年已经出现计算机病毒，我一定会引来作为例子。而在书中，我以人类文化为例，作为新的“原始营养汤”：

> 但我们真的要去遥不可及的其他星球寻找其他类型的复制因子，以及随之而来的其他类型的进化吗？我认为，就在我们生存的这个星球上，最近已经出现了一种新型复制因子。它正与我们面对面。虽然还处于幼年阶段，依然在原始营养汤中笨拙地漂移，但它正在发生进化，而且其速度令旧式的基因望尘莫及。
>
> 这种新的原始营养汤，就是人类文化之汤。我们需要为这种新型复制因子命名，需要一个名词来传达“文化传递单元”或“模仿单元”的思想。“Mimeme”的希腊词根很适用，但我希望能找到一个与“基因”发音相似的单音节词。那么，不妨将 mimeme 简写成 meme（模因），在此恳求我的古典学者朋友予以宽谅。亦可将迷因（meme）一词想成与记忆（memory）或其法语形式

meme 一词有些许联系，望友人们以此聊以慰藉。

> 举例来说，迷因包括乐曲、思想、名言、服饰风格、锅碗瓢盆的样式以及拱形门的设计等等。就像基因的繁殖是在基因池中通过精子或卵子从一具躯体跳到另一具躯体一样，迷因的繁殖方式同样是在迷因池中从一部大脑跳到另一部大脑，而跳转的过程，从宽泛的意义上讲，可以被称为“模仿”。

随后，我继续讨论了迷因思想的各种可能的应用方式，比如宗教的传播与继承。而我的初衷并非是要为人类文化理论进言献策，而是淡化基因作为达尔文主义发展过程根源的唯一复制因子的印象。我是想推广“普适达尔文主义”（这也是我后来一篇论文的题目。这篇论文的内容，以 1982 年纪念达尔文逝世的会议发言稿为基础），没想到，哲学家丹尼尔·丹尼特、心理学家苏珊·布莱克摩尔（Susan Blackmore）等人竟将迷因这个“雪球”越滚越大，对此我深感欣慰。迄今为止，已有 30 多本著作的题目中带有“迷因”这个词汇，“迷因”一词也收录进了《牛津英文词典》（词典的收录标准是，词汇在没有归因或定义的情况下，出现在一定数量的出版文献中）。

对一位年轻的作家来说，第一部著作的出版，是令人兴奋而陶醉的。那时，我经常造访华顿街那座新古典主义风格的庄严的牛津大学出版社大楼，有时还去位于伊莱别墅的伦敦办公室，与创作、设计、营销等各个领域的人士会面。进行书籍护封设计时，这本书的科幻风格再一次将我引领到了有着优雅柱廊建筑风格的北牛津，将我带到戴斯蒙德·莫里斯的门前。莫里斯是一位生物学家、电视名人、人类学收藏家、（令人难以置信的）健谈之人、畅销书作者，同时，他还是一位富有修养的超现实主义画家。他的画作蕴藏着一股浓郁的生物学特色。他创造出了一幅幻境，在其中，另一个世界的生物继续着它们的生息、繁衍、进化，它们在一幅幅画布上不断发展变化，而这正是《自私的基因》所需要的。他很开心地接纳了为书做护封设计的想法，于是迈克尔·罗杰斯和我就去他办公室和工作室挑选画作。《期望之谷》从众多优秀画作中脱颖而出，不仅因为画中大胆的着色和生息繁衍的独特氛围，而且也有一个较为现实的考虑，那就是这幅作品上正好有一块位置可以放题目。我们心满意足地选定了这幅画，我认为，以这幅画作为封面，也对本书的销售起到了助推的作用。

碰巧，莫里斯此时正在位于华顿街的牛津大学出版社大楼附近的一家小画廊办画展，《期望之谷》也是待售的作品之一。画作的价格是 750 英镑，正好与出版社给我的预付稿酬相同。如此的巧合实在令人难以抗拒，我多次造访画廊，对许多幅画作都心生好感，后来终于买下了《期望之谷》。莫里斯似乎觉得有些不好意思，于是决定买一送一，慷慨地赠送了我另一幅有些相似的作品《撩拨者》。这两幅画作放在一起，十分般配。

赢得声誉

1976 年秋，《自私的基因》问世。书籍得到了广泛评论，而由不知名作者撰写的第一部作品，竟然吸引到如此多的眼球，至今依然令我有些摸不着头脑。出版商既没办发布会，也没搞什么宣传。而书籍在出版之后的短短几个月，竟得到了 BBC“旗舰”科学系列节目《视野》制片人彼得·琼斯（Peter Jones）的关注。琼斯问我是否愿意就本书的主题做一部电视纪录片，但当时的我太过青涩，不好意思在电视上露面，于是推荐了约翰·梅纳德·史密斯。他在观众面前表现得从容、热情，而这部纪录片就叫《自私的基因》。纪录片的播放，无疑对书籍的销售起到了很大的推动作用，至少在英国是这样。但纪录片所产生的宣传效果，是后来的事了，无法用来解释本书得到的广泛关注。

我为自己的第一部著作专门制作了一摞评论剪贴簿，前不久还拿出来翻了一遍。剪贴簿中收录了 100 多篇评论文章，如今再次读来，竟觉得与本书富有争议性的总体形象不太相符。几乎所有的评论都是带着支持和赞许的态度。最早的一批评论者，有精神科医生安东尼·斯托尔（Anthony Storr），人类学家莱昂内尔·泰格尔（Lionel Tiger）以及弗朗西斯·赫胥黎（Francis Huxley，朱利安·赫胥黎之子），自然学家布鲁斯·坎贝尔（Bruce Campbell），还有哲学家伯纳德·威廉姆斯（Bernard Williams）。很久之后，我才了解到，与伯纳德·威廉姆斯攀谈充满乐趣，他能用智慧挑起任何人的兴趣。有两位持左翼政见的生物学家给出了颇具敌意的评论，他们是史蒂芬·罗斯（Steven Rose）和理查德·乐翁亭（Richard Lewontin），持右翼政见的希里尔·达灵顿（Cyril Darlington）也在评论中夹杂了一些讽刺。但负面评论只是极少数。绝大多数评论者都能接受书中传达的信息，以公允的眼光进行理解，以友善的态度来对待那本书。尤其是彼得·梅达瓦和W.D. 汉密尔顿，他们在评论中对本书大加赞赏，令我深感温暖。汉密尔顿还提到了我一开始想要回答劳伦兹、阿德里、20 世纪 60 年代的过度乐观主义者以及“BBC 定理”的问题：

> 基本上每一个人都应读一下这本书，而且也能读懂这本书。书中运用丰富的技巧，展示出了进化论崭新的一面。近来，许多带着轻松科普风格的生物学作品面世，其中有新的信息，也有错误信息，而在我看来，相比之下，这本书是一部更为严肃的作品。作者成功地完成了一项几乎不可能完成的任务，运用简单易懂的非专业语言，向大众介绍了新近出现的进化论思想中颇为深奥的准数学主题。通篇阅读本书之后，就连怀着广阔视野、自认为知识渊博的生物学研究专家，都会为之惊叹，感觉耳目一新。至少，此书令笔者甚为惊喜。再次重申，此书对于没有科学基础的读者来说，也是轻松易懂的。

除了上文的“笔者”之外，我还没有给过其他任何人如此的惊喜。而且，比尔·汉密尔顿还引用了华滋华斯和豪斯曼的诗篇作为这篇优美评论文的结尾，令我很是感动。豪斯曼的《西罗普郡少年》，总能令我联想到比尔那丰富的个性：

来自远方，来自黄昏和清晨，
来自十二重高天的好风轻扬，
飘来生命气息的吹拂：
吹在我身上。
……

现在就说，我会回复，
比如，我该如何给你帮助，
十二重高天的好风扬起之前，
我将踏上漫漫长途。

对于一位进化科学家来说，以这段诗篇作为墓志铭确实不赖。而比尔·汉密尔顿也称得上是 20 世纪后半叶最伟大的进化科学家。就在本卷的写作接近尾声之时，我在一摞尘封的卷宗中找到了一件宝物，上面有比尔的笔迹。这是比尔讲义最后一页的复印件，有比尔改写的另一首豪斯曼的诗篇《不朽的角色》，里面包含了“不朽”基因的思想。我已经记不得这段讲座的具体内容了，也想不起来他是何时讲的，而且讲义上也没有日期。我已将这页内容放在了网络附录中。

《自私的基因》出版很久之后，我与比尔在牛津大学成为了合作紧密的同事，几乎每天用午餐时都能在新学院碰到他。我暗自庆幸，自己的作品能将他智慧的思想传播给广大读者。但我也希望，这本书能从其他方面改变我同为生物学家的同事们对本学科的一些看法。我希望，如果你到生物学的野外研究基地，无论是在塞伦盖抵还是南极，抑或在亚马逊或喀拉哈里，当你倾听野外研究工作者在傍晚时分喝着啤酒聊着本行时，总能时不时地听到关于基因的言论。他们不一定非要谈到 DNA 那有些古怪的分子形态（虽然这一点也十分有趣），而是能听到他们言谈背后的假设，认为他们正在观察研究的动植物行为，其目的在于保存基因，并通过千秋万代的延续进行繁殖。

Gilgil
Nyeri
Lyamungu
Kabete
Nairobi

An Appetite for Wonder

15 我的前半生

非洲的童年时光有助于我成为生物学家吗？答案是否定的。我父亲是训练有素的植物学家，父母对我的成长轨迹产生了重要影响。牛津大学动物学的教育背景，让我一生受用无穷。达尔文是我心中的英雄，我一直致力于用达尔文的真理去说服他人。这些故事，属于我的后半生。

The Making of a Scientist

15 我的前半生

《自私的基因》一书的出版，为我的前半生画上了句号，我也姑且借此机会停下脚步，回望这一路的经历。总有人问我，在非洲度过的童年，是否像某种启蒙，使我后来成为生物学家。我很想给出肯定的答复，却并不自信。我们从何得知，人生轨迹是否因早年的某一特定转变而发生了变化？我父亲是训练有素的植物学家，母亲能告诉我见到的每一种野花的名字，而且我父母两人永远都乐于满足孩子对这个大千世界的好奇心。这一点对我的人生是否发挥了重要作用？当然是。

我 8 岁那年，全家回到英格兰。倘若当年没有回国，又会怎样？选定学校的最后一刻，家人决定将我送到奥多，而不是马尔伯勒。这一专断的决定，是否铸就了我的未来？这两所学校都是男校。心理学家可能会说，如果我被送到男女混合的学校，可能会更善社交。我勉强挤进牛津大学。倘若未获录取,又会怎样,而且本来我也差点就被淘汰。倘若我没有上简·丁伯根的辅导课，而是由此遵从我一开始的想法，在博士生阶段进行生物化学研究，而非选择动物行为学方向，又会怎样？如若果真如此，我的整个人生就会迈向另一片风景。也许永远也不会想到写书。

但也许，人生的种种，终究会重归原路，就仿佛有一座磁场的牵引，即使偶尔偏离了方向，也会回归属于自己的那条路上。如果我成为了一名生物化学家，就算养成了从分子角度看世界的习惯，是否最终也会走向《自私的基因》呢？也许，人生道路的吸引力，还是会引领我创作出每一部著作的另一个版本，带着生物化学视角的版本。我无从得知，而“重归原路”的想法，也并非乏善可陈，我还是随后再谈吧。

人生的“如果”

我提出的假设，相对较为宏大。先不妨说说那些看似琐碎而实际意义重大的事情。我设想，哺乳动物之所以能存在于世，都应归功于当年某一只恐龙偶尔打出的那个喷嚏。而倘若阿洛伊斯·施克尔格鲁伯（Alois Schicklgruber）在 1888 年中期他妻子怀上儿子阿道夫·希特勒之前的任何一年的某一特定时刻打了个喷嚏，而不是其他时刻，又会发生什么？显然，我对相关事件发生的精确顺序一无所知，也无从获取关于施克尔格鲁伯先生打喷嚏情况的历史记录，但我确信，某个看似不足为奇的小变化，比如 1888 年的一个喷嚏，就足以改变历史的发展进程。为阿道夫·希特勒赋予生命的那个鬼胎精子，是他父亲一生产出的无数精子之一，同样的道理亦可推及他的两位祖父，四位曾祖父，等等。希特勒母亲受孕多年以前，某个喷嚏足以改变某一精子与某一卵子结合这样微妙的境遇，并由此改写整个 20 世纪的人类史，也包括我本人的存在。在我看来，这不是一种构想，而是确凿无疑的。当然，我并不否认，像第二次世界大战这样的事件，就算没有希特勒也依然会发生；我也不认为，希特勒疯狂的邪恶注定源于他的基因。如果希特勒年少时成长于不同的养育环境，也许他会成为一个好人，至少没有什么负面的影响力。但无疑，他本人的存在，以及由此引发的战争，取决于某一精子的运气（幸运的精子，不幸的后果）。

15 我的前半生

万亿个精虫
活生生地游动；
精子世界突发大灾变，而一位可怜的诺亚
竟抱着生存的希望。

那无数小虫，除去其中之一
可能碰巧就有
莎士比亚，另一位牛顿，新版多恩——
但那个“之一”
却是我。

我乘上方舟，同伴们却不得入内，
将优秀同类挤开，实在令我羞愧！
而如果你能静悄悄地逝去，
就是对我们所有这些
刚愎的生命体
更好的抉择。

——奥尔德斯·赫胥黎

如果阿道夫·希特勒的父亲在某个假定时刻打了个喷嚏，那么阿道夫·希特勒就不会出生。而我也不会存在，因为母亲怀上我这件极小概率事件之所以会发生，都应“归功”于第二次世界大战，以及其他一些没那么惊天动地的大事小事。我们所有人，都能将同样的论点推回到之前无数的世世代代，我就是这样构想出恐龙打喷嚏和哺乳动物命运之间的关系。

既然我们自身的存在，是由一系列偶然事件引发的，而这一系列事件彼此之间的联系又十分脆弱，那么我们是否可以继续提出问题：尽管各种喷嚏和其他微不足道，抑或颇为重大的事件不断做着布朗运动，某人一生的轨迹，是否依然能凭借某种磁力，回归到可预见的路径上。倘若我母亲的玩笑话是真的，如果我出生的那所艾斯寇坦疗养院真的将我和卡斯伯特的儿子搞混了，而我从此成为了传教士家庭中的一员。那么，现在的我是否会是一位循规蹈矩的传教士？也许，遗传学家会笃定地给出否定的答案。

如果我家没有从非洲迁回英格兰，我坚持在金鹰学校读书，而不是去了茶芬园，之后又上了马尔伯勒而不是奥多学校，那么我是否依然能考入牛津大学，遇见简·丁伯根？其实并非完全不可能，因为我父亲一定会执意坚持要我追随他和其他六位道金斯家的祖辈，去贝利奥尔学院。沿途，就算走上不同的岔路，各条通路还是会在某一点重新汇聚。岔路汇聚到原路的可能性，取决于基因的相对贡献、以培养成人的能力和爱好为目标的教育等真正可进行调查研究的内容。

心目中最伟大的科学英雄——达尔文

先暂且放下假想的喷嚏和交汇的道路这类纯粹的推断不提，还是回到我们熟悉的话题上。驻足回望，那些取得和没有取得的成就，其中有多少，是我们从童年时代就能预见到的？多少能归因于可衡量的个人品质上？多少可以归功于父母的爱好和消遣方式上，多少是源于其基因？多少是因为碰巧遇到了一位对他影响尤其深远的老师，或碰巧参加了某一次夏令营活动？我们能否列出自身的能力和不足、优点和缺点，并利用这些信息来理解自身的成功与失败？这就是我所谓的熟悉的话题，也是达尔文在其自传末尾处提到的“脚步”。

查尔斯·达尔文，是我心目中最伟大的科学英雄。哲学家总是喜欢说，所有的哲学思想都是步柏拉图的后尘。我真心希望事实并非如此，因为这样的说法多少有些自降身份之嫌。不过我倒是可以借用一下，因为所有的现代生物学的确都是步达尔文的后尘。而这样的说法，称得上是对生物科学由衷的嘉奖。每一位生物学家，都在沿着达尔文的脚印前行，怀着谦卑的心，我们所有这些以生物学研究为毕生事业和追求的人，最高境界，就是去追随达尔文的成就与精神。在达尔文自传的最后几页，他回顾一生，列出了自己所拥有的和缺乏的品质。依然怀着谦卑的心，我以大师为榜样，学习他自我评估的方法。

> 我不像赫胥黎等聪颖人士那样，拥有快速的理解力或过人的智慧。

在这里，我从心底油然而生一种与达尔文的亲近感，虽然我知道，他是谦逊得有些夸张了。

> 要我进行长时间纯粹的抽象思考，能力十分有限；我可能永远无法在形而上学或数学上取得成功。

我对此同样感同身受，除了那段在贝文顿路度过的岁月，我曾短暂地享受过（或说成“忍受”更为恰当）一段时间，那时，我被同僚们荒唐而毫无根据地冠以数学能力强的名声。约翰·梅纳德·史密斯本人就是一名数学生物学家，他总是声情并茂地表达对“用散文笔法去思考”的感慨。他在 1982 年《伦敦书评》（*London Review of Books*）上发表了一篇关于《自私的基因》及其续集（针对专业的生物学家）《延伸的表现型》（*The Extended Phenotype*）的联合评论，末尾处这样写道：

> 关于这两本书的最为奇特之处，我留待最后来讲，因为可能很多人都会觉得不足为奇。我眼中的奇特，就在于，两本书中见不到一行数学公式，而我在理解上却没有遇到一点困难，根据我的眼光，其中不存在逻辑错误。而且，道金斯并非首先用数学方法理清思路并随后将其转换为散文形式，很明显，他是用散文笔法去思考的。值得一提的是，他在撰写《自私的基因》时，刚刚

结束了一段对计算机编程的深度痴迷，正处于恢复期，而计算机编程会迫使人理清思路，准确说出自己想要表达的意思。很可惜的是，将基因与进化的关系作为主题进行写作，而不具备数学底蕴的人士，他们写出的文章，不是让人难以理解，就是错误连篇，而且经常是两者兼有。相比之下，道金斯则带来了与众不同的惊喜。

回到达尔文自传中的独白：

> 我的记忆力非常糟糕，从来没能连续几天记住过某个日子或某行诗句。

说不定达尔文本人真的如此，而这一特质并没有阻碍他取得伟大成就。我逐字逐句背诵诗歌的本领，虽然为我的人生增添了许多乐趣，令我尤为珍惜，但也并没有为科学研究助一臂之力。或许，对诗词韵律的感觉，对我的写作风格产生了某些影响。

> 我有着整洁有序的习惯，这一点对于我的工作领域来说有着颇为重要的作用。最后要讲到的一点是，我因不用养家糊口而享受着充裕的余闲。就算身体欠佳，虽然病痛销蚀了我几年的人生，但也为我免去了社交和娱乐等分心之事。

我的习惯，与整洁有序扯不上半点关系。而我那不够整洁有序的习惯，而非病痛，的确销蚀了我很多时光，这些时间加总在一起也有几年光景，本可以用来做更多事情，取得更多成果。还要自责的是社交和娱乐等分心之事（而我则沉迷于计算机），但人生不应该就是生活和科研两全吗？我没能免去养家糊口的责任。但是，虽然我十分乐意无视那些针对我的人身攻击，说我是受过良好教育的白人男性（这是事实），但我无法否认，和一些没我那么幸运的人相比时，我还是拥有童年、少年和青年时代那不劳而获的优越境遇。我不会再为自身的优越境遇而道歉，就像人们不会为自身的基因或面孔而道歉一样，但我对此有着非常清醒的认识。在他人眼中，我有着美好的童年时光，我因此对父母感怀至深。某些人可能认为，在7岁时就被送到纪律严苛的寄宿学校，不一定是什么好事，但即便如此，我也感激我的父母，因为对他们来说，为我提供这样的教育机会，是要花大力气，做出很大牺牲才能换来的。

达尔文在自传的前面一段，当讲述自身那无论从哪个标准看来都令人敬畏的推理能力时，稍稍降低了一点谦虚的标准：

> 某些针对我的批评家曾说过："噢，他是个不错的观察家，但不具备推理能力。"我并不敢苟同，因为《物种起源》一书，从头到尾就是一整篇长篇论述，而且还因此说服了不少有识之士。若没有一定的推理能力，是写不出这样一本书的。

达尔文先生（他一生也没有获得爵士头衔，这一事实是对英格兰荣誉体制多么生动的控诉），最后这句话够资格获得世界级自我低估的称号了。达尔文先生，您伟大的推理能力和说服能力，已永垂史册。

我并非一位优秀的观察家，我并不引以为傲，而且一直迫切地尝试去提高自身的观察能力，但我未能如父亲和祖父所期望的那样，成为一名博物学家。我缺乏耐心，虽然我有着得天独厚的成长历程，但并不具备关于任何一种特定动植物的丰富知识。我只能识别出五六种常见英格兰鸣禽的叫声，只能认出五六种夜空中的星座，也只能叫出五六种野花的名字。相比之下，在动物王国的门、纲、目等分类问题上，我却更加在行。而且有着牛津动物学的教育背景，我也应该对这些知识了如指掌，因为再没有哪所大学对该学科的经典教育体系更加重视的了。

实践证明，我说服他人的能力还算过得去。当然，我所讲述的内容，和达尔文的理论相比，就是小巫见大巫了。而用达尔文的真理去说服他人的工作，目前依然没有完成，我也和达尔文这片沃土中辛勤耕耘的众人一样，仍在继续努力。那段故事，则属于我的下半生。在接下来的人生中，我完成了大部分著作的写作。如果我没有被不可预见的某种喷嚏一类的事物带走，就会在后半部著作中一一列举。读者欲知后事如何，且听我在后半部中慢慢道来。

An Appetite for Wonder

The Making of a Scientist

图片致谢

All photos come from the Dawkins family collection (thanks to Sarah Kettlewell) except where otherwise acknowledged. Every effort has been made to trace copyright holders, but any who have been overlooked are invited to get in touch with the publishers.

Images in the text

p. 181: *Cerura vinula:* photo courtesy N. Tinbergen.

Illustration sections

Section one

St Mary's Church, Chipping Norton: photo courtesy Nicholas Kettlewell.

Clinton Edward Dawkins (1880), Clinton George Evelyn Dawkins (1902),Clinton John Dawkins (1934), Arthur Francis 'Bill' Dawkins (1935/6):photos courtesy Balliol College, Oxford.

Section two

Emperor Swallowtail (*Papilio ophidicephalus*): © Ingo Arendt/Minden Pictures/Corbis.

Section three

The Great Hall, Oundle School, Northamptonshire: © Graham Oliver/Alamy; Ioan Thomas, 1968: Oundle School Archive.

Niko Tinbergen painting hens' eggs to resemble gulls' eggs, *c.* 1964: Time & Life Pictures/Getty Images; Mike Cullen, 1979: Monash University Archives, photo Hervé Alleaume; the Surrey Puma hunt: photo courtesy Virginia Hopkinson; People's Park demonstrators and the National Guard,Berkeley, 19 May 1969: © Bettmann/Corbis; punting in Oxford: photo courtesy Lary Shaffer; Peter Medawar at University College, 26 November 1960: Getty Images.

RD and Ted Burk, November 1976: Time & Life Pictures/Getty Images;Danny Lehrman and Niko Tinbergen: photo courtesy Professor Colin Beer; Niko Tinbergen filming: courtesy Lary Shaffer.

William D. Hamilton and Robert Trivers, Harvard, 1978: photo courtesy Sarah B. Hrdy; Michael Rodgers: photo courtesy Nigel Parry; RD and George C. Williams: photo by Rae Silver courtesy John Brockman; John Maynard Smith: Corbin O'Grady Studio/Science Photo Library; *The Selfish Gene*: courtesy Keith Cullen.

湛庐，与思想有关……

如何阅读商业图书

商业图书与其他类型的图书，由于阅读目的和方式的不同，因此有其特定的阅读原则和阅读方法，先从一本书开始尝试，再熟练应用。

阅读原则1 二八原则

对商业图书来说，80%的精华价值可能仅占20%的页码。要根据自己的阅读能力，进行阅读时间的分配。

阅读原则2 集中优势精力原则

在一个特定的时间段内，集中突破20%的精华内容。也可以在一个时间段内，集中攻克一个主题的阅读。

阅读原则3 递进原则

高效率的阅读并不一定要按照页码顺序展开，可以挑选自己感兴趣的部分阅读，再从兴趣点扩展到其他部分。阅读商业图书切忌贪多，从一个小主题开始，先培养自己的阅读能力，了解文字风格、观点阐述以及案例描述的方法，目的在于对方法的掌握，这才是最重要的。

阅读原则4 好为人师原则

在朋友圈中主导、控制话题，引导话题向自己设计的方向去发展，可以让读书收获更加扎实、实用、有效。

阅读方法与阅读习惯的养成

（1）回想。阅读商业图书常常不会一口气读完，第二次拿起书时，至少用15分钟回想上次阅读的内容，不要翻看，实在想不起来再翻看。严格训练自己，一定要回想，坚持50次，会逐渐养成习惯。

（2）做笔记。不要试图让笔记具有很强的逻辑性和系统性，不需要有深刻的见解和思想，只要是文字，就是对大脑的锻炼。在空白处多写多画，随笔、符号、涂色、书签、便签、折页，甚至拆书都可以。

（3）读后感和PPT。坚持写读后感可以大幅度提高阅读能力，做PPT可以提高逻辑分析能力。从写读后感开始，写上5篇以后，再尝试做PPT。连续做上5个PPT，再重复写三次读后感。如此坚持，阅读能力将会大幅度提高。

（4）思想的超越。要养成上述阅读习惯，通常需要6个月的严格训练，至少完成4本书的阅读。你会慢慢发现，自己的思想开始跳脱出来，开始有了超越作者的感觉。比拟作者、超越作者、试图凌驾于作者之上思考问题，是阅读能力提高的必然结果。

好的方法其实很简单，难就难在执行。需要毅力、执著、长期的坚持，从而养成习惯。用心学习，就会得到心的改变、思想的改变。阅读，与思想有关。

[特别感谢：营销及销售行为专家 孙路弘 智慧支持！]

我们出版的所有图书，封底和前勒口都有“湛庐文化”的标志

并归于两个品牌

找“小红帽”

为了便于读者在浩如烟海的书架陈列中清楚地找到湛庐，我们在每本图书的封面左上角，以及书脊上部 47mm 处，以红色作为标记——称之为**“小红帽”**。同时，封面左上角标记**“湛庐文化 Slogan”**，书脊上标记**“湛庐文化 Logo”**，且下方标注图书所属品牌。

湛庐文化主力打造两个品牌：**财富汇**，致力于为商界人士提供国内外优秀的经济管理类图书；**心视界**，旨在通过心理学大师、心灵导师的专业指导为读者提供改善生活和心境的通路。

阅读的最大成本

读者在选购图书的时候，往往把成本支出的焦点放在书价上，其实不然。

时间才是读者付出的最大阅读成本。

阅读的时间成本=选择花费的时间+阅读花费的时间+误读浪费的时间

湛庐希望成为一个“与思想有关”的组织，成为中国与世界思想交汇的聚集地。通过我们的工作和努力，潜移默化地改变中国人、商业组织的思维方式，与世界先进的理念接轨，帮助国内的企业和经理人，融入世界，这是我们的使命和价值。

我们知道，这项工作就像跑马拉松，是极其漫长和艰苦的。但是我们有决心和毅力去不断推动，在朝着我们目标前进的道路上，所有人都是同行者和推动者。希望更多的专家、学者、读者一起来加入我们的队伍，在当下改变未来。

湛庐文化获奖书目

《大数据时代》

国家图书馆“第九届文津奖”十本获奖图书之一
CCTV“2013中国好书”25本获奖图书之一
《光明日报》2013年度《光明书榜》入选图书
《第一财经日报》2013年第一财经金融价值榜“推荐财经图书奖”
2013年度和讯华文财经图书大奖
2013亚马逊年度图书排行榜经济管理类图书榜首
《中国企业家》年度好书经管类TOP10
《创业家》“5年来最值得创业者读的10本书”
《商学院》“2013经理人阅读趣味年报•科技和社会发展趋势类最受关注图书”
《中国新闻出版报》2013年度好书20本之一
2013百道网•中国好书榜•财经类TOP100榜首
2013蓝狮子•腾讯文学十大最佳商业图书和最受欢迎的数字阅读出版物
2013京东经管图书年度畅销榜上榜图书，综合排名第一，经济类榜榜首

《牛奶可乐经济学》

国家图书馆“第四届文津奖”十本获奖图书之一
搜狐、《第一财经日报》2008年十本最佳商业图书

《影响力》（经典版）

《商学院》“2013经理人阅读趣味年报•心理学和行为科学类最受关注图书”
2013亚马逊年度图书分类榜心理励志图书第八名
《财富》鼎力推荐的75本商业必读书之一

《人人时代》（原名《未来是湿的》）

CCTV《子午书简》•《中国图书商报》2009年度最值得一读的30本好书之“年度最佳财经图书”
《第一财经周刊》• 蓝狮子读书会•新浪网2009年度十佳商业图书TOP5

《认知盈余》

《商学院》“2013经理人阅读趣味年报•科技和社会发展趋势类最受关注图书”
2011年度和讯华文财经图书大奖

《大而不倒》

《金融时报》• 高盛2010年度最佳商业图书入选作品
美国《外交政策》杂志评选的全球思想家正在阅读的20本书之一
蓝狮子•新浪2010年度十大最佳商业图书，《智囊悦读》2010年度十大最具价值经管图书

《第一大亨》

普利策传记奖，美国国家图书奖
2013中国好书榜•财经类TOP100

《真实的幸福》

《第一财经周刊》2014年度商业图书TOP10
《职场》2010年度最具阅读价值的10本职场书籍

《星际穿越》

2015年全国优秀科普作品三等奖

《翻转课堂的可汗学院》

《中国教师报》2014年度“影响教师的100本书”TOP10
《第一财经周刊》2014年度商业图书TOP10

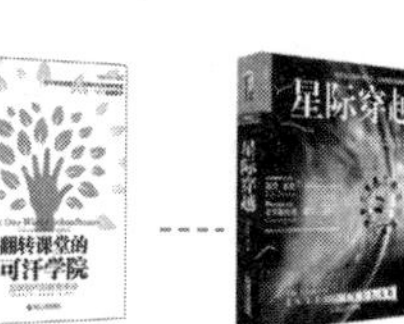

湛庐文化获奖书目

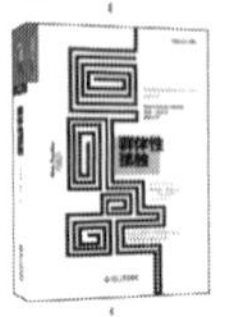

《爱哭鬼小隼》
国家图书馆“第九届文津奖”十本获奖图书之一
《新京报》2013年度童书
《中国教育报》2013年度教师推荐的10大童书
新阅读研究所“2013年度最佳童书”

《群体性孤独》
国家图书馆“第十届文津奖”十本获奖图书之一
2014“腾讯网•啖书局”TMT十大最佳图书

《用心教养》
国家新闻出版广电总局2014年度“大众喜爱的50种图书”生活与科普类TOP6

《正能量》
《新智囊》2012年经管类十大图书，京东2012好书榜年度新书

《正义之心》
《第一财经周刊》2014年度商业图书TOP10

《神话的力量》
《心理月刊》2011年度最佳图书奖

《当音乐停止之后》
《中欧商业评论》2014年度经管好书榜•经济金融类

《富足》
《哈佛商业评论》2015年最值得读的八本好书
2014“腾讯网•啖书局”TMT十大最佳图书

《稀缺》
《第一财经周刊》2014年度商业图书TOP10
《中欧商业评论》2014年度经管好书榜•企业管理类

《大爆炸式创新》
《中欧商业评论》2014年度经管好书榜•企业管理类

《技术的本质》
2014“腾讯网•啖书局”TMT十大最佳图书

《社交网络改变世界》
新华网、中国出版传媒2013年度中国影响力图书

《孵化Twitter》
2013年11月亚马逊（美国）月度最佳图书
《第一财经周刊》2014年度商业图书TOP10

《谁是谷歌想要的人才？》
《出版商务周报》2013年度风云图书•励志类上榜书籍

《卡普新生儿安抚法》（最快乐的宝宝1·0~1岁）
2013新浪“养育有道”年度论坛养育类图书推荐奖

延伸阅读

《语言本能》

扫码直达本书购买链接

◎ 当代最伟大思想家、世界顶尖语言学家和认知心理学家史蒂芬平克扛鼎之作；
◎“语言与人性”四部曲之一；
◎ 一扇了解语言器官、破解语法基因、进入人类心智的大门；
◎ 一些令人信服、生动有趣的例证，一场常识对谬论的彻底胜利。

《思想本质：语言是洞察人类天性之窗》

扫码直达本书购买链接

◎ 一扇进入人类心智的窗户；
◎ 一次针对语言与思想之间的关系最深刻的论述；
◎ 一场思想之本质的探索之旅。

《心智探奇》

扫码直达本书购买链接

◎ 当代最伟大思想家、世界顶尖语言学家和认知心理学家史蒂芬平克扛鼎之作；
◎“语言与人性”四部曲之一；
◎ 权威解答“什么是智能”这一深刻问题，破解机器人难题；
◎ 详细剖析心智的四大能力，权威解读“心智如何工作”；
◎ 一扇窥视人类心智活动神奇与奥秘的窗户，一场探索心智本质的奇幻之旅。

《超级合作者》

扫码直达本书购买链接

◎ 哈佛大学数学与生物学教授，进化动力学中心主任马丁·诺瓦克权威作品；
◎ 一部洞悉人类社会与行为的里程碑式科普著作；
◎ 合作是继突变和自然选择之后的第 3 个进化原则。